Alfred Renz

SYRIEN

Alfred Renz

SYRIEN

Prestel-Verlag

Passavia Druckerei GmbH Passau
ISBN 3-7913-0893-9

Inhalt

Den syrischen Freunden

Kulturlandschaft Syrien

»Sie haben aber Mut«, hat mir der immer freundliche Herr am Bankschalter gesagt, als ich wieder einmal mein Konto erleichterte, um mich mit Reserven für eine Fahrt nach Syrien einzudecken. Ich war verblüfft. Wieso braucht man denn Mut, wenn man in dieses Land fahren will? Zwar hat vor etlichen Jahren Syrien eine Zeitlang westdeutschen Touristen die Einreise verweigert und spielt zur Stunde eine Schlüssel-Rolle in dem die Welt seit Jahrzehnten nervenden Nahost-Konflikt – aber das tun ja schließlich die USA auch, und niemand wird den ›Mut‹ dessen bewundern, der sich in den ›Wilden Westen‹ begibt. Syrien ist kein ›Wilder Osten‹, sondern ein Staat, in dem es friedlicher zugeht als anderswo in seiner Nachbarschaft, vielleicht sogar ein bißchen ruhiger und bisher ohne zu großen Touristenrummel. Auch in den Regierungskreisen von Damaskus weiß man jedoch, daß Touristen Devisen ins Land bringen.

Die Ausstellung ›Land des Baal‹, mit Spitzenwerken aus den Museen des Landes bestückt, wurde 1982 auf Tournee geschickt: von Berlin aus durch mehrere Städte der Bundesrepublik (Aachen – Tübingen – Frankfurt – München) und dann mit etwas verändertem Bestand auch in andere europäische Städte und nach Übersee. Ihr Untertitel ›Syrien – Forum der Völker und Kulturen‹ umriß in knapper Formulierung die historische Bedeutung des Landes und das, womit es den Touristen unweigerlich fasziniert: den großen Reichtum an kulturellen Hinterlassenschaften vieler Völker. Syrien hat nicht wie die Länder am Nil und zwischen den beiden Strömen Euphrat und Tigris und die am Indus und am Gelben Fluß eine unverwechselbar eigengeprägte Kultur entwickelt, dafür hat es sich aber, Teil- und Herzstück des ›Fruchtbaren Halbmondes‹, als der große Vermittler und wirklich als ein Umschlagmarkt und Treffpunkt, eben als ›Forum‹ der Kulturen erwiesen.

Freilich: Syrien ist nicht gleich Syrien. Das Gebiet, das die Grenzen des heutigen Staates umfassen, deckt sich nur zu etwa zwei Dritteln mit dem Umfang der alten Kulturlandschaft gleichen Namens. Diese ließe sich viel einleuchtender durch die bis 1919 gültigen Grenzen der osmanischen Provinz Souriya umreißen, welche Selim I. vierhundert Jahre vorher erobert hatte. Sie reichte bis zum Golf von Aqaba. Gebiete, die stets als syrisch galten, liegen heute auf fremdem Staatsboden: Der Sandschak von Iskenderun mit Antiochia, der Hauptstadt des hellenistisch-seleukidischen Syrien, gehört seit 1939 zur Türkei. Bedeutende Teile der syrischen Küste, an der die Städte der Phöniker lagen, bilden heute den Staat Libanon. Die Gebiete südlich davon sind in der Hand Israels, und schließlich besitzt auch Jordanien Bereiche, die einst zur syrischen Kulturlandschaft gehörten. Andererseits rechnete man die Gebiete östlich des Euphrat einstens ganz eindeutig zu Mesopotamien, zu dem Syrien allerdings stets enge Kontakte unterhielt. Ein Buch über die Kulturlandschaft Syrien wird sich nicht strikt auf den seit 1946 festgelegten Raum des heutigen Staates beschränken dürfen, sondern muß es sich gestatten, darüber hinauszublicken und – wenn oft auch nur andeutungsweise – auf Dinge einzugehen, die jenseits der nicht immer durchlässigen Grenzen liegen. Der Blick wird sich sogar über den Kulturraum Syrien hinaus richten müssen, war dieser doch nie eine für sich bestehende Einheit, vielmehr oft ein Mosaik von Kleinstaaten in wechselnder Konstellation, als Teil des ›Fruchtbaren Halbmondes‹ eingespannt in den Antagonismus der großen Nachbarn in den Flußoasen: der Mächte im Land zwischen den Strömen Euphrat und Tigris und der Großmacht im Tal des Nil.

Das Syrien von heute ist ein Staat ohne klar umrissene natürliche Grenzen. Einzig der Grenzverlauf an der Mittelmeerküste ist nicht durch koloniale Willkür bestimmt. Aber nur zu einem Teil, denn in den Bereichen zwischen dem Meer und den Ketten der Gebirge ist auf großsyrischem Boden der Staat Libanon geschaffen worden und weiter südlich, am Meer und Jordangraben, der Staat des Erzfeindes Israel entstanden.

Geologisch liegt Syrien am Nordrand des arabo-numidischen Schildes, der im Präkambrium auftauchte und den Nordosten des damaligen Afrika bildete. Als die Meere sich zurückzogen, hinterließen sie sekundäre und tertiäre Sedimentschichten. Als Folge der Hebung des Schildes entstand ein langer tektonischer Grabenbruch, in nord-südlicher Richtung verlaufend, in dem sich später die Flüsse Orontes nach Norden und Jordan nach Süden ihren Weg bahnten. Von den küstennahen Höhenzügen – auch den Taurus dürfen wir dazuzählen – senkt sich das syrische Kalkplateau allmählich nach Osten zu den mesopotamischen Niederungen.

Geographisch kann man, wenn es denn sein muß, das Land in vier Regionen einteilen: in die mittelmeerische Küste mit ihren kleinen Ebenen, zweitens das Gebiet zwischen den Gebirgen, also das Tal des Orontes und das von den Ausläufern des Antilibanon umfangene Gebiet, drittens den Bereich der innersyrischen Ebenen, die einen Teil des legendären ›Fruchtbaren Halbmondes‹ bilden, der sich sichelförmig vom Mittelmeer über Mesopotamien zum Persischen Golf erstreckt, und viertens den Bereich der Steppen und Wüsten, die sich von Arabien her dem Euphrat zuschieben. Entsprechend der Entfernung vom ausgeglichen-mediterranen Westen wird das Klima nach Osten zu immer kontinental-trockener, und bildete nicht die Flußoase des Euphrat – die historische Ostgrenze Syriens – eine Lebensader, ließe sich auch in der Bevölkerungsdichte ein West-Ost-Gefälle feststellen. Jedenfalls sind die Küstenregionen am dichtesten bewohnt, liegen die meisten der großen Städte hier oder im unmittelbaren Hinterland und sind die Wüstengebiete am spärlichsten besiedelt.

Trotz seiner landschaftlichen Vielfalt ist Syrien – welche Grenzen jenseits der heutigen man immer auch annimmt – kein Land spektakulärer Landschaften. Es gibt keine ragenden Eisgipfel mit grünlichen Gletschern, keine blauen Bergseen, keine Cañons, kaum pittoreske Erosionsformen – und selbst die Wüste hat hier etwas Mittelmäßiges und bietet keine schönen Sanddunen und Bilderbuchlandschaften. Auch wo sie am wüstesten ist, kann sie sich nicht mit der Sahara oder einer der großen Wüsten Asiens messen.

Selbst wenn wir uns nur an die Grenzen des heutigen Staatsgebietes halten, ist die Bevölkerung keineswegs einheitlich, sondern von früher Zeit an gemischt, obwohl heute mehr als 90% das Arabische als ihre Muttersprache und sich daher als Araber betrachten. Neben ihnen gibt es die einen iranischen Dialekt sprechenden Kurden und – vor allem in den Städten – Armenier, Tscherkessen aus dem Kaukasus. Genauso bunt wie die Volks- ist die Religionskarte. Ein Zehntel der Einwohner bekennt sich als Christen der verschiedensten Konfessionen. Neunzig von hundert Syrern sind Moslems, mehrheitlich Sunniten, die außer den ersten vier ›rechtgeleiteten‹ Kalifen auch die ›Überlieferung‹ von Taten und Aussprüchen des Propheten Mohammed als neben dem Koran verbindliche Anweisung anerkennen. Zwanzig Prozent der Syrer gehören der schiitischen Richtung an, die einzig Ali und seine Nachkommen als Kalifen und Imame gelten läßt. Sie sind untereinander wiederum aufgespalten in die ›Siebener‹, die nur sieben erleuchtete Imame, und die ›Zwölfer‹ die deren zwölf verehren. Fast so stark wie diese sind die Alaouiten, die sich in ihren mystischen Vorstellungen am weitesten von der sunnitischen ›Orthodoxie‹ entfernt haben. Kaum sieben Prozent der Syrer bekennen sich zu dieser ›ketzerischen‹ Gemeinschaft, deren Mitglieder neben dem Einzigen Gott auch Ali, Mohammed und dessen Tochter Fatima als göttliche Wesen verehren und die das christliche Weihnachts- und Osterfest mitfeiern. Eine Minorität gewiß, aber eine bedeutende, der auch der Staatschef Assad angehört. Daneben gibt es in Syrien zweihunderttausend Drusen, die sich weit von dem entfernen, was man noch Islam heißen kann. Sie leben vor allem im Hauran und im Djebel Drus.

Bei einer solchen Vielfalt ist ›der‹ Syrer als Typus eine arge Simplifikation. Pauschale Urteile sind ungerecht – selbst wenn sie von jemandem stammen wie dem Obersten Lawrence of Arabia, der in seinen ›Sieben Säulen der Weisheit‹ von den Syrern als von einem »affenartigen Volk« spricht und ihrer »geräuschvollen Gewandtheit«. »Hochschweifende Phantasie ist typisch für den Syrer, der sich leicht allerlei Möglichkeiten einredet, um ebenso rasch davon abzulassen und die Verantwortung für das augenblicklich Notwendige auf andere abzuschieben.« Derartiger Urteile wollen wir uns enthalten, sind sie doch nur geeignet, sich als Vor-Urteile festzusetzen. Gewandter und phantasievoller als die Menschen des Nordens und Westens sind die Orientalen der Levante allemal – aber ein Händler aus Aleppo läßt sich kaum mit einem Oasenbauern aus Palmyra vergleichen oder mit einem Dörfler aus dem Hauran. Nur eines haben sie gemeinsam: daß sie sich dem Fremden gegenüber loyal und freundlich verhalten.

Seit urgeschichtlichen Tagen ist dieses Land ein ›Forum der Kulturen‹, in dem Völker vielerlei Art aufeinandertrafen, einander in der Herrschaft ablösten: Ammoriter, Hurriter und Mitanni, Akkader und Aramäer, Assyrer, arabische Nabatäer und Ghassaniden, Ägypter, Phöniker, Perser, Griechen, Römer, Byzantiner, Parther, Araber, Mongolen und seldschukische Türken, fränkische Ritter, mamlukische Sultane, osmanische Statthalter und französische Kolonialherren. Ein Land, dessen Geschichte zu einem guten Teil Geschichte der Auseinandersetzungen zwischen Ost und West, zwischen Orient und Okzident war, längst bevor für diesen das Wort ›Abendland‹ in Gebrauch kam. Die Umschau bei einigen – keineswegs allen – der unzähligen Reste, die von all diesen Völkern und ihren Auseinandersetzungen zeugen, wird den Inhalt dieses Buches ausmachen.

Würdenträger, Wandmalerei aus Til Barsib, 744-727 v. Chr.
Damaskus, Nationalmuseum

Damaskus

Während das Flugzeug zur Landung ansetzt, geht der neugierige Blick durch die kleine Scheibe der sich nähernden Erde entgegen: einem uralten Land, das sich uns staubbraun und lehmfarben darbietet mit frühlingsgrünen Saatflächen und ein paar dunklen Baumreihen, die Bauernhütten miteinander zu verbinden scheinen. Seitab ein paar ferne blaue Berge – aber kein Blick auf die große Stadt inmitten einer grünen Oase und auf ihr Herz: die große Moschee, welche die omayyadischen Kalifen hier errichten ließen.

Die Maschine rollt auf dem neuen Flughafen aus. Al-Hamdulillah – wir sind angekommen. Einreiseformalitäten wie überall, Paßkontrolle, die schon ausgefüllten Vordrucke bekommen ihren Stempel. Unbeteiligte Höflichkeit in den meist jungen, schmaldunklen Gesichtern. Man drückt uns einen Zettel in die Hand mit hilfreichen Telefonnummern und der Überschrift ›Police are at the Service of People‹. Die Polizei also als Freund und Helfer.

Die Fahrt in die Stadt hinein zum vorbestellten Quartier ist zunächst vom Grün junger Bäumchen begleitet. Aber bald fragt man sich, ob es wirklich Damaskus ist, dem man sich nähert, jene Stadt, die arabische Reisende des Mittelalters als ein Paradies auf Erden gepriesen haben, als das urbane Zentrum einer der größten und fruchtbarsten Oasen des Orients, denn das Grün hört bald auf, weicht Betongrau. Das also kündigt Damaskus an, eine der ältesten kontinuierlich bewohnten Städte, von deren Dasein die Siegesberichte des Pharaos Thutmosis III. künden, ebenso assyrische Keilschrifttäfelchen wie das 14. Kap. des Buches Genesis: Zeugnisse, die allesamt gut ein Jahrtausend älter sind als das legendäre Gründungsdatum der Ewigen Stadt Rom. Auch zu den ältesten Überlieferungen von Damaskus gehört die Kunde von einem Brudermord. Am Hang des Hausberges, des Djebel Kassiun (Qasiun), einem Ausläufer des Antilibanon, soll Kain seinen Bruder Abel erschlagen haben. Noch heute kennen fromme Moslems diese Stelle. Dabei erfahren wir schon aus dem Alten Testament, daß Damaskus einst Hauptstadt eines aramäischen Königtums war, das sich seit dem 11. Jahrhundert v. Chr. gegen die Hebräer, dann gegen die Assyrer zu wehren hatte, als diese im 9. Jahrhundert v. Chr. versuchten, zum Mittelmeer vorzustoßen. Im Jahre 833 v. Chr. gelang es dem König Ben-Hadad II. im Bunde mit dem Stadtherren von Hama, den König von Assur, Salmanassar III. (858-824) bei Qarqar zu schlagen, doch konnte sein Nachfolger Hazael die Assyrer nicht daran hindern, sich an der syro-phönikischen Küste festzusetzen. 732 wurde Damaskus durch Tiglatpileser II. erobert, der die Einwohner nach Urartu deportieren ließ. Wenige Jahre nach dem Fall Ninives (612 v. Chr.) bemächtigten sich die Chaldäer Babylons der Stadt, und wieder einmal mußte sie Plünderung durch siegreiche Feinde erleben. Aber die Oasenstadt überlebte alle diese blutigen Heimsuchungen. Erst unser Jahrhundert hat ihr Gesicht radikal verändert zur staubigen Banalität. Wohnschachteln, so billig gebaut und so öd normiert, daß sie auch im neuen Dresden, in Moskau oder Warschau stehen könnten. Doch da sind die Frauen, die sich in ein dunkles Tuch hüllen, die Männer, die überm undefinierbaren Beinkleid und dem gar nicht modischen Jackett das schwarz-weiß oder rot-weiß gewürfelte Kopftuch der Araber tragen: Wir sind also nicht am falschen Ort gelandet.

Im Hotel dann nehmen wir uns nicht Zeit für ausführliche Waschungen, stürzen uns vielmehr voll Freude des Angekommenseins ins abendliche Spaziergängertreiben. Die Säule auf der Place Merdje – Denkmal für die Eröffnung der Telegraphenlinie nach Medina und Mekka – steht stumm inmitten des Verkehrsgekreisels. Viel hat sich hier in den letzten Jahren verändert. Auch den kleinen Laden gibt es nicht mehr, in dem – wieviele Jahre mögen es her sein? – der Anfänger einen ersten Sprachbrocken erprobte und tatsächlich bekam, was er wollte: eine Schachtel Streichhölzer. Viel alt-arabisches Gassengewirr mußte der Bauödnis unserer Zeit weichen. Was heute hier steht, hat mit lokalen Traditionen nichts zu tun, ist Allerwelts-Unsehenswürdigkeit. Doch der alte Hedschas-Bahnhof mit seiner nostalgischen Fassade steht noch, wenn er auch so gut wie tot ist. Angeregt von der Wiederbegegnung mit dieser Stadt, möchte man sich erwartungsfroh wie ein Schulbub gleich versichern, daß wenigstens Sinans Tekkiye, das Nationalmuseum und die Große Moschee noch an ihrem Platz stehen und nicht wie andere Bauten der trivialen und dreisten Gegenwartsbauerei weichen mußten.

Römisch-christliches Damaskus

Islamische Legenden wissen nicht nur von der Mordtat Kains, sondern auch von einer angeblichen Geburtsstätte des Gottesfreundes Abraham (Ibrahim) am Hang des Djebel Kassiun, von einem Grab des Moses, von Fußspuren des Propheten Mohammed hier in Damaskus. Das Haupt Johannes des Täufers – er ist auch für die Moslems ein verehrungswürdiger Mann – war die vornehmste Reliquie des moslemischen und vorher schon des christlichen Damaskus; sie ist heute in einem Grabbau des 19. Jahrhunderts innerhalb der Großen Moschee geborgen. Sie ist auch den Christen ehrwürdig. Aber ihnen klingt der Name der Stadt aus einem Kapitel der Apostelgeschichte als Symbol der ›Umkehr im Geiste‹ in den Ohren. »Nach Damaskus« unterwegs, widerfuhr einem jungen Mann, der Saulus hieß (Apg 7, 58), sein Wendeerlebnis. Zu seinen Füßen hatten jene, die den Erzmärtyrer Stephanus in Jerusalem steinigten, ihre Gewänder niedergelegt. Als er mit Vollmachten des Hohenpriesters an die Synagogen von Damaskus nach dorthin zog, um die Anhänger der neuen Lehre als Gefangene nach Jerusalem zu schleppen, »und da er auf dem Wege war und nahe bei Damascum kam, umleuchtet ihn plötzlich ein Licht vom Himmel und er fiel nieder auf die Erden und höret eine Stimme, die sprach zu ihm Saul, Saul, was verfolgst du mich? ...« In Damaskus wurde der Saulus zum Paulus, der Verfolger zum Missionar und Völkerapostel. Er, der engagierte Jude, öffnete den Heiden das Christentum und schuf in seinen Briefen die Grundzüge der christlichen Theologie. Man müßte das ganze Kapitel neun der Apostelgeschichte lesen, aber wir müssen uns hier mit ein paar Zitaten zufriedengeben. Die Stätten, die es nennt, sie wurden in frommem Glauben identifiziert. Die via recta, die ›Gerade Straße‹, an der das Haus des Judas lag, in das seine Begleiter den Geblendeten aus Tarsus gebracht hatten, sie ist einwandfrei noch im heutigen Stadtgefüge als die vom Osttor, dem Bab esch-Scharki, nach Westen ziehende – heute **Souk Midhat Pascha** genannte – Ost-West-Achse der antiken Stadt zu erkennen. In ihrer Mitte etwa stehen die Reste eines römischen Straßenbogens. Nördlich von ihr, im christlichen Viertel, liegt die **Ananias-Kapelle,** das Haus jenes Ananias, dem ›im Gesicht‹ der Auftrag zuteil wurde, im Haus des Judas an der Geraden Straße jenen Saul aus Tarsus aufzusuchen, »denn siehe, er betet«. Und Saulus sah in einer Vision den Ananias kommen, um ihm die Hände aufzulegen, damit er wieder sehend werde. »Und alsobald fiel es von seinen Augen wie Schuppen ...« Fromm stimmt einen diese Stätte nicht, dazu ist sie zu frömmelnd, wenn sie die ganze Geschichte in naiven Bildchen erzählt und die Opferbüchse – freilich für eine Diasporagemeinde – ihren Schlitz aufsperrt.

Die Predigt des Neubekehrten in den Synagogen und seine Behauptung, der gekreuzigte Jesus aus Nazareth sei der Messias, brachte die Juden gegen ihn auf. »Und nach vielen Tagen hielten die Juden einen Rat zusammen, daß sie ihn töteten. Aber es ward Saulo kundgetan, daß sie ihm nachstelleten. Sie hüteten aber Tag und Nacht an den Toren, daß sie ihn töteten. Da nahmen ihn die Jünger bei der Nacht, und taten ihn durch die Mauer und ließen ihn in einem Korbe hinab.« Die Stelle jener Flucht aus Damaskus (uns unvergeßlich dargestellt im frühmittelalterlichen Fresko in Sankt Proculus im südtirolischen Naturns) wird bei **Bab Kaysun** gesucht. Dieses Tor aus der Zeit des Nur ed-Din Zengi ist zu einer christlichen Gedenkkapelle umgestaltet, gar zu glatt und künstlerisch mehr als dürftig. Vielleicht entspricht sie dennoch dem Geist des Mannes, der alle Weisheit der Welt als Torheit vor Gott erklärt hat und den Ästhetik wenig kümmerte.

Damaskus ist uralt, hat aber – stets von Menschen besiedelt – nichts Sichtbares aus seiner Frühzeit herzuzeigen. Auch die Erinnerungszeichen an seine römische Epoche sind kümmerlich. Die schon genannte Gerade Straße war eine von Säulenreihen flankierte Prachtavenue, wie sie für hellenistische Gründungen in Syrien bis in römische Zeit typisch bleiben sollte. Der Theaterbau ist eine griechische Erfindung wie das Drama, aber aus hellenistisch-vorrömischer Zeit haben sich in Syrien keine Theater nachweisen lassen. Das römische Damaskus muß ein solches Schaugebäude besessen haben, doch es ist vergangen. Nur der viertelkreisförmige Verlauf einer Gasse in der Nähe des Khan Süleyman Pascha verriet detektivischen Forscheraugen die Stelle, an der es sich einst erhob. Noch immer folgt der Verlauf mancher Markt- und Wohngassen dem hippodamisch-römischen Schachbrettraster, obwohl sich über die einst etwa 140 mal 45 Meter messenden Insulae verunklärend arabisches Gassengewirr gelegt hat, ein Labyrinth mit vielen Sackgassen, die vor verschlossene Türen zu um einen Innenhof gelagerten Wohnwaben führen. Und noch immer zeichnet sich im verwirrenden Plan der Altstadt das Geviert ab, dessen Arkaden einst den Tempelbezirk des Bel Hadad, des Jupiter Damascenus, umgaben.

Die Große Moschee der Omayyaden

Was von diesem Heiligtum des altsyrischen Himmelsherren blieb, war seit Theodosius – den christliche Historiker den Großen nennen, nur weil er alle heidnischen Kulte verbot und ihre Stätten zerstören ließ – die Schutzmauer um eine Kirche, in die man den Göttertempel verwandelt hatte. Nach der Eroberung der Stadt durch die Moslems wurde alten Berichten zufolge die Kirche geteilt. Den Christen habe der westliche, den Moslems der östliche Teil gehört. Der wahre Kern dieser Überlieferung ist wohl, daß die Christen den in eine Kirche verwandelten Tempel behielten und die Moslems ihr Gebet östlich davon innerhalb des von Mauern und vier Ecktürmen umgrenzten Temenos-Hofes verrichteten. Wenn die Christen diesen Bezirk durch das dreibogige Tor im Süden betraten, wandten sie sich nach links, also nach Westen, während die Moslems nach rechts gingen oder den Hof durch den einstigen Haupteingang von Osten her betraten, um ihren Betplatz zu erreichen, dessen Südseite nach Mekka wies. Noch im heutigen Bau befindet sich östlich des Hauptmihrabs eine als ›Mihrab der Gefährten des Propheten‹ bezeichnete Gebetsnische.

Nachdem die Omayyaden – ursprünglich nur Statthalter Syriens – als erbliche Kalifen fest im Sattel saßen, beschloß al-Walid ibn Abd al-Malik (705-715) den Bau eines neuen großen Bethauses an prominenter Stelle, da die Zahl der Moslems in Damaskus stark zugenommen hatte. Das Steueraufkommen ganz Syriens für sieben Jahre wurde ausschließlich für diesen Bau verwendet. Handwerker aus allen Teilen des Reiches und auch aus Byzanz wurden berufen und Spezialwerkzeuge sowie Mosaiksteinchen von dort beschafft. Wir erfahren ausdrücklich, daß al-Walid mit diesem Werk (ähnlich wie sein Vater Abd al-Malik bei der Errichtung des Felsendoms von Jerusalem) bewußt die glanzvollen Kirchen übertreffen wollte, damit die Gläubigen sich nicht länger von der Pracht der christlichen Gotteshäuser beeindrucken ließen und sie nicht mehr bewundernd aufsuchten. Al-Walid hat – gegen angemessene Entschädigung – die Kirche enteignet. Alles was innerhalb der römischen Umfassungsmauern des Hofes stand, das heißt vor allem die Tempel-Kirche, wurde abgetragen. An der Süd-, der Mekka zugewandten Seite entstand nun der überdeckte *Betsaal* (136 mal 37 Meter) mit drei der Südmauer parallellaufenden Schiffen auf drei Arkadenstellungen; die nördlichste bildete die Fassade zum Hof. Sie wurden ungefähr in der Mitte quer

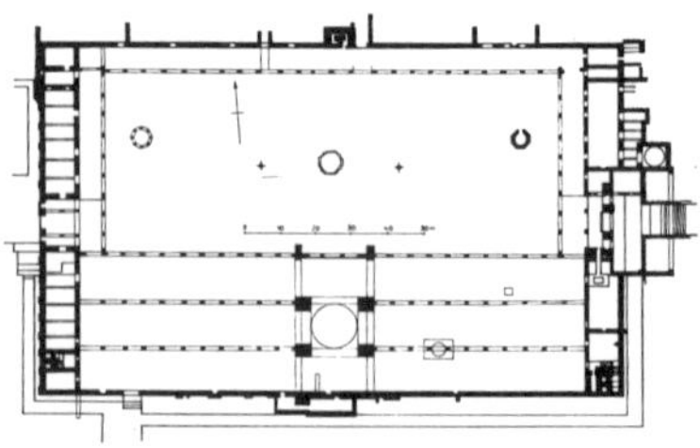

Damaskus, Omayyadenmoschee, Grundriß

Damaskus, Blick von Nordwesten auf die Omayyadenmoschee

durchkreuzt von einem erhöhten, nord-südlich laufenden Schiff mit einer auf Pfeilern – sie wurden 1085 verstärkt – sich erhebenden Kuppel. Jedes Schiff trug sein eigenes Giebeldach. Als Bauglieder wurden antike Säulenschäfte und Kapitelle verwendet, die vom abgebrochenen Tempel stammten. Die anderen Seiten des Hofes wurden mit doppelstöckigen Arkadenportiken umzogen. Was damit entstanden war, konnte – dank der Mosaikenpracht seiner Ausstattung – als ein neues Weltwunder gelten und muß damals noch viel stärker als heute die enge Anlehnung an die christlich-byzantinische Kunst Syriens gezeigt haben. Die früheste Phase der islamischen Kunst steht durchaus in einem engen Verhältnis zur byzantinischen Kunst und erhält von ihr Maßstäbe und Impulse. Freilich zeigt der heutige Bau nur noch wenige Spuren der einstigen Pracht. Doch ist nach vielen Plünderungen und vier verheerenden Bränden (1069, 1400, 1479, 1893) trotz aller Zerstörungen und Erneuerungen noch so viel von dem alten Bestand erhalten, daß man seine Phantasie nicht allzusehr strapazieren muß, um sich ein Bild des Urzustandes zu machen.

Wer sich heute als Tourist der Omayyadenmoschee nähert, tut das durch den dunkelschattigen Wellblechtunnel des Souk Hamidiye, einer langen Bazarstraße mit Werkstätten und Läden (kein Angebot wie in orientalischen Märchen, sondern eher dürftig), die zum Westtor der Moschee führt. Dort hat sich seit einigen Jahren ein kleiner Platz aufgetan, der wie ein Empfangshof für die Moscheebesucher wirkt. Hier findet man den Touristeneingang, die Kasse, ein kleines Museum mit Plänen und Modellen als Einführung in Gestalt und Geschichte des Bauwerks, das wir besuchen wollen. Vor zwanzig Jahren war das alles noch nicht so streng geregelt,

Damaskus,
Mosaik in den
Hofarkaden der
Omayyadenmoschee

Damaskus,
originales Gitter-
fenster in der
Omayyadenmoschee

aber damals war auch die Moschee noch dicht umbaut und noch nicht so mosaikenbunt wie heute. Die *Schatzkuppel,* der kleine Kuppelbau auf wohl antiken Säulen in der Nordwestecke des Hofes, zeigte damals noch nackt sein byzantinisches Schichtmauerwerk aus Backstein- und Hausteinlagen. Heute umhüllt ihn ein Mantel von *Mosaiken:* grüne Ranken und Bäumchen auf Goldgrund. Die Transeptfassade des Betsaals präsentiert sich jetzt gleichfalls als eine einzige Mosaikfläche, in der sich die originalen Partien kenntlich abheben.

Wer auf lupenreine Authentizität aus ist, fühlt sich durch die freizügigen Restaurierungsarbeiten so irritiert, daß er

Zu den Farbtafeln

المساء تقدم سينما العباسيه
صباح
فهد بلان عبد السلام النابلسي
أفراح الشباب
الأسبوع ٣ والأخير
152

selbst alten Teilen zu mißtrauen beginnt, welche, wie die reizenden Bäumchen in den westlichen Arkadenzwickeln, Vorbilder für die freien Ergänzungen geliefert haben. Doch sie helfen, sich die einstige Pracht vorzustellen. An der Westwand des Hofes sind noch Teile eines breiten Mosaikstreifens erhalten, der vielleicht als ein ›Siegesdokument‹ zu lesen ist, welches die neue Weltherrschaft der Kalifen verherrlichen sollte. Städte und Landschaften sind dargestellt, in denen man ein Abbild des neuen Reiches der Araber erblicken darf. Die Sockelzone darunter war nach byzantinischer Art mit dünnen Platten buntgeäderten Marmors verkleidet (originale Stücke davon beim Osttor des Hofes). Teile des sich über dem Siegesfries mit seinen Stadtlandschaftsabbreviaturen hinziehenden durchfensterten Mosaikbandes sind wiederum im Nordteil des westlichen Portikus erhalten, dort auch eines der originalen Gitterfenster. In den Hofarkaden ist zwischen Kapitell und Bogenansatz ein kubischer Block vermittelnd eingeschoben, ein charakteristisch-byzantinischer Kämpfer. Vergleichbares können wir in der Hagia Sophia von Istanbul oder in Ravenna sehen. Solche Details bezeugen die enge Abhängigkeit dieser Moschee, des nach dem Felsendom von Jerusalem zweiten Monumentalbaues der Moslemkunst, von byzantinischen Traditionen.

Der *Betsaal* allerdings zeigt Einzelheiten, die eindeutig dem 19. Jahrhundert angehören. Nach dem Brand von 1893 wurden die inneren Arkadenstellungen völlig erneuert, ohne daß genau auf die alten Vorbilder zurückgegriffen wurde. Immerhin dürfte – da die Dimensionen und Proportionen gewahrt blieben – der alte Bau nicht wesentlich anders gewirkt haben als der, den wir betreten. Nur lassen die kahlen Wände von heute nichts mehr von der üppigen Pracht von einst ahnen, als ein Rankenfries (der ›Weingarten al-Walids‹) die Wände umzog. Den wichtigsten Farbakzent setzen heute die Teppiche, welche den Boden bedecken. In dem sonst leeren Raum fesselt unsere Aufmerksamkeit ein kleiner Rundbau. In ihm steht ein teppichbehangener *Sarkophag* als Schrein für die Reliquie: das Haupt Johannes des Täufers. Die Frage nach ihrer Echtheit soll uns hier nicht beschäftigen, wir erinnern uns nur daran, daß der ›Vorläufer‹, wie die

Ostkirche ihn nennt, auch für die Moslems ein ehrwürdiger Prophet ist wie Jesus (Isa), nach dem das Minarett an der Südostecke der Moschee (erbaut 1430) benannt ist. Die Legende will wissen, daß sich der vom Himmel wiederkehrende Jesus auf seiner Spitze niederlassen wird, wenn er kommt, um im Tal Josaphat »zu richten die Lebendigen und die Toten«.

In Damaskus dienten ursprünglich die vier Ecktürme der Mauer des Tempelbezirks als Minarette: Es sind die wohl ersten im Islam. Diese antiken Vierkanttürme sind verschwunden bis auf einen Rest an der Südwestecke, über dem Sultan Qait Bey von Ägypten 1488 ein typisch mamlukisches Minarett errichten ließ. Ungefähr in der Mitte der Hofnordseite erhebt sich das *Brautminarett* aus der Zeit um 1100 an der Stelle eines Minars des 10. Jahrhunderts, das in seiner mehrgeschossigen Viereckform an die alten Ecktürme und an Türme des christlichen Syrien angeknüpft haben mag.

Innerhalb des Hofes stehen zwei kleine Kuppelpavillons. Aus der Omayyadenzeit stammt allein die *Schatzkuppel* im Nordwesten, die, wie schon gesagt, seit der letzten gutgemeinten Restaurierung wieder mit Mosaiken verkleidet ist. Zwischen ihren Säulen befand sich einst eine Brunnenanlage. Ihr Oberstock – nur über eine Leiter erreichbar – diente einst zur Aufnahme des Staatsschatzes. Die Gemeinde der Gläubigen schien der wachsamste Hüter des Gutes, das ja rechtlich ihr gehörte. Es schien in der Moschee sicherer aufbewahrt als im südlich benachbarten Kalifenpalast. Von diesem, dem ›Schloß mit der grünen Kuppel‹, ist keine Spur geblieben. Dort, wo sich der Palast einst erhob, wandert der Fuß heute durch regelmäßige Bazargassen.

Spaziergänge in der Stadt

Obwohl die Omayyadenmoschee das einzige frühislamische Denkmal der Stadt ist, darf sich Damaskus mit Recht zu den Pilgerzielen all jener rechnen, die den Zauber islamischer Baukunst entdeckt haben, besitzt die Stadt doch bedeutende Denkmäler aus allen den Perioden, in denen sie – zwischen Zeiten der Zerstörung und Erlahmung – politisch und künstlerisch eine bedeutende Rolle spielte. Nach ihrer Königszeit unter den Omayyaden sank Damaskus unter den Abbasiden in den Rang einer ungeliebten Provinzhauptstadt herab, erlebte unter Zengiden und Eyyubiden (1155-1250) erneut fruchtbare Jahre bis zur Eroberung durch die Scharen Hülägüs, stand dann unter der Herrschaft der Mamlukensultane von Kairo, wobei zwischen die Zeit der ›Bahritischen Dynastie‹ (1260-1390) und die der ›Bordschitischen‹ (1400-1517) die Heimsuchung durch Timur Lenk fällt. Seit 1517 gehörte Damaskus zum Reich der Osmanen und wurde – wichtige Station auf dem Pilgerweg von Istanbul nach Mekka – von diesen mit schönen Bauten bedacht.

Unmittelbar nördlich der Großen Moschee finden wir die einstige Medrese al-Diqmaq (1421), die heute ein *Museum* arabischer Epigraphik birgt. Unweit davon, nahe der Nordwestecke des alten Tempelbezirks, steht das **Mausoleum Saladins** (gest. 1193), des großen ritterlichen Gegners der Kreuzfahrer, das nach langem Verfall Kaiser Wilhelm II. nach seinem Besuch in Damaskus 1898 wiederherstellen ließ. Bedeutsamer als der Bau selbst ist der hölzerne Kenotaph aus dem 12. Jahrhundert, den er birgt. Nordwestlich benachbart liegen die **Medresen Adiliye und Zahiriye** einander gegenüber. Beide waren nicht ursprünglich als Korangymnasien geplant. Die erstere beherbergt das Grab von Saladins Bruder Malek al-Adil, der die Zitadelle von Damaskus erbauen ließ. Der Bau, 1218 vollendet, ist heute leider meist unzugänglich, nicht anders als die Zahiriye von 1279, die den ewigen Schlaf des Mamlukensultans Baibars hütet, der die Kreuzritter das Fürchten lehrte. Im Inneren nimmt ein Mosaikband Motive aus der Großen Moschee auf und wandelt sie im Sinne des 13. Jahrhunderts ab.

Die meisten der im Gassengewirr versteckten islamischen Denkmäler von Damaskus sind versperrt, unzugänglich, privat genutzt. Eine traurige Tatsache, mit der wir uns abfinden müssen, die uns bei unseren Rundgängen aber nicht beflügelt. Keineswegs alle werden vom staatlichen Altertümerdienst, dem Amt für Denkmalspflege, betreut. Als ›Museum der arabischen Naturwissenschaften und der Medizin‹ wird inzwischen der **Maristan Nuri,** das Hospital des Nur ed-

Din Zengi genützt, das im Jahr 1155 mit Hilfe christlicher Lösegelder errichtet wurde, eine Fachbibliothek und einen Ärztestab erhielt, als an derartiges im Abendland noch gar nicht zu denken war und die Moslems sich vor den medizinischen Methoden der Franken entsetzten. Baulich nimmt dieses Krankenhaus den Plan einer seldschukischen Vier-Iwan-Medrese auf. Auf einer westöstlichen Achse folgen dem Portal (mit einer bewundernswerten Stalaktitkaskade im Nischenhaupt) der von einer völlig schwerelosen Stalaktitkuppel überdeckte quadratische Vorraum und ein rudimentärer Iwan, von dem aus man den Innenhof betritt. Auf ihn öffnet sich der Hauptiwan, der als Gebets-, Unterrichts- und Untersuchungsraum gedient haben dürfte, während die Seiteniwane als Liegehallen und die Eckräume als Krankenstationen benutzt wurden. Ein Anbau südlich des Kuppelsaales, und von diesem aus zu betreten, dient als Toilettenanlage.

Die *Nuria-Medrese* mit einem vergleichbar reichen Stalaktitportal ist heute nur noch ein bescheidenes Bethaus. Etwas nördlich von ihr findet man mit einigem Glück den *Khan al-Gumruk,* eine der inzwischen zweckentfremdeten städtischen Karawansereien. Zwei andere, der *Khan Assad Pascha* und der mehr als nur halb zerstörte des *Süleyman Pascha* liegen südlich des Maristan, der eine an der Südseite der ›Via Recta‹, der andere in unmittelbarer Nähe des **Azem-Palastes,** der Residenz eines türkischen Gouverneurs, die im mittleren 18. Jahrhundert errichtet wurde und den Typ des Damaszener

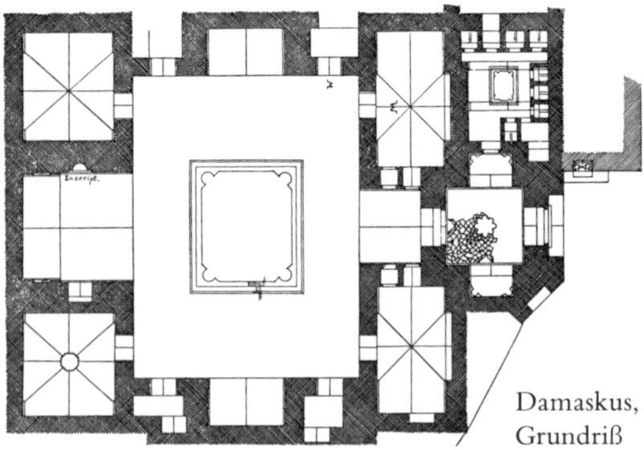

Damaskus, Maristan Nuri, Grundriß

Hauses ins Grandiose und Aufwendige steigert. Es heißt, daß während der Arbeit daran Bauhandwerker und Baumaterial in Damaskus so rar wurden, daß man sogar Teile der Souks niederriß, um Holz zu gewinnen, und aus den antiken Ruinenstädten massenweise Steine herbeigeführt wurden. An dieser Stelle hatte bereits der Palast eines mamlukischen Fürsten gestanden, und noch früher gehörte das Gelände zum Areal der Kalifenresidenz, welche schriftliche Quellen an dieser Stelle südlich der Großen Moschee bezeugen, ohne daß von ihr Spuren sichtbar wären. Der Palast aus der Zeit des osmanischen Barock gruppiert sich um zwei Höfe: einen Bereich für den Empfang von Gästen und einen größer und reicher ausgestatteten Harem, das heißt Fremden unzugänglichen Familien- und Wohnbereich mit Brunnenbecken und Iwanhallen. Dieses iranische Baumotiv ist in Syrien seit der Errichtung der eyyubidischen Medresen heimisch geworden und verbindet sich hier mit den Dekorformen Istanbuler Tradition. Der Palast ist heute als *Folklore-Museum* allgemein zugänglich. Etwas museal-staubig werden hier Erzeugnisse syrischer Handwerkskunst dargeboten: Werkzeuge und Arbeitsgeräte, Möbel, Metall- und Glasgefäße, Keramik. Lebensgroße Puppen sollen das Leben in den einstigen Handwerksbetrieben, in ländlichen und städtischen Behausungen, im Brautgemach und im Selamlik des Paschas veranschaulichen. Die nachgestellte Schusterwerkstatt indes bleibt so leblos wie die Glasbläserei, deren Tätigkeit in Syrien seit früher Zeit Tradition hat. Schon in der Antike hat syrische Glaskunst Werke hervorgebracht, die sich sehen lassen konnten. Glanzstücke aus dem islamischen Mittelalter sind die emaillierten Moscheeampeln, wie wir sie im Nationalmuseum als Zeugnisse für den technisch-künstlerischen Hochstand dieses Gewerbes bewundern können. Was uns der Azem-Palast zeigt, ist alles recht sehenswert, aber die Umschau ermüdet. Aus den Schattenbildern, die das Leben von vor hundert Jahren beschwören, wollen wir zurückkommen ins damaszener Leben von heute, nicht ohne die Absicht, auf einem weiteren Spaziergang noch einige Werke islamischer Baukunst – wenn auch meist nur von außen – kennenzulernen.

Wir kehren also durchs Gassengewirr auf unseren Spuren – soweit wir sie noch finden – zurück zum Westtor der Großen Moschee und wandern durch den schattigen Tunnel des *Hamidiye-Souk* westwärts, der sich an der Südseite der schon aus eyyubidischer Zeit stammenden Zitadelle entlangzieht. Dieses Festungsbauwerk dient zwar heute nicht mehr als Gefängnis und wird restauriert, aber der Versuch, seine Mauern von außen zu umwandeln, führt zu keinen nennenswerten Ergebnissen. Wir wenden Kraft und Zeit lieber an einen Spaziergang durchs **Midan-Viertel,** an dessen nach Süden führender Hauptstraße – einst Teil des Pilgerweges nach Mekka – sich mamlukische und osmanische Bauten wie Perlen einer Kette reihen. Und da das Mamlukische deutlich den Ton angibt, kann man sich streckenweise fast ans mittelalterliche Kairo erinnert fühlen.

Der erste Bau, dem wir auf unserem Abstecher begegnen, ist die **Derwisch-Pascha-Moschee,** ein Werk von 1574, also ein halbes Jahrhundert nach der osmanischen Eroberung entstanden, das seine Herkunft durch Minarett und Zentralkuppel deutlich genug ausweist, aber sich in seinem streng durchgeführten schwarz-weißen Schichtwechsel der Außenhaut in Istanbul doch etwas sonderbar ausnähme. Auch daß der Bau – wenn auch nur durch einen Bogen – baulich mit der Türbe des Stifters verbunden ist, zeigt, daß mamlukische Traditionen noch keineswegs vergessen sind. Die Mamlukenkunst Kairos liebte es ja, Bauten verschiedener Bestimmung zu malerischen Komplexen zu verbinden. Die **Medrese Sibiyia** an der gleichen Straßenseite ist ein Bau aus der allerletzten Zeit der Mamlukenherrschaft. Ihr niedriges Achtkantminar mit dem überdeckten Balkon für den Muezzin, dem knaufartigen Abschluß und den basaltenen Intarsienbändern nimmt sich das Südwestminar der Omayyadenmoschee zum Vorbild. Die schwarzweiß gestreifte Fassade, die beinahe etwas von einer Palastfront hat, findet Verwandte in Ägypten, und das Portal, dessen hohe Stalaktitnische die Frontmitte beinahe aufreißt, stünde auch einer Kairoer Moschee recht wohl an.

Die **Moschee des Sinan Pascha** (1590) ist trotz der noch fortlebenden mamlukischen Züge ein deutlich den osmanischen Bauwillen verratendes Werk. Die Front zwar scheint von einem aus horizontalen schwarzen und weißen Lagen geschichteten Block zu reden, doch das unter einer hohen Stalaktitnische sich öffnende Portal führt in einen ganz ›osmanischen‹ Vorhof, der allerdings durch seine Schwarzweiß-Ornamentik daran erinnert, daß wir uns eben in Damaskus befinden. Auch die sechs Zypressen des Fayencebildes über dem Portal gehören zum Formenschatz osmanischer Dekorkunst, sind aber – einer syrischen Werkstatt entstammend – im syrischen Sinne gestaltet. Das Minarett – von unten an architektonisch schon ›vorbereitet‹, wirkt in seiner Bleistiftform halb osmanisch, zugleich mit seiner blau-grünen Außenhaut wie ein befremdlicher Zusatz.

Bald, nachdem wir am Dreiweg dem rechten Ast der Straßengabel gefolgt sind, zieht die Fassade der **Sabuniye-Medrese** unsere Aufmerksamkeit auf sich, ein besonders beachtenswertes Denkmal der späten Mamlukenzeit (1458), welches Portal, Moschee-Medrese, Minar und Türbe zu einer vielgestaltigen Einheit zusammenbindet. Die Intarsienfelder über den Fenstern, die Gestaltung der Portalnische und des Minaretts, das alles weist auf die Herkunft aus Kairo hin, zu dessen Machtbereich Damaskus in der Erbauungszeit dieses Werkes noch gehörte. Nur wenige Schritte sind es von hier zum Mausoleum des Wali asch Schaibani (1353), und ihm liegt schräg gegenüber an der linken Straßenseite der **Bab as-Saghir-Friedhof** mit einer beträchtlichen Zahl von sehenswerten Grabstelen und etlichen Mausoleen (sämtlich unzugänglich), die mamlukische und osmanische Baugewohnheiten variierend verbinden. Unmittelbar an der Straße das *Mausoleum des Scheikh Hassan* von 1316, das an einem kleinen Hof zwei Türben miteinander vereinigt und ganz im Geschmack der Kairoer Baumeister auch dieses einfache symmetrische Schema zu malerisch-asymmetrischer Wirkung zu variieren versteht.

Von hier ab beginnt sich der Weg in die Länge zu ziehen, und es ist nicht jedermanns Sache, noch Hunderte von Metern zu marschieren, um dann immer nur die Bauten von außen besehen zu können. Eine beträchtliche Anzahl aus der eyyubidischen und der Mamlukenzeit hat auch der Vorort

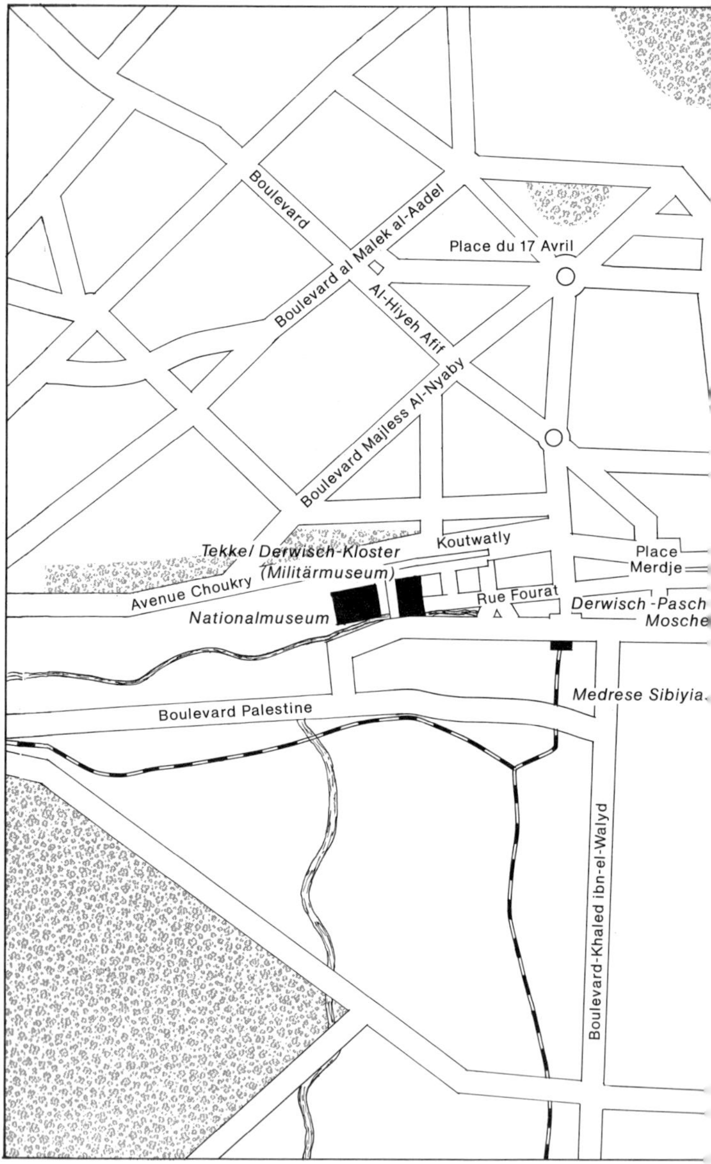
Boulevard
Boulevard al Malek al-Aadel
Place du 17 Avril
Al-Hiyeh Afif
Boulevard Majless Al-Nyaby
Koutwatly
Tekke/ Derwisch-Kloster
(Militärmuseum)
Avenue Choukry
Nationalmuseum
Rue Fourat
Place
Merdje
Derwisch -Pasch
Mosche
Medrese Sibiyia
Boulevard Palestine
Boulevard-Khaled ibn-el-Walyd

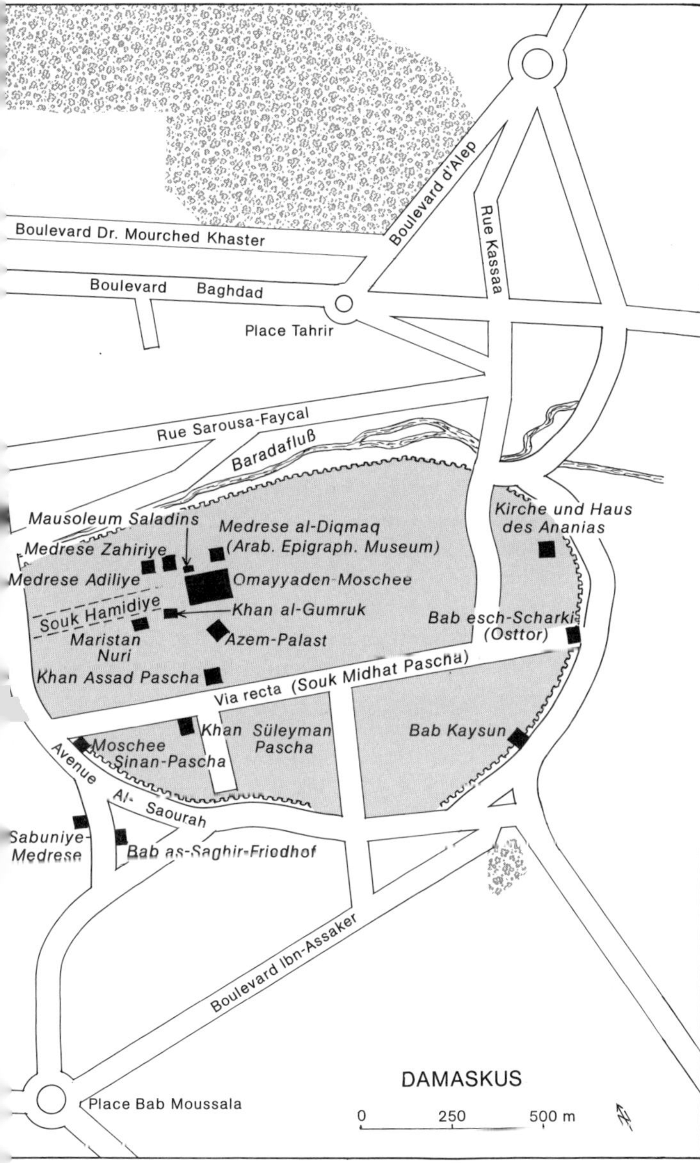
Boulevard d'Alep
Rue Kassaa
Boulevard Dr. Mourched Khaster
Boulevard Baghdad
Place Tahrir
Rue Sarousa-Faycal
Baradafluß
Mausoleum Saladins
Medrese al-Diqmaq
(Arab. Epigraph. Museum)
Medrese Zahiriye
Medrese Adiliye
Omayyaden-Moschee
Souk Hamidiye
Khan al-Gumruk
Maristan Nuri
Azem-Palast
Khan Assad Pascha
Kirche und Haus des Ananias
Bab esch-Scharki (Osttor)
Via recta (Souk Midhat Pascha)
Khan Süleyman Pascha
Moschee Sinan-Pascha
Bab Kaysun
Avenue Al-Saourah
Sabuniye-Medrese
Bab as-Saghir-Friedhof
Boulevard Ibn-Assaker
Place Bab Moussala
DAMASKUS
0
250
500 m

Salihiye am Fuß des Djebel Kassiun bewahrt, aber nur wer sich mehr als nur ein paar Tage in Damaskus gönnen kann, wird den Weg dorthin nehmen.

Wir haben weniger Zeit und freuen uns auf die nach der Großen Moschee zweite, oder gar noch vor ihr rangierende Sehenswürdigkeit von Damaskus, nämlich das Syrische Nationalmuseum, für dessen Besuch wir uns Muße lassen wollen. Wir haben auf dem Weg dorthin Gelegenheit, einen Bau der osmanischen Glanzzeit zu erleben, die **Tekke,** das Derwischkloster – auch Imaret (Armenküche) genannt – die Süleyman der Prächtige hier 1553 oder 1554 durch seinen Chefarchitekten Sinan zum Wohle der Mekkapilger errichten ließ. Heute leider zum Militärmuseum degradiert, war der Bau am Baradafluß einst der Unterbringung und körperlichen wie geistigen Erholung der Wallfahrer gewidmet. »Die Tekke besteht aus einer Gruppe von Gebäuden, die rings um einen Hof angeordnet sind, nämlich: aus der Moschee, aus den Klosterzellen, den Schlafgebäuden, den Speisesälen und den Küchen- und Nebengebäuden für Pilger und Fakire.« (Egli) Die Anlage bildet ein Rechteck, dessen südlicher quadratischer Teil durch einen west-östlichen Querweg abgetrennt ist, um die Moschee aufzunehmen, ferner die beiden seitlichen Flügelbauten der Klosterzellen und den Vorplatz der Moschee mit dem großen Wasserbecken. »Im verbleibenden nördlichen Teil stehen zwei Seitengebäude mit je vierzehn Kuppeln an der West- und Ostseite und dazwischen ein drittes, querstehendes Gebäude, bestehend aus einer Reihe von sechs großen Kuppelräumen, einer Vorhalle aus zwölf überkuppelten Raumeinheiten und einem Anbau nach Norden, der die Küchenanlagen enthält.« (Egli) Der Reiz dieser Anlage liegt in der streng symmetrischen, aber in ihren einzelnen Teilen freien Anordnung der Gebäude innerhalb des Hofbezirks, dann aber auch in der Einbettung der Gebäude in Gärten. »Die Moschee selbst besteht nur aus dem einfachen, einheitlichen Kuppelraum ohne irgendeine Raumerweiterung. Die Vorhalle ist verdoppelt: ein siebenteiliger Portikus umgibt die dreiteilige eigentliche Vorhalle und verstärkt so die einladende Haltung der Moschee. Auffallend ist die unterschiedliche Verwendung des gelblichweißen Kalksteins einerseits und des dunklen Basaltsteins andererseits, ihre Zusammenstellung zu gemeinsamer Wirkung kennzeichnet den östlichen, syrischen Baustil. Das Speise- und Küchengebäude verwendet weißen und schwarzen Stein in durcheinandergewürfeltem Wechsel, so entsteht eine bunte, unruhige grob-klotzige Wirkung, eine beabsichtigte Unordnung. Die Ansichtsflächen der Klosterzellen der Derwische hingegen sind ausschließlich aus hellem Kalkstein hergestellt. Die Moschee endlich mit ihren beiden Vorhallen zeigt einen reichen Farbwechsel im Schichtenaufbau. Zu Schwarz und Weiß tritt Rot hinzu. Es kann kein Zweifel darüber bestehen, daß dieser unterschiedlichen Farbwahl und Anordnung eine Absicht und ein Sinn zugrunde liegen. Da ist auf einer Seite das Ungeordnete durcheinandergewürfelt wie Gut und Böse, Tag und Nacht, Licht und Finsternis; und ihm gegenüber eine in Schichten aufgebaute Welt, in der sich das Stoffliche geordnet hat und die neue Farbe der göttlichen Barmherzigkeit sichtbar wird. Zwischen beiden aber stehen die weißen Zellen der Derwische und Mönche in der makellosen Farbe des Geistes.

So wie sich in den Gebäuden selbst die beiden Welten scheiden, die Sorge für den Leib mit Küche, Speiseräumen und Unterkünften einerseits, und die Moschee hinter dem Spiegel des Wasserbeckens andererseits, getrennt beide durch die Tekke im engeren Sinn; so mischen sich auch die Farben und trennen sich zu sinnvoller Anordnung in der Erscheinung dieser Gebäude. Der symbolhafte Sinn der Farben und Mischungen unterstützt hier nur, was in der räumlichen Schöpfung klar vorausbedacht ist. Und damit gewinnen sämtliche Anordnungen ihren Sinn im Rahmen des Ganzen: Diese Baugruppe ist auf engem Raum vereinigt, gewissermaßen die Darstellung der Pilgerfahrt nach Mekka selbst.« (Egli)

Es liegt auf der Hand, daß die heutige Nutzung einem solchen Verständnis der Bauschöpfung alles andere als günstig ist. Der Tekkiye Süleymans benachbart finden wir eine ähnliche Stiftung seines Sohnes Selims II., ein wesentlich schlichteres und kleineres Werk, heute für eine Handwerksausstellung genutzt. Hier kann man noch eine Glasbläserei in Tätigkeit sehen.

Wir sind nun bis in die Nähe des Nationalmuseums vorgedrungen. Dieses Schatzhaus syrischer Kultur ist bei einem einzigen Besuch gar nicht zu bewältigen.

›Victoria‹, Wandmalerei aus Dura-Europos, 2. Jahrhundert v. Chr. Damaskus, Nationalmuseum

Schaubare Geschichte
im Nationalmuseum von Damaskus

Es soll Leute geben, die zwar einen Schaufensterbummel als Freizeitvergnügen empfinden, denen jedoch die viel interessantere Umschau in einem Museum als unzumutbare Anstrengung erscheint. Zweifellos gibt es Museen, die diese Scheu rechtfertigen: grimmig bewachte hehre Kunsttempel oder leicht angestaubte Sammelsurien, die durch ihren Reichtum weniger aufklären und erfreuen als verwirren. Es gibt auch Sammlungen, die voller Herrlichkeiten stecken und doch wenig sagen über Wesen und Art des Landes, in dem sie sich – heute wie zufällig – befinden. Das Britische Museum zum Beispiel, ein Schatzhaus der Menschheit, bewahrt zwar in seiner Bibliothek die Magna Charta – aber was erzählt es dem Besucher Britanniens von der Geschichte des Inselreiches und der speziell britischen Kunst? Man kann sich jemanden vorstellen, der England, Schottland und Wales ganz gut kennt, ohne je einen Fuß in dieses Museum gesetzt zu haben, oder einen Fremden, der britische Wesens- und Lebensart allein durch den Spiegel der Dichtung von Shakespeare, bei Dickens und Wilde kennen- und schätzengelernt hat.

Doch es gibt Museen, die man nicht links liegen lassen kann, ohne eine schwere Sünde zu begehen. Wer Syrien nicht nur als den zufälligen Ort betrachtet, wo man sich Urlaubsbräune holt, sondern das Land als die Drehscheibe vieler Kulturen begreifen möchte, der kommt um das Nationalmuseum von Damaskus nicht herum. Das ist keine durch eine fürstliche Sammelleidenschaft zustandegekommene Kunstgalerie. Es ist vielmehr die Heimstatt für vieles, was Archäologenspürsinn aus dem Boden des Landes geborgen hat und das – freilich einige Einfühlungs- und Vorstellungsgabe erfordernd – von der Biographie dieses Landes erzählen kann. Eines Landes, das kein Land für unbeschwerte Badefreuden ist (schon weil die meisten Strände verschmutzt sind) und das man nicht im Spiegel seiner Literatur kennenlernt –

obwohl es nicht schadet, das Alte Testament wenn nicht im Kopf, so doch im Gepäck dabeizuhaben.

Nach so vielen Negationen sei es klar gesagt: Wer Syrien – al Dschumhuriya al-Arabiya as-Souriya – in seiner mehr als nur tagespolitischen Rolle erfahren möchte, sollte mindestens zweimal diese Sammlungen besuchen: zum ersten Mal zur Einstimmung und Information und zum Schluß seiner Umschau im Lande noch einmal, nun nicht mehr verwirrt von unbekannten Namen und noch nie gesehenen Formgestalten.

Lassen wir den Lapidarium-Garten (in ihm dreht sich ein verkleinertes Modell einer Noria, eines Wasserrades) zunächst unbesehen und halten wir uns an die in den Museumsbau integrierte Fassade des Omayyadenschlosses *Qasr al-Hair al-Gharbi* aus dem zweiten Viertel des 8. Jahrhunderts (Abb. S. 297). Mit Stufenzinnen versehene halbrunde Türme flankieren bastionartig den Zugang. Mit ihren ornamentalen Feldern, Friesen und Blendarkaden sind sie sorgsame Rekonstruktion eines nie ernsthaft zur Verteidigung gedachten Bauwerks: des Tortrakts des Palastes. Dieser – seine Stätte findet sich in der Wüste etwas abseits der Straße Homs-Palmyra, aber kein praktikabler Weg führt hin – repräsentiert den Typus der omayyadischen Wüstenschlösser. Da wir darauf verzichten müssen, die auf syrischem Boden liegenden Schloßanlagen der omayyadischen Kalifen zu besuchen – die sehenswertesten Beispiele liegen sowieso auf jordanischem Boden und sind von Amman aus erreichbar –, nehmen wir die Gelegenheit wahr, uns hier über ein derartiges Bauwerk ins Bild zu setzen. Die Anlage wird wie das nordöstlich von Palmyra liegende Qasr al-Hair asch-Scharqi, das Schloß am östlichen Wildgehege, dem Kalifen Hischam zugeschrieben und bestand aus dem Palast, einem großen umfriedeten Park, einem kleinen Bad und einer Karawanserei. Der Palast, vor dessen Torfront wir stehen, war von Osten her zugänglich und gruppierte auf quadratischem Grundriß um einen von zweigeschossigen Arkaden gesäumten Hof verschiedenartig gestaltete Räume. Das Museum hier bewahrt so gut wie alle Funde, die im Palast gemacht wurden, und gestattet dem Besucher, sich ohne große Mühe den Hof mit seinem

Musikanten und Jagdszene, Wandmalerei aus Qasr al-Hair al-Gharbi, 8. Jahrhundert. Damaskus, Nationalmuseum

ornamentalen Baudekor vorzustellen. Wie der Schmuck des Torbaues, in dem sich byzantinische und sassanidische Motive zusammenfinden, bestand er aus Stuck. Wir bewundern die sorgfältig restaurierten Fenstergitter und Türlünetten, die Brüstungsplatten mit Menschen- und Tierdarstellungen, nicht minder aber die Fußbodenmalereien. Ein Bild vor allem, das in seinem oberen Teil zwei jeweils unter einem Arkadenbogen stehende Musikanten zeigt und in der unteren Hälfte einen Bogenschützen auf galoppierendem Pferd. Er weist uns deutlich auf eine der Quellen dieser Kunst hin, ähnelt der Reiter doch brüderlich den Darstellungen des jagenden Großkönigs auf Silberschüsseln der sassanidischen

Zeit. Nicht nur Byzanz, wie man nach dem Besuch der Großen Moschee vermuten möchte, sondern auch Persien stand hilfreich an der Wiege der jungen islamischen Kunst.

Daß wir in dem Museum zuerst mit bedeutenden Relikten aus der Omayyadenzeit und bald hinter dem Eingang auch mit Werken aus Dura und Palmyra und mit byzantinischem Erbe konfrontiert werden, hat seinen Sinn in einem Land, in dem viele Kulturen immer wieder sich mischten und miteinander verschmolzen, zeigt aber auch, daß das Museum nicht als eine chronologisch-didaktische Schau angelegt ist. Wenn wir uns anhand eines zeitlichen Ariadnefadens hindurchfinden wollen, müssen wir mancherlei Umwege in Kauf nehmen. Aber sie sind nicht endlos.

Etwa 10 000 Jahre vor unserer Zeitrechnung begann am gebirgigen Rand – aber nur am Rand – des ›Fruchtbaren Halbmondes‹ (jenes Bogens, der sich vom Niltal über den großsyrischen Wüstensaum bis an Euphrat und Tigris schlägt und – diesen Flüssen folgend – bis zum Persischen Golf) jene langsame Entwicklung, die man dramatisch abkürzend die **Neolithische Revolution** genannt hat. Die Sammler und Jäger der Steinzeit, die seit 100 000 Jahren nur stumme Werkzeuge hinterlassen hatten, wurden seßhaft. Sie sammelten und jagten zwar immer noch (Schwammerlsucher und Waidmänner gibt es auch noch im Computerzeitalter), aber den sicheren Hauptanteil ihrer Nahrung begannen sie nun zu produzieren, indem sie die Körner bestimmter Grassorten dem Boden anvertrauten, und wenn der Himmelsregen die Felder befeuchtete (er war damals noch günstiger gesonnen und spendete noch etwa 3000 mm im Jahr), so bescherte er dem Samen vielfache Frucht. Zwei Mächte mußten günstig sein: die Erde, in deren mütterlichen Schoß die Saat gesenkt wurde, und der Himmel, der sie befruchtend schwängerte. Sie personifizierten sich in den beiden (wie auch immer genannten und dargestellten) Gottheiten: dem ›Herren‹, dem Baal des Himmels, und der gebärenden und nährenden Erdenfrau mit breitem Becken, schwellendem Gesäß und strotzenden Brüsten, deren Bildnis uns Tonstatuetten überliefern. Der Name der Göttin mag wechseln, ihre Wesenheit – Jungfrau und Mutter zugleich – hält sich durch die Jahrtausende. Noch eine Macht trat hinzu: die Scheu vor den Toten und ihrer magischen Kraft, die es zu lenken oder zu bannen galt.

Die neuen Lebensbedingungen veränderten Wirtschaft und Gesellschaft. Viel mehr Menschen als früher konnten nun Nahrung finden; so vervielfachte sich ihre Zahl innerhalb weniger Jahrtausende, und damit vervielfachten sich auch die Möglichkeiten zwischenmenschlicher Konflikte.

Bei Jericho im Jordangraben fanden Ausgräber eine Stadt des frühen Neolithikums, eine der ältesten städtischen Siedlungen überhaupt, und hier einen achteinhalb Meter hohen Steinturm: Das älteste Zeugnis monumentaler Architektur aus einer Zeit, die noch keine Gefäßkeramik kannte, war ein Trutz- und Wehrbau. Die Toten wurden damals unter dem Estrich ihrer Behausungen beigesetzt und die Schädel durch Ton-Gips-Auflagen (mit Muschelschalen als Augen) zu Abbildungen der Verstorbenen geformt. Im Museum von Amman (Jordanien) begegnet man dieser rätselhaften, erschütternden frühesten Porträtplastik.

In solche Zeitentiefe entführt uns das Museum von Damaskus zwar kaum, doch tief genug in jene Zeiten, da sich das Syrische erstmals artikulierte als ein Verbindendes mehr denn als sich Absonderndes. Wenden wir uns also zunächst der altorientalischen, der vor- und frühgeschichtlichen Abteilung zu, die hauptsächlich Funde aus **Ugarit, Mari** und **Ebla** darbietet (wir werden diese Stätten noch aufsuchen) und uns an die großen Leistungen früher Kultur in Syrien erinnert. Da sind neben keramischen Gefäßen und steinernen Werkzeugen die *Beterfiguren* aus Mari, Alabasterstatuetten mit eingelegten, wie staunend geöffneten Augen, die Könige der Stadt am Euphrat, Mitglieder ihrer Familie und ihres Hofstaates darstellen, darunter den Sänger Ur-Nansche (vermutlich ein Kastrat), welcher der Star des Tempel- und Palastchores gewesen sein mag (Abb. S. 53). Auch aus Ebla sind frühe Menschenbilder überliefert. Von dort stammt ein Kultbecken mit vier frontalen Löwendarstellungen.

Das Neolithikum gehört noch zur ›Vorgeschichte‹. Erst nachher beginnt die Geschichte, die sich durch schriftliche Quellen verlautbart. Ihre erste Epoche, die wir als **frühdynastisch** bezeichnen, ist im Zweistromland – und vermutlich auch in Syrien – charakterisiert durch Städte, die aus ihrem Umland Herrschaftsgebiete schufen und miteinander rivalisierten, angeführt von Priesterkönigen, die im Namen der jeweiligen Stadtgottheit regierten. In den sumerischen Königslisten werden als 10. Dynastie nach der großen Flut die Namen von sechs Königen überliefert, die in Mari am mittleren Euphrat regierten. Diese Stätte ist, obwohl auf syrischem Staatsgebiet gelegen, historisch gesehen ein vorgeschobener Posten der mesopotamischen Kultur. Auch wenn der König Lugalzagesi von Umma um 2490 v. Chr. behauptete, der Gott Enlil habe ihm alle Länder vom Persischen Golf bis zum Mittelmeer (»zwischen dem Unteren und dem Oberen Meer«) »zugehen« lassen: Was sich damals in Syrien und vor allem in dessen mittelmeerischen Gebieten abspielte, darüber erhofft man sich aus den Archiven von Ebla (Tell Mardich) nähere Aufschlüsse. Die Stätte, eine der wichtigsten Siedlungen des frühdynastischen Syrien, liegt etwa 55 Kilometer südlich von Aleppo und wird seit 1964 von Archäologen der Universität Rom erforscht. Zur Stunde ist nur sicher, daß die Schrift, die in Ebla verwendet wurde, vom sumerischen System abgeleitet ist, jedoch den Bedürfnissen der eigenen – semitischen – Sprache angepaßt war, wurde sie doch durch Schreiber aus Kisch (östlich von Babylon) und Mari importiert. Ebla war Sitz eines Stadtkönigtums mit weitreichenden Handelsbeziehungen und nahm wahrscheinlich eine Mittlerrolle zwischen Anatolien, Nordpalästina und Mesopotamien ein und griff zeitweise mächtig aus, gelang es ihm doch sogar, sich Mari tributpflichtig zu machen. In der auf die frühdynastische folgenden Zeit wurde Ebla Opfer der Dynastie von Akkade. Um 2470 v. Chr. hatte in Nordbabylonien ein semitischer Mundschenk des Königs von Kisch die Macht an sich gerissen und nannte sich fortab ›wahrer König‹ (Scharum-kin). Spätere Sagen erzählen, er sei wie Moses in einem Binsenkörbchen ausgesetzt, gefunden und am Königshof erzogen worden. Dieser Sargon (unter dem Namen ist er uns geläufiger) eroberte den mesopotamischen Süden und Syrien bis zum ›Zedernwald‹, dem Libanon, und wurde Gründer des ersten Großreiches im Nahen Osten, des Reiches von Akkade, das noch unter seinen Söhnen und Enkeln

Beterstatuette aus Mari, Gipsstein, um 2650 v. Chr. Damaskus, Nationalmuseum

bestand. Naram-Sin von Akkade (2260–2223) hat Ebla zerstört. In der altsyrischen Epoche spielte Ebla offenbar keine bedeutende Rolle mehr, aber unbedeutend kann es auch nicht gewesen sein, wie die archäologischen Funde belegen. Es gab Beziehungen bis ins mittlere Anatolien, in die assyrische Handelskolonie Karum Kanisch (Kültepe).

Die als **altsyrisch** benannte Periode entspricht etwa dem Zeitraum, da in Mesopotamien die Dynastien von Isin, Larsa und Babylon die politische Entwicklung bestimmten. Die Gutäer hatten dem Reich von Akkade das Ende bereitet, Urnammu aus der III. Dynastie von Ur hatte als ›König von

Sumer und Akkade‹ einen straff zentralisierten absolutistischen Staat aufgebaut und band durch Heiraten benachbarte Fürstentümer an seinen Thron. Westsemitische Nomaden jedoch, die Amurru, die ›Westleute‹ (die Amoriter des Alten Testaments), machten zusammen mit den nach Unabhängigkeit strebenden unterworfenen Städten der Hegemonie von Ur in Chaldäa (der Heimat Abrahams) ein Ende. Einfacher, als in die Welt des Zweistromlandes einzudringen, war es für die Amurru, in Syrien Einfluß zu gewinnen, wo es keine zentrale Macht, sondern nur miteinander verfeindete Stadtkönigtümer gab. »Das Archiv von Mari schildert seine Umgebung als buntscheckiges Gebilde von Königtümern und Vasallen, fast ausschließlich mit amoritischen Führern. Nur die Städte Urschu und Haschschu sind von Hurritern beherrscht.« (Kohlmeyer) Auch in Mari selbst und in Aschara herrschten amoritische Könige, die zwar miteinander verwandt oder verschwägert, einander aber keineswegs wohlgesinnt waren.

Jachdun-Lim von Mari konnte Terqa (Aschara) erobern und unternahm einen Raubzug bis zum Mittelmeer. Schamschi-Adad von Terqa mußte ins Exil nach Babylon flüchten, kehrte von dort jedoch zurück, vermochte Jachdun-Lim zu schlagen und ein großes Gebiet zu unterwerfen. Von seiner neuen Hauptstadt Assur aus regierte er über den Khabur-Bereich und den mittleren Euphrat bis an das Zagrosgebirge. In Mari vertrat ihn sein Sohn Jasmach-Adad als Gouverneur. Nach seinem Tod brach das altassyrische Reich bald zusammen. Zimri-Lim konnte aus seinem Aleppiner Exil zurückkehren und wurde der letzte König von Mari, das Hammurabi von Babylon in seinem 34. Regierungsjahr zerstörte. Er dürfte mit der Vernichtung dieses Handelsplatzes seiner eigenen Wirtschaft mehr geschadet als genützt haben. Offensichtlich hat in dieser Epoche Mari am Euphrat eine besondere Rolle gespielt, aber keineswegs die einer Hauptstadt Syriens. Mari war vielmehr ein wichtiges Handelsforum und deswegen umworben und umstritten.

Schon in akkadischer Zeit gab es im nördlichen Zweistromland ein kleines hurritisches Königreich. In der **mittelsyrisch** genannten Epoche spielte eine neue, aus dem Nord-

Der Sänger Ur-Nansche aus Mari, Gipsstein, um 2645-2460 v. Chr.
Damaskus, Nationalmuseum

osten kommende nicht-semitische Gruppe eine beherrschende Rolle: die Hurriter. Bald nach dem Sieg des Hethiterkönigs Murschili I. (1620–1590 v. Chr.) über Babylon entstand der Staat der Mitanni, der in der Zeit seiner größten Ausdehnung die hurritischen Städte von Alalach bis Nuzi umfaßte. Die Überlegenheit seiner zum Teil wohl indoeuropäischen Oberschicht gründete sich auf die pferdebespannten leichten Streitwagen. Dieser Staat geriet in Konflikt mit der aggressiven Außenpolitik Ägyptens, dessen Herrschern die Euphratgrenze als Fernziel vorschwebte. Thutmosis III. (1490–1436) begann, das westliche Syrien systematisch zu erobern und vermochte bei Megiddo eine Koalition syrischer Fürsten zu schlagen. Der Pharao konnte seine Macht ausbauen, und in seinem 35. Regierungsjahr gelang es ihm, die Krieger der Mitanni bei Aleppo zu besiegen und selbst den Euphrat zu überqueren – aber doch war es unmöglich, ganz Nordsyrien gegen die Mitanni zu halten. Seit Amenophis II. (1438–1414) war Syrien in zwei Einflußzonen geteilt: eine nördliche unter Dominanz der Mitanni und eine südliche unter ägyptischer Herrschaft, die sich an der Küste bis Ugarit erstreckte.

Inzwischen erstarkte in Anatolien eine neue Macht, die der **Hethiter,** die gleichfalls nach Einfluß in Syrien strebten. Wiederholt stießen ihre Heere über den Taurus vor.

Als Begründer des hethitischen Großreiches gilt Suppiluliuma I. (um 1380–1354 v. Chr.), der die Mitanni schlug und zwei seiner Söhne als Gouverneure in Halab (Aleppo) und Karkemisch einsetzte und auch Ugarit unter seine Herrschaft brachte. Sein Enkel Muwatalli (etwa 1315–1290) konnte nach der Schlacht gegen die Ägypter bei Qadesch seine Macht in Nordsyrien festigen. Nur der Süden mit Damaskus blieb den Ägyptern. Die Aufsplitterung Syriens in verschieden strukturierte Kleinreiche erleichterte den Fremden die Eroberung, erschwerte ihnen jedoch die Beherrschung. Der hethitische Großkönig beließ – mit Ausnahme von Halab und Karkemisch – den einheimischen Fürsten ihre Gebiete, verpflichtete sie aber durch Verträge zu Treue, Tribut und militärischer Gefolgschaft. Er hatte das letzte Wort in allen wichtigen Syrien betreffenden Angelegenheiten.

Die Niederlage des Mitannireiches schuf in Nordmesopotamien eine politische Schwächezone, in der Assyrien – von den Mitanni unabhängig geworden – seine eigene Politik betreiben konnte. Um 1300 eroberten die **Assyrer** die Mitannihauptstadt, deren Stätte bislang noch unbekannt ist, und stießen beim Versuch, ihre Macht bis zum Euphrat zu dehnen, mit den Hethitern zusammen. Schon Muršili II. (1349–1315) hatte Grenzsicherungen angelegt. Tudhaliya IV. (um 1260–1215) verhängte eine Handelsblockade gegen die Assyrer, aber innere Schwierigkeiten in beiden Staaten verhinderten eine entscheidende militärische Auseinandersetzung. Die Invasion der Seevölker, die Anatolien, Zypern, Nordwestsyrien und Palästina heimsuchte, schuf eine veränderte Situation, änderte aber weder etwas an der Zersplitterung Syriens noch daran, daß dieses Land auch im 1. Jahrtausend v. Chr. von den benachbarten Großmächten abhing.

Die bedeutendsten Funde aus der mittelsyrischen Epoche wurden in Ras Schamra (Ugarit) nördlich von Lattakia gemacht. Das uns bewegendste Stück von dort ist ein kaum 6 Zentimeter langes Täfelchen, das die 30 *Keilschriftbuchstaben* des ugaritischen Alphabetes zeigt. Die Erfindung der Buchstaben als praktische Vereinfachung der Bilderschrift, der Ersatz also von Tausenden von Zeichen durch nur zweieinhalb Dutzend, war eine der großen Kulturtaten wie die Erfindung der Schrift selbst und wie die des Buchdrucks mit beweglichen Lettern, und diese Tat wurde an der phönikischen Küste Syriens vollbracht.

Die *Elfenbeinreliefs* aus Ugarit – vermutlich zur Verzierung von kostbaren Möbelstücken geschaffen – zeigen deutlich den Einfluß Ägyptens, doch die bestimmende Macht der **neusyrischen** Zeit war Assyrien, das weit nach Westen vorgestoßen war, um die Handelsrouten für sich zu sichern. Assurnasirpal II. (884–859) und Salmanassar III. (858–824) bemühten sich, die Euphratregion selbst in die Hand zu bekommen. Sie erreichten auf ihren Kriegszügen sogar das Mittelmeer, doch ließen sie den meisten Kleinfürsten westlich des Jordans ihre Unabhängigkeit, verpflichteten sie jedoch zu Tribut und straften grausam jeden ungetreuen Vasallen. Und doch kam es immer wieder zu anti-assyrischen Koalitionen, im 8. Jahrhundert auch zu Verbindungen zwischen syrischen Fürsten und dem Königreich Urartu, das erfolgreich den Assyrern Widerpart bieten konnte. Seit dem 8. Jahrhundert (Tiglatpileser III., 744-727) ging Assyrien nicht mehr nur auf Beherrschung, sondern auf Eroberung des syrischen Raumes aus und geriet folglich in gelegentlichen Konflikt mit Ägypten, das sich mit phönikisch-palästinensischen Kleinstaaten verbündete. Der Mißerfolg Sanherribs (704-681 v. Chr.) im Jahre 701 bei der Belagerung Jerusalems wird viel erleichterte Schadenfreude ausgelöst haben, konnte aber nicht verhindern, daß die Assyrer vorübergehend sogar Ägypten eroberten. Von den einheimischen Fürsten Syriens in dieser Zeit wissen wir wenig. Die bedeutendste Volksgruppe stellten immer noch die Aramäer, deren westsemitischer Dialekt mit phönikischen Buchstaben geschrieben wurde, auch gab es seit dem 9. Jahrhundert schon die Araber, die als Kamelbeduinen und Händler in der Wüste lebten. Die Eroberung von Ninive (612 v. Chr.) durch Meder und Babylonier besiegelte das Schicksal des assyrischen Reiches. Sein Westen fiel an die Babylonier, denen es gelang, die Ägypter aus Palästina zu vertreiben. Syrien wurde babylonische Provinz und nach der Eroberung Babylons 539 durch Kyros d. Gr. Provinz des Achämenidenreiches, das Alexander 334 zu erobern begann.

Mit Alexander, der 333 nach dem Sieg bei Issos Syrien besetzte, beginnt eine neue, vom Westen her geprägte Zeit. Nach des großen Makedonen Tod (325) teilten seine Generale das Reich unter sich auf, wobei Syrien und Nordmesopotamien seit der Schlacht von Ipsos (301) dem Seleukos, dem bisherigen König von Babylon, zufielen. Durch Niederlagen gegen Römer (190 v. Chr.) und Parther (150 v. Chr.) wurde das Seleukidenreich etwa auf das Gebiet des heutigen Syrien beschränkt. Im Jahre 83 v. Chr. eroberte Tigranes von Armenien dieses Reich. Pompejus endlich setzte 64 den letzten Seleukiden ab und richtete die Provinz Syria ein.

Wir sind mit unserem Überblick bis in ›klassische‹ Zeiten vorausgeeilt. Die Museumswirklichkeit jedoch überholt uns, denn an die frühgeschichtlichen Säle schließt sich unvermittelt die **Islamische Abteilung** an mit einem Modell der abbasidischen Stadt Raqqa und dort gefundenen Stuckfragmenten und Keramiken des 9. Jahrhunderts n. Chr., mit Münzen, Holzgeräten und Handschriften, mit Glas und Fliesen, wissenschaftlichen Instrumenten und vielem anderen aus den Jahrhunderten seit der islamischen Eroberung, so daß man in der Fülle schier ertrinkt. Jedes Exponat ist – schon weil sorgliches Produkt individueller Arbeit – einmaliges Einzelstück, doch sind wir nicht imstande, jedem einzelnen Gerechtigkeit widerfahren zu lassen, unsere Aufnahmefähigkeit ist begrenzt.

Wir gestehen uns ein, daß auch andere Museen moslemisches Kunstgewerbe darbieten und wir Zeit und Kräfte lieber den Dingen widmen sollten, die man nur hier in Damaskus sehen kann, denen des **Département classique,** das heißt denen aus griechisch-römisch-byzantinischer Zeit, wie da sind die aus dem dunklen Basalt des Hauranberglandes geschaffenen römischen *Götterfiguren,* die den klassischen Formenkanon ins provinziell Unbeholfene abwandeln. Hier auch zwei Mosaikfelder, den personifizierten Orontes und die Glorie der Terra darstellend. Noch stärker als die Statuen zeigen uns die *Reliefs* aus Suweida, die Bacchus, eine Mänade, Hercules im Löwenkampf darstellen, den syrisch-römischen Stil des 1. und 2. Jahrhunderts. Wir begegnen Kleinfunden aus dem Djebel Drus, römischen Statuetten aus Ton und Bronze, sehen eine Kollektion von Glaswaren aus römischer Zeit. Syrien muß damals schon eine beachtliche Glasindustrie besessen haben. Kein Wunder, daß es im mamlukischen Mittelalter so herrliche Emailgläser produzieren konnte, wie wir eines in der Islamischen Abteilung sahen.

Die Vitrinen im ›byzantinischen Korridor‹ geben ein buntes Nebeneinander von griechischen Vasenfragmenten, römischer Terra sigillata, tönernen und bronzenen Figürchen, von Fragmenten klassischer Kunst (Torso eines Doryphoros). Aber uns treibt es von da weg zu den Dingen, die nicht nur davon erzählen, daß Syrien einmal römisch war. Die Kunst der Parther, mit denen die Römer lange Kriege führten, eine Kunst, die man von Werken aus heute irakischen Fundstellen (Hatra, Ktesiphon) zu kennen glaubt, hat auch weitgehend die Tätigkeit der Maler und Steinmetzen von Dura Europos und Palmyra geprägt und hat wesentlich dazu beigetragen, die klassische Freifigur in eine hieratische Frontalität zu zwingen, hat also eine nicht zu unterschätzende Rolle bei der Herausbildung der ›byzantinischen‹ Kunst gespielt. Die **Kunst Palmyras** ist zunächst durch eine Reihe von *Grabreliefs* vertreten, dazu durch mehrere streng frontal gesehene Götterdarstellungen. In dem der Militärstadt **Dura-Europos** (am Euphrat) gewidmeten Saal fallen uns vor allem die großen *Fresken* auf. Sie stammen aus dem dortigen Tempel der palmyrenischen Gottheiten. Eines stellt eine Opferszene dar. Vor der Andeutung einer Architekturkulisse bewegt sich – die einzelnen Figuren streng frontal ausgerichtet – ein Zug von Gabenbringern, so erhaben-feierlich wie Justinian und Theodora mit ihrem Gefolge auf den berühmten Mosaikfeldern von S. Vitale in Ravenna. Ein anderes Malereifragment stellt über einem Clipeus Victoria mit Siegeskranz in der Rechten dar (Abb. S. 44): Enkelin der schwebenden Siegesgöttinnen in den Zwickeln des römischen Titusbogens, geschwisterlich verwandt denen am Bogen des Konstantin und Ahnherrin der Engel in den Deckengewölben wiederum von S. Vitale. Die Verbindungen wie die stilistischen Wandlungen sind evident.

Wir wollen auf unserer Rundreise Dura und Palmyra besuchen, finden aber in diesem Museum zwei Ensembles, die nach ihrer Auffindung ins Museum verbracht wurden. Ein bestallter Wärter öffnet die Pforte, die in die *Synagoge von Dura* mit ihrem von roten Säulen eingefaßten Vorhof führt. Hier sind in einem maßstabgetreu rekonstruierten Bau jene *Wandmalereien* untergebracht, die in der Synagoge von Dura – wir werden ihre Reste dort etwas nördlich des Westtores aufsuchen können – entdeckt wurden. Ein schlichtweg einmaliger Zyklus. Man stelle sich vor: Im Kultraum einer Religion, in der das »Du sollst dir kein Bild machen« zu den Grundgeboten gehört, fand sich eine fast vollständig die biblische Geschichte nacherzählende Folge von Malereien. Über der Thoranische, die mit ihrer Muschelbekrönung schon wie eine Vorwegnahme frühislamischer Mihrabs wirkt, sehen wir die Fassade des Tempels von Jerusalem, flankiert vom siebenarmigen Leuchter und der Szene des

Abrahamopfers. An den Wänden des sonst schmucklosen Raumkubus entrollt sich die Geschichte der Kinder Israel. Szenen sind hier zum ersten Male gestaltet, die viel später zum Repertoire jedes Renaissance- und Barockmalers gehören sollten: die Auffindung des Schilfknaben Moses, der Durchzug durchs Rote Meer, die Salbung Davids ...

Durch den Finger auf der Lippe und die geflüsterte Warnung, kein Aufsehen zu erregen, hat der uniformierte Schlüsselinhaber schon zu erkennen gegeben, daß die Umschau hier eigentlich ›interdit‹ sei, er aber einmal eine Ausnahme mache. Das Bakschisch wird er bekommen, soll er ungeduldig mit seinen Schlüsseln klappern. Wir besehen uns die Malereien mit einiger Muße. Als Inkunabeln biblischer Historienmalerei verdienen sie jede Aufmerksamkeit. Was an dieser scheinbar ›naiven‹ Malerei auffällt: Anders als bei den Bildern der griechisch-römischen Klassik scheinen die Gestalten – unplastisch auf den Hintergrund projiziert – nicht mit sich selbst oder ihren Nachbarn beschäftigt, sondern wenden sich frontal dem Betrachter zu. Und im Gegensatz zu der impressionistischen Malweise, die in den römischen Katakomben Rettungsszenen wie die drei Jünglinge im Feuerofen oder Jonas wiedergibt, sind hier die Umrisse alle linear gezeichnet, dann farbig ausgemalt, ohne den Versuch, Plastizität oder Räumlichkeit auch nur anzudeuten. Kein Illusionismus, sondern ›Realismus‹, der die Dinge so wiedergibt, wie sie nach dem Wissen des Künstlers sind, nicht wie sie ihm erscheinen. Ganz anders die Tierdarstellungen wie zum Beispiel der Opferstier auf dem im Bild des Salomonischen Tempels, der perspektivisch-illusionistisch wiedergegeben ist und einen Schlagschatten wirft. Diese Malerei vermag durchaus Ausdruck und Bewegung darzustellen, aber sie bevorzugt ein Nebeneinander von Einzelheiten, die nicht zu organischer Einheit verbunden werden. Die Kunst von Dura ist eine Mischkunst, in der vielerlei zusammenkommt und von der vielerlei ausgeht. Die Art der Darstellung bleibt die des alten Orients, aber überall ist die Auswirkung des Hellenismus erkennbar. In neuer Gestaltung–Umgestaltung wird sich aus ihresgleichen die frühbyzantinische Kunst entwickeln.

Noch ein zweites Ensemble ist im Museum rekonstruiert: die *Grabkammer des Yarhai aus Palmyra* als komplett erhaltenes Beispiel eines Hypogäum-Grabes, wie man es an Ort und Stelle beim Besuch Palmyras auch sehen könnte. Aber hier vermögen wir uns Zeit zu lassen bei der Umschau und erfassen das Prinzip beinahe eindringlicher als dort in der Wüstenstadt, wo man die Gräber ja nicht ohne redenden Führer besuchen kann.

Das Obergeschoß enthält in erster Linie Kleinfunde aus römischer Zeit, vor allem auch Schmuck. So reizvoll die Dinge sind – und der *römische Prunkhelm* mit silberner Gesichtsmaske ist ein sensationelles Stück –, wir haben schon viel gesehen und finden uns am Rand unserer Aufnahmefähigkeit. Deshalb verlassen wir das Museum, bevor der Besuch in unfrohe Mühe ausartet – eine gewisse Ökonomie gehört zum Reisen. Man darf sich schon manchmal etwas zumuten, um in der immer irgendwie beschränkten Zeit – wir leben nicht mehr in den Tagen, da man sich für eine Reise in ferne Länder Monate oder Jahre Zeit nahm – möglichst viel zu erleben, ohne die schmale Grenze zu überschreiten, wo aus Vergnügen plötzlich Plage wird. Aber vielleicht läßt sich beides gar nicht so reinlich scheiden, und das ist gut so, denn schließlich freut einen ja nur so recht, was nicht einfach als Geschenk in den Schoß fiel.

Moslemisches Syrien

Im Jahre 632 hatte Mohammed in seinem Haus in Medina die Augen für immer geschlossen. Zu seinem Nachfolger und Stellvertreter wählten die Angesehensten aus der islamischen Gemeinde seinen Schwiegervater Abu Bakr. Fast gleichzeitig begannen die kriegerischen Vorstöße der Araber – und nur wenige Jahre nach dem Heimgang des Propheten war Syrien, der Schnittpunkt rivalisierender Kulturkreise, erobert. Es dauerte nicht lange, da hatte sich hier Moawiya, der Sohn eines der bittersten Feinde des Propheten, als Gouverneur durchgesetzt, und er gewann schließlich den Wettlauf zur höchsten Macht und Würde, der eines Kalifen, gegen Ali, den Vetter und Schwiegersohn Mohammeds. Ali wurde zwar vierter in der Reihe der Kalifen, fiel aber 661 einem Mordanschlag zum Opfer, und Moawiya, der Enkel des Omayya aus der mekkanischen Koraischitensippe, wurde zum Gründer einer Dynastie, in der sich die Würde eines Stellvertreters des Propheten durch fünf Generationen und über vierzehn Träger hinweg vererbte, bis schließlich 750 die sich auf engere Verwandtschaft mit dem Propheten berufenden Abbasiden – Nachkommen eines Oheims des Propheten – die Omayyaden stürzten, unter denen Damaskus zur glanzvollen Hauptstadt eines Weltreiches geworden war, das sich als Erbe Roms und Rivale von Byzanz empfand und diesem Selbstverständnis in glanzvollen Bauten – wie eben der Omayyadenmoschee – Ausdruck verlieh.

Nach der abbasidischen Revolution von 750 sank Syrien auf das Niveau einer ungeliebten und mißtrauisch beobachteten, aber militärisch bedeutsamen Provinz herab und konnte nur noch einmal ganz vorübergehend eine zentrale Rolle spielen, in den Tagen nämlich, als unter Harun ar-Raschid Raqqa am Euphrat zum Rang einer Kalifenresidenz und damit zum Mittelpunkt eines Weltreiches aufstieg. Aber das blieb Episode. Seitdem sich das Abbasidenreich von den

Rändern her auflöste, verband sich das Geschick Syriens für Jahrhunderte eng mit dem Ägyptens. Es bildete zunächst eine Provinz jenes Reiches, das Ahmed ibn Tulun, Sohn eines türkischen Militärsklaven und Statthalter von Ägypten, sich geschaffen hatte, gehörte später zum Kalifat der aus Tunesien an den Nil gekommenen schiitischen Fatimiden. Im späten 11. Jahrhundert wurde Syrien dem Großreich der Seldschuken angegliedert und gehörte dann den Nachfolgedynastien der Buriden, Zengiden und Eyyubiden, die erneut Syriens Geschick mit dem Ägyptens verbanden. Mit Ägypten blieb das Land auch verknüpft, während in Kairo die Mamluken herrschten.

Hatten die Omayyaden als Rivalen von Byzanz sich als Erben Roms fühlen können, so kamen mit den Abbasiden iranisch-mesopotamische Bauideen ins Land, in dem sich seit dem 12. Jahrhundert die Einflüsse aus allen Bereichen der moslemischen Welt überkreuzten. Die Herrschaft der christlichen Kreuzfahrer über Teile Syriens blieb ein blutiges Intermezzo, das im Land zwar gewaltige Burgen der christlichen Eroberer zurückließ und Syrien in engeren Kontakt mit Europa brachte, aber mit einem Europa, das von der islamischen Welt nur lernen, ihr aber keine Impulse vermitteln konnte. Immerhin entwickelten sich damals die Städte an der libanesisch-palästinensischen Küste erneut zu Zentren eines Fernhandels, der Güter aus Indien und dem noch ferneren China ins Mittelmeer und nach Nordwesteuropa vermittelte – und diese Handelsbeziehungen haben das Ende der Kreuzfahrerstaaten überlebt.

Man darf sich das Syrien dieser Jahrhunderte nicht als eine blockhaft geschlossene Einheit vorstellen. So wenig die christlichen Ritter sich immer einig waren, so wenig waren es ihre islamischen Gegenspieler, und zeitweise drohte Syrien in Anarchie zu versinken. Und doch überlebte es selbst die Einnahme durch die Reiterscharen aus Zentralasien: 1260 den Sturm der Mongolen und 1400 die Eroberung von Damaskus durch Timur Lenk und seine Horden.

Nachdem der Osmanensultan Selim I., der Gestrenge, 1516 das Reich der Mamluken in Ägypten und Syrien und die heiligen Stätten Arabiens erobert hatte, konnte er sich fortan als Kalif betrachten. Syrien-Palästina blieb nun Teil des Osmanischen Reiches, aber die Macht der türkischen Walis reichte in der Praxis kaum über die unmittelbare Umgebung der großen Städte als Verwaltungszentren hinaus und war vor allem in den Berggegenden (Libanon, Djebel Drus) nie gesichert. Syrien war eine unbequeme Provinz, dazu verurteilt, den Verfall der osmanischen Macht leidend mitzuerleben: ausgebeutet, aber sonst vernachlässigt, ab und zu Schauplatz von Aufständen oder kriegerischer Heimsuchung. Ibrahim Pascha, der Sohn Mehemet Alis von Ägypten, erschien in Syrien an der Spitze eines Heeres, mußte das Land infolge der Intervention durch die europäischen Großmächte allerdings 1840 wieder räumen. Syrien teilte als Provinz des Osmanischen Reiches dessen Geschicke bis in den Ersten Weltkrieg hinein. 1914-1918 war Syrien nicht oder nur am Rande Kriegsschauplatz, wurde aber von den türkischen Herren als ›unsichere Provinz‹ in Frontnähe mit Härte und Mißtrauen behandelt und durchlebte eine furchtbare Hungerzeit mit Typhusepidemie.

Der Sieg der Alliierten in der Schlacht von Sarona (19.9.1928) bedeutete ›Befreiung‹. Schon 1916 hatte der Scherif Hussein, unterstützt durch seine Söhne Ali, Faisal und Abdallah, die Erhebung der Araber gegen die osmanische Unterdrückung organisiert. Die Seele dieses ›Aufstands in der Wüste‹ war der englische Oberst Lawrence. Am 3. Oktober 1918 zogen die Truppen des Scherifen, den Rouallah-Beduinen des Nuri Chaalan auf dem Fuß folgend, in Damaskus ein. Das französische Kontingent, das an der Seite der Sieger die Stadt betrat, war so winzig, daß ihm nur symbolische Bedeutung zukam. Es setzte sich auch bald in Richtung Beirut in Marsch und wurde dort durch massive Verstärkung zum ›französischen Levantekorps‹ ausgebaut, das den Libanon und die Bekaa-Ebene besetzte, dann die Alaouiten des Djebel Ansairye schlug und endlich im türkischen Kilikien Fuß zu fassen versuchte. Das Sykes-Picot-Abkommen von 1916 hatte die Einfluß- und Interessensphären der Verbündeten im Nahen Osten festgelegt.

Im Januar 1919 begab sich Emir Faisal, begleitet von Oberst Lawrence, nach Paris, um auf der Friedenskonferenz die völlige Unabhängigkeit der Araber zu fordern. Im März 1920 verkündete ein in Damaskus zusammengetretener syrischer Nationalkongreß die Unabhängigkeit ›Groß-Syriens‹ unter der Herrschaft des Scherifen. Aber im April 1920 bestätigte die Konferenz von San Remo das – leicht modifizierte – Sykes-Picot-Abkommen und konzedierte Frankreich das Mandat über den Libanon und Syrien, England das über Palästina, das südliche Syrien (Transjordanien) und den Irak.

Am 24. Juli, nachdem Faisal die ultimative Forderung, die englisch-französische Entscheidung zu billigen, abgelehnt hatte, schlug eine französische Einheit die scherifische Armee bei Khan Meyssalouen und rückte in Damaskus ein. Damit begann die französische Mandatsherrschaft in Syrien, die mehr als zwei Jahrzehnte Bestand haben sollte. Faisal begab sich nach Bagdad, wo er am 21. 8. 1921 zum König von Irak ausgerufen wurde.

Die Aufgabe Frankreichs in Syrien wie im benachbarten Libanon war schwer. Es galt, ein Land zu befrieden und als politisches Gebilde aufzubauen, dessen Wirtschaft zusammengebrochen und das von Hunger und Seuchen völlig erschöpft war. Die Anstrengungen, eine funktionierende Verwaltung und ein taugliches Schulwesen zu schaffen, erfüllten nicht nur den britischen Verbündeten mit Mißtrauen, sie stießen vor allem bei der politischen Elite des Landes selbst auf Ablehnung. Der arabische Nationalismus, der sich schon vor dem Krieg gezeigt hatte, gab mehr und mehr einem panarabischen Nationalgefühl Raum.

Die französischen Behörden glaubten, diese Entwicklung ignorieren zu können oder zu sollen. Viel bedeutender schien im Augenblick die Frage der völkischen und religiösen Minoritäten. Um sie zufriedenzustellen, wurde das, was als Syrien übriggeblieben war – nachdem der Libanon schon am 1. 9. 1920 als unabhängig erklärt worden war –, 1922 in mehrere Territorien geteilt: in Damaskus und Aleppo, den Djebel Drus im Hauran, den Sandschak von Alexandrette mit den Städten Iskenderun und Antiochia (Antakya) und den Sandschaks von Deir ez-Zor, das heißt jene Gebiete an Euphrat und Khabur, die nun erstmals zu Syrien geschlagen wurden. Der Versuch einer Föderation dieser Gebiete scheiterte am Widerstand der alaouitischen Feudalherren, den die französischen Behörden unter der Hand ermunterten. Immerhin kam es zu einer Vereinigung von Damaskus, Aleppo und des Sandschaks von Alexandrette unter einem von der Mandatsregierung designierten Notabeln, der sich auf syrische Verwaltungsinstanzen stützen konnte, denen französische ›Bevollmächtigte‹ nun als Berater zur Seite standen. In den Gebieten der Alaouiten und im Djebel Drus amtierten französische Verwaltungsinstanzen, die direkt dem französischen Gouverneur unterstanden. Es hat langer Bemühungen bedurft, die Antagonismen und Partikularismen zu überwinden.

Nachdem die Alaouitenfrage notdürftig geregelt war, galt es 1921, die Beduinen, die Deir ez-Zor angriffen, zu Paaren zu treiben. Im August des folgenden Jahres griffen die Drusen zu den Waffen, vom britischen Transjordanien unterstützt, wo nach dem Zusammenbruch der Erhebung ihr Anführer Soltan Pascha (el-Attasch) Zuflucht fand, bis er 1925 im Djebel Drus einen neuen Aufstand anzetteln konnte. Ein Jahr lang dauerte dieser Kleinkrieg, und wilde Angriffe der Drusen fügten den französischen Kräften schwere Verluste zu. Der Konflikt, den Agenten des Emirs Abdullah von Transjordanien und die Arab Legion Peake-Paschas heimlich anheizten, schwelte auch in den von Drusen bewohnten Regionen des Hermon, der Ghouta-Oase von Damaskus, in Teilen des Libanon und Antilibanon und in der reichen Bekaa-Ebene. Erst im Frühsommer 1927 wurden die Franzosen durch Einnahme von Soueida, der Hauptstadt des Drusengebietes, und von Salkhad, des Stützpunkts von Soltan Pascha, Herren der Lage. Nach einigen weiteren Monaten war die militärische Ruhe in ganz Syrien wiederhergestellt. Sie sollte bis 1936 währen.

Aber auf politischer Ebene gingen die Auseinandersetzungen weiter: Die Verfassunggebende Versammlung, 1928 gewählt, arbeitete eine Konstitution aus, welche der Hochkommissar ablehnte, da ihr Artikel 2 die Rückkehr des Libanon in den Staatsverband Syriens sowie vollständige und unmittelbare nationale Einheit, mithin das sofortige Ende des französischen Mandats, forderte. Im Mai 1930 wurde die Kammer aufgelöst. Auch nach Neuwahlen im Januar 1932 wurde kein Kompromiß zwischen den Mandatsbehörden und den Nationalisten gefunden. 1934 wurde die Volksvertretung bis auf weiteres suspendiert. Erst die französische Volksfrontregierung von 1936 war bereit, einer Prüfung der syrischen Forderungen näherzutreten und entschloß sich schließlich zu einem Vertrag, der vorsah, Syrien nach drei Jahren in die Unabhängigkeit zu entlassen. Von den syrischen Volksvertretern wurde er einstimmig gebilligt, doch trat er nie in Kraft, da die Deputiertenkammer in Paris die Ratifizierung aufschob und schließlich ablehnte.

Auf Intervention der Türkei, die ein unabhängiges Syrien als Bedrohung für die türkische Bevölkerung im Sandschak von Alexandrette betrachtete, trat Frankreich im Juni 1939 – um im drohenden Zweiten Weltkrieg die Türkei nicht als Gegner zu haben – das Gebiet mit den Städten Iskenderun und Antakya als ›Hatay‹ an die Türken ab. Eine Entscheidung, welche die Syrer bis heute nicht anerkennen wollen.

Seit dem Ausbruch des Krieges war in Frankreich nicht mehr daran zu denken, Syrien aufzugeben. Das Vichy-Regime entsandte den General Dentz als Hochkommissar. Britische Flotteneinheiten blockierten daraufhin die syrische Küste, und im Juni 1941 traten britische Truppen zusammen mit solchen der ›France libre‹ zum Angriff an. General Catroux proklamierte im Namen des Nationalen Befreiungskomitees am 27.9.1941 die Unabhängigkeit Syriens und das Ende des französischen Mandats, was aber nun keineswegs bedeutete, daß die wirkliche Macht sofort in die Hände syrischer Politiker überging. Zunächst zögerte man, eine verfassunggebende Versammlung einzuberufen. Wirtschaftliche Schwierigkeiten taten ein übriges, die Nationalisten zu enttäuschen. Erst 1943 wurden Wahlen abgehalten, die ihnen den Sieg brachten. Ihr Führer Choukri Kouatli wurde zum Präsidenten der jungen Republik gewählt.

Die Übertragung der Macht an die Syrer vollzog sich langsam und nicht ohne Schwierigkeiten und Spannungen, war Frankreich doch nicht gewillt, seine traditionelle Vorzugsposition im syrischen Raum – Tradition seit Kreuzrittertagen – gänzlich aufzugeben. Es strebte daher den Abschluß eines franko-syrischen Vertrages an. Syrien, unterstützt von der 1945 geschaffenen Arabischen Liga, lehnte jeden derartigen Vorschlag ab. Im Mai 1945 brachen in Damaskus und anderen Städten schwere Unruhen aus. Britische Truppen griffen ein, um eine zu heftige französische Reaktion zu verhindern. So vollzog sich der Abschied Frankreichs aus Syrien nicht ohne Spannungen und Kontroversen. Doch endlich verließen französisches Verwaltungspersonal wie Soldaten das Land, und im April wurden auf syrisches Verlangen auch die britischen Streitkräfte zurückgezogen. Syrien sollte fortan, nach Jahrhunderten türkischer Herrschaft und den Jahren des französischen Mandats ein selbständiger Staat sein, unabhängig von jeder fremden Bevormundung und ungebunden durch einseitige Verträge.

Die Zeit hat die Spuren der französischen Präsenz im Lande eingeebnet – aber doch nicht völlig. Undenkbar, daß das Museumswesen sich ohne französische Impulse und Vorbilder entwickelt hätte – nicht anders der treffliche syrische Altertümerdienst, der Denkmalschutz. Und bei der älteren Generation hat – neben dem Englischen – das Französische noch heute seine Bedeutung als Hilfs- und Fremdsprache bewahrt.

Die ersten dreißig Jahre des jungen, durch zwei Jahrzehnte französischen Mandats geschaffenen und geprägten Staates waren von Widersprüchen zerrissen. Es handelte sich dabei nicht bloß um die üblichen Kinderkrankheiten und Pubertätsprobleme, sondern um eine Abfolge von Umstürzen und plötzlichen Wendungen. Ein erstmals als moderner Staat und nicht nur als eine ›Kulturregion‹ sich verstehendes Land mußte versuchen, nicht nur sich selbst, sondern auch sein Verhältnis zu seinen Nachbarn zu finden. Und das nicht nur in einer Welt, die sich immer stärker im Antagonismus zweier Großmachtblöcke aufspaltete, sondern auch als ein arabischer und mehrheitlich islamischer Staat innerhalb der arabischen und islamischen Welt, welchem die Existenz des aggressiv sich seiner Haut wehrenden Israel ein schwärender Dorn im Fleische ist. Der Sieg über diesen Feind ist das Ziel, hinter dem – nicht nur nach dem Willen der Politiker, sondern auch in den Augen des ›kleinen Mannes‹ – alle anderen Ziele zurückzustehen haben, auch wenn diese uns Außenstehenden viel vordringlicher und für die Zukunft wichtiger erscheinen mögen.

Das freie Syrien

Eine auch nur oberflächliche Darstellung der Ereignisse innerhalb des freien Syrien wie der wechselnden Konstellationen zu den befreundeten oder feindlichen Nachbarn und zu den anderen islamischen Ländern ist in unserem Rahmen so unmöglich wie überflüssig. Nur ein paar Fakten muß, wer in Syrien nicht einzig den Einstieg in die Brunnentiefe der Vergangenheit sucht, im Gedächtnis behalten.

Die Männer der ersten Stunde wie Choukri Kouatli, Hachem Atassi, Saadatallah Djabri, Djemil Mardin – mögen sie auch immer noch als ›Freiheitshelden‹ Ansehen genießen – waren nicht imstande, eine so schwierige Aufgabe zu lösen. Am 30. 3. 1949 stürzte der General Husni Zaim, ein gebürtiger Kurde, der an der Spitze seiner Truppen aus dem für die Araber unglücklichen Krieg gegen Israel zurückkehrte, in einem unblutigen Putsch den Staatspräsidenten und die Regierung und ernannte sich selbst zum Staatschef und Marschall, ward aber nach nur vier Monaten durch einen General gestürzt, der seinerseits schon im Dezember vor dem Obersten Adib Chichakli nach Beirut fliehen mußte, wo kurdische Rache ihn ereilte.

Chichakli, der erst im Februar 1954 seine Position räumte und ins Exil ging, um seinem Land einen Bürgerkrieg zu ersparen, unterschied sich von seinen abenteuernden Amtsvorgängern durch das Talent, zündende Impulse auszusenden. Im Dezember 1951 schickte er das Parlament nach Hause. Fünf Monate später verbot er alle politischen Parteien. Aufgrund einer neuen Verfassung wurde er im August 1953 Präsident der Republik. Ein Militärdiktator zweifellos, aber einer, der um seine Verantwortung wußte. Seine ›Arabische Befreiungsbewegung‹ erhielt bei den Wahlen vom November 1953 die Mehrheit. Gleichzeitig aber formierte sich eine dem Diktator feindliche ›Nationale Opposition‹. Sie ließ ihre Anhänger in Damaskus und Aleppo für das Ende der Militärherrschaft und für Rückkehr zur Demokratie demonstrieren. Chichakli, der nicht mehr sicher war, die gesamte Armee hinter sich zu haben, ging Ende Februar 1954 ins Ausland. Seine Jahre waren bedeutungsvoll für den Aufbau des syrischen Staates und die Herausbildung eines einzigen ›syrischen Volkes‹. Um die Unterschiede zwischen den völkischen und religiösen Truppen zu verwischen, durften zum Beispiel die Personalausweise fürderhin keinen Hinweis auf die Religionszugehörigkeit des Inhabers mehr enthalten. Damals konnte Akram Haurani, einer der Pioniere des syrischen Sozialismus, seine Tätigkeit entfalten und wurde andererseits die Hoffnung auf einen großarabischen Staat, in dem Syrien aufgehen sollte, in der Verfassung verankert.

Das Ende der Militärherrschaft bedeutete die Rückkehr zur Verfassung von 1950. Die Wahlen vom September 1954 erbrachten ein neues, aber buntes Bild. 81 der 142 Abgeordneten waren ›Unabhängige‹. Damaskus wählte mehrheitlich einen Kommunisten, die Bauern Mittelsyriens entsandten 10 Abgeordnete, die sich zur Baas, der neuen sozialistischen Partei des arabischen Risorgimento bekannten. Keine Partei gewann eine so deutliche Mehrheit, daß sie ohne Koalitionspartner regierungsfähig gewesen wäre. Die einen wollten sich im Kampf gegen Israel mit dem Irak, die anderen mit Ägypten zusammentun.

Im August 1955 wurde Choukri Kouatli erneut Staatspräsident, ein engagierter Verfechter des Bündnisses mit Ägypten. Im gleichen Monat noch kamen die beiden Staaten überein, in Damaskus eine gemeinsame militärische Kommandostelle gegen den gemeinsamen Feind einzurichten, der so eng mit den USA verbunden war. Kein Zufall, daß zugleich der politisch-diplomatische und militärische Einfluß der UdSSR wuchs. Während der Bagdad-Pakt – Irak, Türkei, Iran, Großbritannien – das syrische Territorium einkreisen sollte, nahmen Syrien und Ägypten im Februar 1956 sowjetische Waffenlieferungen an.

Der Sinaifeldzug Ende Oktober und die Suezkrise (mit anglo-französischer Intervention) Anfang November veranlaßten – während der Staatspräsident zu Besuch in Moskau weilte – die Ausrufung des Notstandes. Syrische Truppen unterbrachen die Pipelines, die Öl zu den Mittelmeerhäfen leiteten. Erst nachdem die Israelis im März 1957 Gaza geräumt hatten, konnten die Leitungen wieder in Betrieb genommen werden. Dann ein paar Wochen wachsender Spannungen um die anläßlich der Suezkrise nach Jordanien entsandten syrischen Truppeneinheiten. Teile der jordanischen Armee, jordanische Politiker und vor allem die Palästinenser traten für eine Vereinigung Jordaniens mit Syrien–Ägypten ein, aber amerikanische Drohungen veranlaßten Syrien, seine Truppen zurückzuziehen. Im Oktober 1957 wurde ein Handelsvertrag mit der UdSSR geschlossen, der auch die Lieferung sowjetischer Waffen an Syrien vorsah.

Alle diese Krisen, wie auch die Annäherung an die UdSSR, hatten Syrien von allen seinen Nachbarn isoliert. Einen Ausweg aus dieser Situation schien die Union mit Ägypten zu weisen. Gamal Abd el-Nasser, der eine korrupte Monarchie gestürzt, eine Landreform in Gang gesetzt, Israel und zwei westlichen Großmächten Schach geboten hatte, war der Held dieser Jahre. Die Baas glaubten seinen sozialistischen Parolen, die gemäßigten Konservativen sahen in ihm den Verteidiger der islamischen Ordnung gegen die extreme Linke. Nach Geheimverhandlungen beauftragte das syrische Parlament den Präsidenten Choukri Kouatli, mit Nasser eine syro-ägyptische Union zu vereinbaren, die am 22. Februar 1958 verkündet wurde. Diese ›Vereinigte Arabische Republik‹ schien dem Artikel 2 der Verfassung von 1950 zu entsprechen, aber sie lebte nur dreieinhalb Jahre. Nasser wurde Chef des neuen Staates, im Oktober wurde eine Zentralregierung mit zwei regionalen Exekutiven geschaffen. Militärs und Zivilbeamte wurden ausgetauscht. Doch das seit Pharaonenzeiten bürokratisch-zentralistische ägyptische Verwaltungssystem mißbehagte dem beweglichen Temperament der Syrer, die sich bald, wie oft schon in der Vergangenheit, als ›ägyptische Nordprovinz‹ betrachtet sahen. Die 200 Deputierten der syrischen Nationalversammlung mußten fortan in Kairo tagen, zusammen mit den 400 Abgeordneten Ägyptens, die stets die Majorität für sich hatten. Vor allem die Baas-Partei und ihre Anhänger fanden sich durch Nassers Maßnahmen zutiefst enttäuscht. Akram Haurani, als Vizepräsident zweiter Mann der VAR, trat aus Protest gegen die wachsende ägyptische Vorherrschaft und das Ausbleiben von Sozialisierungsmaßnahmen innerhalb der Wirtschaft von seinem Posten zurück. Ein von Offizieren geführter Staatsstreich vom 28.9.1961, mit dem konservativ-bürgerliche Kreise sympathisierten, führte zum Austritt Syriens aus der Union, und Nasser mußte wenige Tage später die Selbständigkeit des Landes anerkennen. Im gleichen Monat noch wurde Syrien Mitglied der Vereinten Nationen, im November gab es sich eine provisorische Verfassung, und am 1. Dezember fanden Wahlen statt.

Die neue Regierung erwies sich als instabil, die Kabinette wechselten häufig, und Ende März griff die Armee wieder einmal ein, entmachtete das Kabinett, setzte den Präsidenten ab. Er wurde jedoch nach Massendemonstrationen in den großen Städten erneut in sein Amt eingesetzt, ohne daß sich an der schleichenden politischen Krise und dem Machtverfall der Regierung etwas änderte. In dieser Situation marschierte der Oberbefehlshaber der Streitkräfte an der Palästinafront, Oberst Ziyadat Hariri, – er hatte von seiner bevorstehenden Ablösung Wind bekommen – mit einem Teil seiner Truppen auf Damaskus und stürzte die dortige Regierung. Dieser neue Staatsstreich brachte die Baas-Partei ans Ruder. Im Revolutionsrat, der am 8.3.1963 die gestürzte Regierung ablöste, standen sich Baas-Anhänger, Nasseristen, Offiziere und Unabhängige gegenüber, und die Spannungen zwischen ihnen wuchsen ständig.

Obwohl das Experiment der Vereinigung mit Ägypten so enttäuschend ausgegangen war, hatte Syrien den Gedanken der arabischen Einheit nicht aufgegeben. Die Situation im Irak, wo der General Abd el-Kerim gestürzt war, führte zu einer Annäherung an diesen Nachbarn und zeitigte das Projekt eines – diesmal föderativen – syro-irakisch-ägyptischen Staates, aber ein entsprechender Vertrag vom 17.4.1963 blieb bloßes Papier. Am 13. Mai kam eine mehrheitlich aus Baas-Anhängern bestehende Regierung ans Ruder, die allzu ägyptenfreundliche Leute in Armee und Verwaltung ausschaltete und eine Nationalgarde aufstellte, die einen für den 18. Juli 1963 geplanten pro-ägyptischen Staatsstreich verhinderte. General Amin al-Hafez übernahm damit die zivile wie militärische Macht. In der zweiten Hälfte des Jahres 1963 kam es zu einer deutlichen Annäherung an den Irak, doch die Pläne einer Vereinigung zerrannen, als dort im November 1963 ein Staatsstreich die irakische Baas-Regierung stürzte. Am 25. April 1964 erklärte eine provisorische Verfassung Syrien zur demokratischen und sozialistischen Republik. An die Spitze des Präsidentschaftsrates trat der Fliegergeneral al-Hafez al-Assad, und ihm, dem Sproß einer alaouitischen Bauernfamilie, ist das Kunststück gelungen, sich über alle internationalen Krisen und alle Flügelkämpfe innerhalb der Baas-Partei am Ruder zu halten, auch wenn sein Schifflein manchmal bedenklich schwankte.

Es gelang ihm, Syrien aus dem engen Griff Moskaus zu lösen – die KP wurde 1969 verboten – und die Rolle des Landes innerhalb der arabischen Welt hochzuspielen, so daß Syrien als eine sich an keinen Nachbarn anlehnende Führungsmacht innerhalb der unversöhnlichen anti-israelischen Front dasteht. Der Bürgerkrieg im Libanon gab Syrien die Gelegenheit, sich dort zur Geltung zu bringen und jenes Territorium, das eigentlich immer ›syrisch‹ gewesen war, wiederum weitgehend zu beherrschen. Wir müssen und wollen uns Details ersparen und verzichten gerne darauf, die Rolle Syriens im sogenannten ›Nahostkonflikt‹ oder gar im trübselig-wirren Libanonkrieg nachzuzeichnen. Allzuweit brächte uns das vom Ziel ab, die Rolle des Landes als Schnittpunkt der Kulturen seit Jahrtausenden deutlich zu machen.

Von Damaskus aus in den Hauran

Versunken wie in unerreichbare Tiefe sind die Tage, da man von Damaskus aus noch als Tourist in den Libanon hinüberfuhr und unterwegs nicht nur die Omayyadenstadt Andjaar, sondern auch in der Bekaaebene die gewaltigen Ruinen der römischen Tempel von Baalbek besuchen konnte. Wenn das Vormittagslicht sie so recht hervorhob, dann waren diese antik-barocken Riesengebilde ohne Konkurrenz. Zur Stunde ist Baalbek Hauptquartier der schiitischen Bürgerkriegsmilizen und wirklich keine Stätte für neugierige und sorglose Umschau. Und wer wird gar nach Beirut reisen? Das wäre schierer Mutwille, der einem doch weder zum Besuch des Nationalmuseums mit seinen Sammlungen phönikischer und kanaanäischer Kunstwerke verhülfe oder gar zu Ausflügen nach Sidon und Tyros, nach Byblos oder Tripolis, weil eben diese Namen immer wieder in Fernseh- und Zeitungsnachrichten auftauchen. Sie stehen heute für Bürgerkrieg, standen einst für phönikische Hafenstädte, von denen aus wagelustige Seefahrer das Mittelmeer befuhren, als Seeräuber und Händler die Griechen schreckten und zugleich erweckten, vermittelten sie ihnen doch das Alpha-bet ihrer Buchstabenschrift. Von der ›Buchstadt‹ Byblos hat die Bibel ihren Namen, das Buch schlechthin.

Nein, in den Libanon zieht es uns zur Stunde nicht. Aber wer sich Zeit nimmt, kann, wenn er nach Süden fährt, um im Hauran und Djebel Drus einige der Ruinen aus römischer Zeit zu besehen, jenseits der jordanischen Grenze **Dscherasch**, das alte **Gerasa,** besuchen, eine der sehenswertesten Stätten weitum. Es handelt sich um eine Stadt hellenistischer Zeit, die nach Planung und Baubestand durchaus in die Reihe der römisch-syrischen Städte gehört und ihr altes Aussehen und ihren Plan viel besser bewahrt hat als Damaskus oder Antiochia. Dscherasch gehört im kulturellen Sinne zu Syrien, doch da es jenseits der Grenzen des heutigen Staates liegt, sei nur summarisch darauf hingewiesen, daß diese Stadt in einem Tal der Berge von Gilead, nach Anlage und Architektur eine typisch hellenistisch-römische Provinzstadt mit einst etwa 13000 bis 18000 Einwohnern, zu den ›großen‹ Ruinenstädten des Nahen Ostens zählt, auch wenn sie historisch keine bedeutende Rolle gespielt hat. Obwohl die Stätte schon seit der ausgehenden Steinzeit besiedelt gewesen sein dürfte, stammt alles, was es zu sehen gibt, aus nachchristlicher, das heißt römischer Zeit. Eine Zeitlang hieß die Siedlung Antiochia am Chrysorrhoas, betrachtete also einen Seleukiden (vermutlich Antiochos IV.) als ihren Gründer und gab dem immer Wasser führenden Flüßchen den pompösen Namen des ›Goldführenden‹. Was es an Ruinen zu sehen gibt – sie wurden 1806 durch den deutschen Reisenden Seetzen ›entdeckt‹ –, wird durch den jordanischen Altertümerdienst gepflegt und freigelegt.

Außerhalb des Südtores finden sich Reste eines römischen Ehrenbogens und eines Hippodroms. Links, innerhalb des Mauerzingels – er war nicht dazu bestimmt, einer ernsthaften Belagerung standzuhalten, sondern diente nur zum Schutz vor räuberischen Nomadenscharen – steht auf der Höhe der Zeustempel und etwas unterhalb dieses Bauwerks das schön erhaltene Südtheater, von dem aus man auf das ovale Forum schaut. Von diesem aus führt eine Säulenstraße nach Norden: ein besonders überzeugendes Beispiel für eine solche Hauptachse einer syrisch-hellenistischen Stadt, obwohl aus Römertagen stammend. Wo eine erste Nebenachse sie quert, stand inmitten eines Rundplatzes ein Vierbogenbau, von dem nur noch die Basen erhalten sind. Nebenachsen bildeten auch die Komplexe der christlichen Kirchen und die Anlage des Haupttempels, der der Artemis geweiht war; hinter einer Dreitor-Mauer steigt eine Freitreppe zum portikusumzogenen Tempelbezirk. Weiter nördlich finden sich noch ein Theater, ein weiteres Tetrapylon und das Nordtor der Stadt.

Mögen Theater, Tempel, Thermen und Kirchen einen stundenlang fesseln, den größten Eindruck hinterläßt doch die lange Säulenstraße. Derartiges war einst für jede Stadt dieses Raumes verbindlich. Heute findet sie nur noch in Palmyra ein ähnlich eindrucksvolles Gegenstück.

Ezraa, Georgskirche

Mindestens zwei Tage bei frühem Aufbruch muß man einkalkulieren, wenn man diesen grenzüberschreitenden Abstecher unternehmen will und dann noch etwas von den Ruinenstädten des Hauran und Djebel Drus sehen möchte, und man muß sich auf eine Nacht im Auto oder Zelt gefaßt machen, denn Hotels gibt es so gut wie nicht in den Kleinstädten und Dörfern, die wir besuchen wollen. Wir sind nicht unterwegs, um jeden Quaderstein, der aus alten Tagen im Hauran erhalten blieb, zu besehen, sondern nehmen die Dinge, denen wir begegnen, in erster Linie als Zeugnisse dafür, daß das Gebiet unserer Umschau, der Süden des heutigen Syrien, einst eine viel dichter besiedelte und blühendere Region war als heutzutage. Bis Bosra und nach Damaskus zurück sind es mit einigen Umwegen und Abstechern gute fünfhundert Kilometer, und leicht werden es mehr, wenn man seiner Neugierde nicht Zügel anlegt. Man muß also seine Zeit zurate halten, denn mit der reinen Fahrerei ist es ja nicht getan. Wir sind unterwegs, um etwas zu sehen. Jedenfalls brechen wir in grauer Frühe auf in Richtung Süden. Etwa eine Stunde (oder rund fünfzig Kilometer) brauchen wir bis **Es-Sanamein,** wo wir die Reste eines um 200 n. Chr.

errichteten Podiumtempels besehen könnten, eines Baues mit einer fast quadratischen Cella und einer viersäuligen Vorhalle, von der aus drei Portale ins Innere führten und den Besucher vor die reich gegliederte Rückwand mit einer zentralen Nische für das einstige Götterbild.

Weitere 27 Kilometer wären es nach Scheikh Meskene, von wo aus wir – in östliche Richtung abbiegend – **Ezraa** erreichen, dessen Georgskirche eines der besterhaltenen frühchristlichen Bauwerke Syriens ist. Ein Kuppelbau über einem Quadratgrundriß, dem ein Oktogon eingeschrieben ist und ein Rund von acht Pfeilern, die über Pendentifs die Kuppel tragen. Ein Chorjoch, flankiert von ›Sakristeien‹ und ein halbrunder, nach außen mit drei Seiten eines Sechsecks geschlossener Chor verlängern den Bau nach Osten.

Die Fahrt führt zurück nach Scheikh Meskene und von dort nach **Deraa,** wo man sich entscheiden muß, ob man den oben beschriebenen Ausflug nach Jordanien unternehmen will, um sich in Gerasa umzutun, oder gleich die vierzig Kilometer nach Bosra unter die Reifen nimmt.

Ohne Zweifel ist **Bosra** jene Stätte im Hauran, die des Touristen Aufmerksamkeit am intensivsten und für Stunden zu fesseln vermag. Wir kommen überein, lieber auf Umwege zu anderen weniger ergiebigen Stellen zu verzichten und uns hier mit einiger Muße genauer umzusehen. Die Erinnerung ans jordanische Gerasa-Dscherasch ist hilf- und lehrreich und verwirrend zugleich. Dort drüben sahen wir eine in ihrer ganzen Länge ausgegrabene und sorglich wiederhergestellte Ruinenstadt aus hellem Kalkstein mit weißen Säulen und Mauern. Hier in Bosra gibt es zwar auch eine große, westöstlich verlaufende Kolonnadenstraße, aber von ihr blieben wenige Reste, und diese sind basaltschwarz. Ihre Säulen wurden gestürzt und ihre Trommeln zu anderer Verwendung entführt, nur einige stehen noch aufrecht. Die Steine der alten Stadt sind verschleppt, damit aus ihnen die ärmlichen Wohnungen der Späteren entstehen konnten – und heute sind auch diese teilweise verlassen. Hier gibt es keinen säuberlichen Ausgrabungsbereich mit Eintrittsgeld und Touristenpavillon. Das armselige Bosra von heute sitzt mit seinen

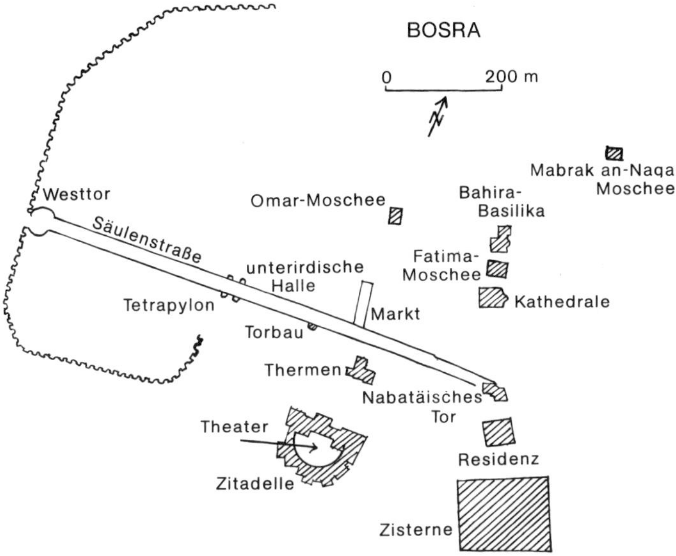

Lehmhütten und den aus antiken Steinen geschichteten Behausungen mitten im ›Altertum‹, ist inzwischen sogar über dessen Areal hinausgewachsen, und seine Bauten wirken wegen des schwarzen Basalts dunkel-dumpf.

Den von Westen Herankommenden empfängt ein Tor, hinter dem sich einst ein ovales Forum auftat wie in Gerasa. Von ihm blieb weniger als von der *Säulenstraße*, von der wenigstens noch Verlauf und einstige Funktion erkennbar sind. Wandern wir auf ihr etwa 350 Meter gegen Osten, treffen wir auf eine Straßenkreuzung, die in römischer Zeit ein Tetrapylon akzentuierte, ein Vierbogen wie der Janus quadrifrons in Rom – und 450 m weiter endet diese Achse am *Nabatäischen Tor*, einem eigenartigen Bauwerk, das auch im nabatäischen Petra (Jordanien) keine Entsprechung findet. Möglicherweise handelt es sich um den Haupteingang des Palastes, den der Nabatäerkönig Rabbal II. errichten ließ.

Leider behindern angebaute Häuser den genauen Augenschein, wie wir es auf einem Rundgang immer wieder auch bei anderen mehr oder weniger bedeutenden Ruinen bemerken können. Vielleicht sind die einzelnen Komplexe – Marktplatz, Kryptoportikus, römische Thermen, Zisternen – für sich selbst gar nicht so überaus bedeutend. Was an Bosra so fesselt, das ist die Gesamtatmosphäre, ist die Melancholie der Ruinen einstiger Pracht, in die sich die Dürftigkeit heutiger Hütten eingenistet hat. Blockmauerwerk und einsame Säulen, die nichts mehr tragen als ihr Kapitell und die blaue Himmelsluft: So vielleicht könnte sich das verödende Rom des frühen Mittelalters dem Auge eines Zeitgenossen dargeboten haben.

Natürlich war Bosra kein Rom, aber mit dem Tag, an dem diese nördliche Hauptstadt der Nabatäer von den Römern annektiert worden war (22. März 106) begann für sie eine neue Ära: Sie wurde Hauptort der Provinz Arabia und Garnisonsstadt der Legio III Cyrenaika. Fünf Straßen kamen hier zusammen und machten Bosra zum Verkehrs- und Handelszentrum. Eine rege Bautätigkeit begann. Die Stadt nahm damals einen raschen Aufschwung, und Kaiser Alexander Severus verlieh ihr Rang und Rechtsstatus einer Colonia. Bosra war damals das wohlbewässerte Zentrum der gesamten Hauranregion, die eine Kornkammer im Osten war. Später wurde die Stadt in die Kämpfe zwischen Byzanz und dem Sassanidenreich hineingezogen und zugleich in die christologischen Streitigkeiten der verschiedenen Schulen. Seit dem späten 3. Jahrhundert war Bosra Sitz eines Metropoliten und noch lange ein wichtiger Handelsplatz für die Wüstengebiete, von Seßhaften wie von Nomaden besucht, ein Treffpunkt der Karawanen. Die moslemische Legende weiß von einem Aufenthalt Mohammeds, bevor er von dem Engel Gottes zum Propheten berufen wurde, und von seinem Gespräch mit dem christlichen Mönch Bahira. Man zeigt hier noch eine Kirche des 4. Jahrhunderts, die älteste von Bosra – mit halbrunder Apsis und einer stark restaurierten Fassade –, als Stätte dieser denkwürdigen Begegnung, die durchaus nicht nur Legende zu sein braucht, war Mohammed doch Karawanenführer im Dienste seiner späteren ersten

Gattin Chadidscha – und irgendwoher muß er ja die Kenntnis der biblischen Ereignisse gehabt haben. Warum nicht aus dem Munde dieses Mönches? Ibn Ishāq erzählt in seiner Biographie des Propheten, Mohammed ibn Abdallah sei als Knabe mit seinem Oheim Abu Talib, dem Vater Alis, nach Bosra gekommen und von dem Mönch an gewissen Zeichen als kommender Prophet Gottes erkannt worden. Auch nach der arabischen Eroberung (634) blieb Bosra die bedeutendste Stadt des Hauran. An der Pilgerstraße von Damaskus nach Mekka behielt sie Prestige und Bedeutung. Eine der großen römischen *Zisternen* – einst von doppelt so großer Fassungskraft wie die noch bestehenden und genutzten Reste – wird immer noch die der Wallfahrt (al-Hadj) genannt.

Bosra besitzt aus diesen frühen Tagen einige bescheidene, für die Geschichte der frühislamischen Baukunst jedoch nicht uninteressante *Moscheen*. Die älteste ist die sogenannte Omar-Moschee, benannt nach dem 2. Kalifen Omar ibn al-Kattab, der selbst nach Syrien gekommen sein soll, um diese neue Provinz zu organisieren. Diese Moschee – ein rares Beispiel aus der frühesten Phase islamischer Bautätigkeit – wurde an der Stelle eines heidnischen Tempels im Jahre 102 nach der Hedschra (720/721 christlicher Zeitrechnung) unter dem Kalifen Yazid II. (720-724) erbaut und später mehrfach verändert. Als die schlanken antiken Säulen, die zunächst nur ein Balkendach zu tragen hatten, eine schwere Decke aus Basaltschindeln stemmen sollten, wurden ihnen im 12. Jahrhundert stämmige Pfeiler als Lastträger an die Seite gestellt. Zur gleichen Zeit wurde auch das Minarett neben der Moschee errichtet. Wenn man sich alle späteren Zutaten wegdenkt, gelingt es vielleicht – die ganz anspruchslose Fassade ist noch ziemlich intakt –, sich den Bau in seinem ursprünglichen Zustand vorzustellen.

Eine andere mit dem Andenken an islamsiche Frühe verbundene Stätte ist die Moschee Mabrak an-Naqa. Sie soll an jener Stelle erbaut worden sein, wo das Kamel ohne ersichtlichen Grund in die Knie ging, das eine erste Abschrift des Koran, den der 3. Kalif Othman soeben erst redigiert hatte, von Medina nach Syrien trug. Man nahm es als Zeichen, daß hier ein heiliger Ort sei, verwahrte die Handschrift an dieser Stelle in einer aus römischen Quadern erbauten Moschee, die – äußerlich bescheiden – mehr als ein Jahrhundert lang ein Zentrum von Rechts- und Gottesgelehrtheit hanafitischer Richtung sein sollte. Gebaut und umgebaut wurde an diesem keine originalen Züge mehr aufweisenden Bethaus bis ins 12. Jahrhundert.

Zwischen der Bahira-Basilika und der Kathedrale, der Ruine eines über Viereckgrundriß errichteten Kuppelbaues, dessen acht die Kuppel tragende Pfeiler wiederholt zusammenbrachen, steht die Fatima-Moschee, ein recht bescheidenes Werk aus der Zeit, da die fatimidischen Kalifen Ägyptens über Syrien herrschten. Sie ist ein Gegenstück zur Moschee des Gümüschtegin, die nach Zerstörung im Jahre 1133 (528 nach der Hedschra) durch den damaligen mamlukischen Statthalter, den Türken Abu Mansur Gümüschtegin neu erbaut wurde. Die al-Jahir-Quelle in der Nähe soll besonders wohlschmeckendes Wasser liefern.

Es ist wirklich wie im frühmittelalterlichen Rom: In den heidnischen Bauten oder aus ihren Säulen und Blöcken entstanden die bescheidenen Betstätten eines neuen Glaubens. Und aus den Stätten des Massenvergnügens von einst wurden Burgen. Das sehenswerteste Denkmal Bosras, jenes, dessentwegen selbst eilige Touristen hier Umschau halten, ist die *Zitadelle*, eine Festung, die sich um das römische Theater herumgelegt hat, seit das muslimische Syrien von den fränkischen Kreuzrittern heimgesucht wurde. König Balduin III. von Jerusalem hat diese schier uneinnehmbare Festung zweimal zu erobern versucht (1147 und erneut 1151), beide Male bestürmte er sie, ohne sein Ziel zu erreichen. Erst die Mongolen haben sie genommen und schwer beschädigt ihrem Schicksal überlassen. Die Mamlukensultane Ägyptens ließen Ausbesserungsarbeiten vornehmen. Wer Freude an militärischer Baukunst hat, der wird sich an der rauhen Festungsschale kaum sattsehen, aber wir wollen ihn nicht auf seinen Streifzügen durch Kasematten, Wehrgänge und Auslugposten begleiten. Die Freilegungsarbeiten, die 1947 ihren Anfang nahmen, haben den süßen Kern wieder ans Licht treten lassen: das – neben Aspendos in der Türkei – besterhaltene römisch-antike *Theater*.

Der Zuschauerraum mit seinen 25 Sitzreihen ist durch zwei horizontale Umgänge in drei Zonen geteilt. Das Proszenium, die Bühne für die Schauspieler, ist rückwärts und seitlich von einer dreigeschossigen Schauwand eingefaßt, die durch Säulen, Gebälke, Gesimse und Nischen aufwendig gegliedert ist. Bedeutende Teile dieser Architekturdekoration, die jedes römische Theater aufwies, sind bewahrt bzw. ergänzt. Und da auch das Bühnenhaus in voller Höhe erhalten blieb, ergibt sich uns das Bild eines reich geschmückten Innenraumes charakteristisch römischer Art mit dem Himmel als Decke, ganz anders gedacht und empfunden als die in Hügelhänge eingemuldeten und landschaftsoffenen Theater der Griechen mit ihrer runden Orchestra als Zentrum. Schön ist es, allein in dem weiten Halbrund sitzend, seine Phantasie träumen zu lassen, aber nicht minder unvergeßlich ist der Eindruck, wenn an einem Feiertag Ausflüglerscharen die Sitzreihen lärmend einnehmen und unten auf der Bühne junge Leute voller Lebensfreude tanzen. Dann erst beginnt der tote Bau wieder zu leben. Theater waren ja bei den Römern Stätten der Unterhaltung, nicht Orte weihevoll-romantischer Stimmung. Wie man das Theater auch antrifft: es wird einem immer als ein besonders lohnendes Ziel erscheinen.

Von Bosra aus sind es noch etwa zwanzig Kilometer bis **Salkhad** mit seiner Zitadelle. Die Stätte ist identisch mit dem in der Bibel (Jos. 12,5-13,11 u. Deut. 3,10) erwähnten Salka, heute ein Dorf von ein paar tausend Einwohnern, 1200 Meter hoch an den letzten Ausläufern eines alten Vulkankegels gelegen, das unter den Kalifen eine gewisse Rolle spielte und strategische Bedeutung besaß, sicherte es doch zusammen mit Bosra Damaskus gegen Angriffe von Süden her. Mehrere arabische Inschriften zeugen davon, aber das Ruinenfeld bietet keinen bildhaften Eindruck mehr. Wir verzichten auf einen Zehn-Kilometer-Ausflug nach *Imtān* (Imtane) (mit Wohnstätten, die aus antiken Bauteilen errichtet wurden und einer Adlersäule, die noch aufrecht steht) und auf den Besuch des etwas mehr als zehn Kilometer entfernten *Ananata* mit Häusern aus byzantinischer Zeit und des verlassenen Ruinenfeldes von *El Kara,* schlagen vielmehr gleich die Straße über Kafr nach **Suweida** ein. Diese recht unschöne Kleinstadt ist das Verwaltungszentrum des Hauran. Als solches hat sich die Ortschaft gedehnt und alle bedeutenderen Denkmäler verschlungen. Einst war das eine nicht unwichtige Ansiedlung und führte den griechischen Namen Dionysias, weil hier ein Tempel des syrischen Dusares stand, den man in hellenistischen Zeiten mit Dionysos gleichsetzte. Vom 1. Jahrhundert v. Chr. bis zur Besetzung durch Trajans Truppen war Suweida eine Stadt der Nabatäer. Später kamen dann die Byzantiner, die Moslems. Die Reste eines Tempels aus dem 3. Jahrhundert sind weniger sehenswert als das kleine Museum. Freilich kamen die besten Stücke, die im Hauran gefunden wurden, ins Nationalmuseum von Damaskus, aber man nimmt gerne die Gelegenheit wahr, mehr von diesen charakteristisch provinziellen Skulpturen zu sehen, scheinen sie uns doch wie Vorformen parthischer und byzantinischer Kunst.

Nur sieben Kilometer nordöstlich liegt **Qanawat,** ein Zweitausend-Einwohner-Dorf mit wohlbewässerter grüner Oase zu beiden Seiten eines Flüßchens. Einst hieß die Ortschaft Kanatha, aber von ihren Schicksalen bis in die Zeit des Herodes Agrippa, dessen Truppen von den arabischen Einwohnern geschlagen wurden, ist nichts bekannt. Unter Trajan wurde der Ort der Provinz Arabia zugeschlagen und schmückte sich zur Römerzeit mit Bauten, deren Reste noch heute sichtbar sind. Im 4. oder 5. Jahrhundert wurde Kanatha Bischofssitz. Seine Oberhirten sind als Teilnehmer der großen Konzilien von Chalkedon und Konstantinopel bezeugt. Nach ihrem Sieg am Yarmuk besetzten die Moslems die Stadt, und sie kam so weit herunter, daß die Stätte vor 150 Jahren so gut wie verlassen war. Von der Stadtmauer von einst blieben kaum Spuren. Das wichtigste Denkmal ist das sogenannte ›Serail‹ im Osten der Ortschaft, eine ziemlich verwirrende Anlage, in der man sich auch mit einem Plan bewaffnet kaum zurechtfindet. Es ist anzunehmen, daß zwei süd-nördlich gerichtete Bauwerke durch basilikale west-östlich orientierte Anlagen überbaut wurden. Neuzeitliche Mauerzüge innerhalb des Komplexes tragen ihr Teil zur

Verwirrung bei. Wir durchwandern dieses ruinöse Labyrinth ohne den Versuch, so aus dem Stegreif die Baugeschichte zu klären. Wir sind nicht als Fach-Archäologen unterwegs und nicht zu Interpretationen verpflichtet, sondern dürfen uns einfach freuen: an den noch aufrecht stehenden korinthischen Säulen, an einer Fassade, an dem plastischen Reichtum der Profile, Simse und Friese.

Nur ein paar Kilometer – aber auf schwieriger Piste – sind es bis Atil an der Straße Suweida-Shahba. Und über Slim sind es bis Shahba auch nur einige tausend Meter.

In **Atil,** dem antiken Athela, finden sich die spärlichen Reste zweier einander sehr ähnlicher Tempel von etwa 200 n. Chr., derengleichen es im Hauranbereich etliche gegeben haben dürfte und die weniger ihres Planes als ihres reichen bauplastischen Dekors wegen bemerkenswert sind. Schön ist der reiche Rankenfries, der den profilierten Türrahmen umzieht. Der Tempel von Slim ist aufwendiger und größer, dafür wesentlich schlechter erhalten.

Shahba (Chahba) hieß einst Philippopolis nach seinem Gründer, dem römischen Kaiser Philippus Arabs (244-249), der über das Reich gebot, als die Urbs das tausendjährige Jubiläum ihrer Gründung feiern konnte. Als Soldat war dieser Orientale emporgekommen, hatte als Gardepräfekt entscheidenden Anteil an römischen Siegen über die Sassaniden. Seine Philipps-Stadt verrät in ihren sich rechtwinklig kreuzenden Säulenstraßen mit einem Tetrapylon in deren Schnittpunkt die Cardo-Decumanus-Anordnung eines Militärlagers. Vier einander gleiche, aber unterschiedlich erhaltene Tore öffneten sich in der Stadtmauer. Ihre architektonische Gliederung verwendet noch um die Mitte des 3. Jahrhunderts n. Chr. die nabatäischen Hörnerkapitelle, die uns von Bosra her vertraut sind. Über so lange Zeiten hinweg blieben Formtraditionen hier bewahrt. Wir besuchen das Theater und versäumen nicht, dem Museum mit seinen schönen Mosaikböden einen Besuch abzustatten.

Nur zehn Kilometer in nordöstlicher Richtung wären es bis **Shakka,** dem antiken Sakkaia, das einst nicht ohne Bedeutung war, eine eigene Zeitrechnung, Basilika, Palast, Tempel besaß, auch ein Theater, dessen Existenz allerdings nur inschriftlich bezeugt ist. Heute sind die antiken Denkmäler in neuzeitliche Wohnungen verbaut, und viel mehr als der Augenschein der heutigen Ortschaft reden die Ansichten und Pläne, die M. Vogüé 1865 aufnahm, für die einstige Bedeutung Sakkaias. Wir halten uns nicht zu lange mit der Suche nach antiken Resten auf, finden ungefähr im Zentrum die Palastanlage von einst, ohne daß es uns gelänge, uns in dem Komplex zurechtzufinden. Wir treffen auf die Reste einer heidnischen Basilika und im Osten der Siedlung auf den Turm eines Klosters, neben dem die Reste einer zerstörten dreischiffigen Kirche liegen.

Viel Zeit können wir Shakka nicht widmen. Der Nachmittag geht zu Ende, bis Damaskus zurück sind es noch gute neunzig Kilometer, und wir möchten vermeiden, von der Dunkelheit überrascht zu werden. Auf den Höhen linker Hand stechen Raketenabschußrampen in den noch hellen Westhimmel und erinnern uns einmal mehr daran, daß wir uns nicht in einem durchaus friedlichen Winkel der Welt befinden.

Wir haben die melancholisch-weite Landschaft des Hauran erlebt mit dem Dunkel ihres Basaltgesteins, auf dem saftiges Grün edelsteingleich leuchtet und die Ockertöne dürrer Halme fast etwas Schmückendes bekommen, und wir haben einige der kaum zählbaren Ruinen beschaut. Mehr war in der kurzen Zeit nicht zu schaffen, mehr war auch unsere Absicht nicht. Unsere Fahrt durch Syrien soll nicht zu einem Gang durch ein Museum antiker Architektur werden, obwohl Syrien – wir werden es noch merken – wirklich so etwas wie ein Freilichtmuseum römischer und frühbyzantinischer Baukunst darstellt. Kurz bevor wir Damaskus wieder erreichen, statten wir dem schiitischen Wallfahrtsheiligtum von **Sit Zainab** einen kurzen Besuch ab, gewidmet einer Tochter Alis, die dem Massaker von Kerbela entgangen war und hier einer Verwechslung zum Opfer fiel. Es handelt sich um einen zum Teil noch unfertigen Bau des 20. Jahrhunderts im ›persischen‹ Stil mit blau-weiß-bunten Fliesen, mit Fayence- und Spiegelmosaiken. Die Außenhaut der Kuppel über dem Grabraum harrt noch der bei schiitischen Heiligtümern üblichen Vergoldung.

Unterwegs nach Aleppo

Von Damaskus nach Homs

Wir machen uns wie gewohnt frühzeitig auf den Weg, verlassen das gesichtslos ausufernde Damaskus in nordöstlicher Richtung. Das Rest-Grün der einstigen Oase bleibt zurück, wir durchqueren Ödland.

Wir halten uns auf der guten Straße, verkneifen uns Abstecher, auch wenn ein Guide sie empfehlen könnte, und haben nicht die Absicht, das wie eine Festung thronende orthodoxe Marienkloster oberhalb des mehrheitlich von Christen bewohnten Städtchens Seidnaya aufzusuchen, obwohl dieses in justinianischer Zeit gegründete Kloster in den Jahren der Kreuzritter als ›Notre Dame de Sardenaye‹ ein angesehenes Pilgerziel für die ›Lateiner‹ war, das selbst die Moslems der Umgebung verehrten. Einen Aufenthalt aber müssen wir einlegen: in **Maalula.** Das Vertrauen auf die spärlichen Wegzeichen lohnt sich. Als die Sonne hoch genug, aber noch nicht zu hoch steht, finden wir uns auf einem Punkt, von dem wir einen schönen Blick auf das Dorf haben, das ein Vorzeigeobjekt ist, weil es als besonders ›typische‹ Siedlung gilt. Weiß, ockerfarbig und blaßbläulich liegt die Ortschaft in einer Schlucht unter rotgelben Felswänden wie ein malerischer Kripperlprospekt, dem freilich die letzten Jahre argen architektonischen Schaden zugefügt haben.

Es ist ein Städtchen, mit dem es seine eigene Bewandtnis hat. Hier nämlich und in zwei benachbarten Dörfern wird immer noch aramäisch gesprochen, jene Sprache, die im Perserreich der Achämeniden die Verwaltungssprache eines riesigen Gebietes war: des größten Reiches, das der Osten bisher gesehen hatte. Aramäisch war im großsyrischen Raum vor dem Arabischen die Volkssprache, in der Jesus von Nazareth gelehrt und gebetet hat. Ein Fossil für Philologen also, aber ein bedrohtes. Seit das Städtchen – ist es ein Zufall, daß die Mehrheit der Einwohner Christen und christliche Kirchen die Hauptsehenswürdigkeiten sind? – ans Verkehrsnetz angebunden ist, suchen immer mehr seiner männlichen Bewohner Arbeit und Verdienst außerhalb, gewöhnen sich an den Gebrauch des Arabischen, und entsprechend geht der des Aramäischen zurück. Es wird nicht mehr lange dauern, bis diese aramäische Sprachinsel der Vergangenheit angehört – unser Jahrhundert ist Altüberliefertem nicht günstig. Uns Touristen aus der Ferne, die wir ja so wenig arabisch wie aramäisch verstehen, könnte das gleichgültig sein – und wenn uns ein Dorfbewohner gegen ein Bakschisch ein paar Sätze aufs Tonband spricht, wissen wir doch nicht, ob es jetzt arabisch oder aramäisch ist. Aber das Wissen, daß hier eine noch lebendige Sprache droht, zu einer toten zu werden, das schmerzt so wie das Aussterben einer schönen Tier- oder Pflanzenart.

Ein Hotelkasten verschandelt heute schon die höchste Klippe, und andere Monstrositäten wachsen heran und werden bald den malerischen Reiz dieses Städtchens völlig zerstört haben. Schutzpatronin des Ortes ist die heilige Thekla, und mit ihrer Legende wird der Name des Ortes, der ›Eingang‹ bedeuten soll, erklärt. Als die Schülerin des Apostels Paulus von ihrem über den Übertritt zur Sekte der Christen erbosten Vater und seinen Soldaten verfolgt wurde, stand sie auf ihrer Flucht – den Atem der Feinde schon im Nacken – vor den steilen Felswänden. Auf ihr verzweifeltes Gebet soll sich ein Felsspalt aufgetan haben, in dem die verfolgte Jungfrau Schutz fand. Man zeigt diese *Theklagrotte* noch heute. Das Wasser, das aus dem Felsen quillt, gilt als heilkräftig, undein kapellenartiger Raum, den man nur unbeschuht betreten darf, als Grab der Heiligen. Das Kloster griechisch-orthodoxer Nonnen – ein Bau der Neuzeit – verschließt sich der Besucherneugier. Aber wenn man durch den kleinen Cañon aufwärts wandert und hinüber zum *Mar Sarkis-Konvent* griechisch-katholischer Patres, wird man dort freundlich empfangen, informiert und mit einem Gläschen Eigenbauweines bewirtet: informiert über das 1650 Meter hoch gelegene Städtchen mit etwa 4000 Einwohnern und seine Geschichte seit der Zeit, da sich (im 10. oder 9. Jahrhundert v. Chr.) hier Menschen in Höhlen seßhaft machten. Noch heute sind viele der wie Schwalbennester an die Wände geklebten Häuser nichts weiter als Höhlenwohnungen, denen man eine Fassade vorgeblendet hat.

Das Kloster Mar Sarkis ist den syrischen Märtyrern Sergios und Bakchos geweiht, zwei Offizieren, die unter Kaiser Maximian das vorgeschriebene Jupiteropfer verweigerten und in Resafa das Martyrium erlitten. Bakchos starb nach der Geißelung, Sergios wurde enthauptet. In Resafa werden wir uns ihrer angesichts der im 5. Jahrhundert errichteten Märtyrerkirche zu erinnern haben.

Die Mar Sarkis-Klosterkirche, in der wir uns befinden, ein Kuppelbau auf dem Grundriß eines griechischen Kreuzes, stammt angeblich so, wie wir sie sehen, aus den Zeiten

Maalula, Theklagrotte und Nonnenkloster

des frühen Christentums und hat – da zwischen Stein- und Backsteinlagen Stöße abfedernde Holzschichten gelegt wurden – alle Erdbeben überstanden. Sie erhebt mit Recht den Anspruch, eine der ältesten Kirchen der Christenheit überhaupt zu sein. Der C 14-Test, dem man einen Holzsplitter der eisenbeschlagenen Eingangstür unterzog, ergab ein etwa 2000 Jahre zurückliegendes Wachstumsdatum. Ein Unikum ist auch die Platte des Altares hinter der steinernen Ikonenwand: eine etwa halbkreisförmige Marmorplatte, vom Rand her ausgehöhlt wie ein heidnischer Schlachttisch, aber ohne ein Abflußloch für Opferblut, da ja das christliche kein blutiges Opfer war. Das Konzil von Nicaea, dessen Schlußakte auch Ephisios, der Abt dieses Klosters unterzeichnete, verbot die Anfertigung solcher zu ›heidnischen‹ Altarplatten. Mithin muß dieses Stück in der Zeit zwischen dem

Das Kloster Mar Sarkis bei Maalula

Martyrium des heiligen Sergios und dem Konzil von Nicaea entstanden sein, also zwischen 297 und 325 und wäre somit die älteste Altarplatte der christlichen Welt. Die Kirche besitzt eine Reihe wertvoller Ikonen. Hervorzuheben ist eine, die dem Malermönch Michael von Kreta zugeschrieben wird – 1813 gemalt, aber auf ein älteres Vorbild zurückgehend –, die Kreuzigung und Abendmahl auf einer Tafel zeigt. Der Abendmahlstisch hat genau die Form der Altarplatte der Mar Sarkis-Kirche.

Die Klosterbauten stammen aus dem frühen 18. Jahrhundert und scheinen uns ohne besonderes Interesse. Der Besuch aber bleibt uns in Erinnerung dank der Freundlichkeit der mit Rom unierten Mönche der ›Kongregation des Heiligsten Erlösers‹, auch wenn wir das Vaterunser in der Sprache Jesu nur vom Tonband vernehmen.

Maalula lädt zu längerem Verweilen ein. Leicht könnte man Stunden mit Spaziergängen durchs Dorf und seine Umgebung füllen. Aber wir haben heute noch viel vor und treten nach zwei Stunden die Weiterfahrt an. Eine seltsame Strecke zwischen Antilibanon links und den Höhen des Djebel Samaka rechts, zwischen bizarren Kalkschicht-Verwerfungen als Zeugen der gewaltigen Kräfte, die einst hier alten Meeresboden aufgefaltet haben. Über den sanften Linien des weichen Kalkmaterials stehen die Stufen härterer Schichten. Die Orte, die wir passieren, wirken wie Geisterstädte, halbfertig, ohne einen lebendigen Menschen – und auch die Weite bleibt seltsam unwirklich. Der Boden ist fahl, der Himmel von glasigen Wolken, die Ferne wie von feinem Staub verhüllt. Kahle Hügel beiderseits der Route, ab und zu seitab ein paar Grasbüschel. Endlich zeigen sich Aufforstungen, grüne Felder auf roter Erde und dann in der Ferne, Rauchwolken ausstoßend, die Erdölraffinerie von Homs, der Großstadt, deren Industrie wächst.

Homs ist eine lebendige Stadt, aber eine – der Vergleich mit dem uralten Damaskus ist unfair –, die doch wenig zu bieten hat. Es gibt da eine etwas kahle *Große Moschee* im späten Osmanenstil mit nadelspitzen Minaretts, Marktgassen und Banken, neugierig-freundliche Männer in den kleinen Läden, aber wenig an historischer Substanz. Nach einer Stunde Umherstreifens mag man sich Ruhe gönnen. Ein Gartenrestaurant in der Nähe der Post offeriert Sisch-Kebab, Salate, Käse und Bier – freilich zu stolzen Preisen –, aber man schmaust nicht nur abseits des Verkehrsgewusels, sondern findet hier auch, wenn die Beine nicht mehr wollen, ein angenehm belebtes Plätzchen, um zurückzudenken an das alte Emesa. So hieß die Stadt einst, die so gar nichts aus alten Tagen bewahrt hat. Die wohl schon seit vorgeschichtlichen Jahrhunderten besiedelte Zitadelle ist heute militärisches Sperrgebiet. Kein Stein zeugt mehr von dem großen Heiligtum, in dem einst ein Steinfetisch namens Elagabal als Symbol des Sonnengottes verehrt wurde. Der afrikanische Kaiser Septimius Severus ehelichte eine Enkelin des Hohenpriesters von Emesa-Homs und ein Nachkomme dieses Paares – ein

Knabe von 16 Jahren und Priester der Gottheit – herrschte unter dem römischen Namen Varius Avitus Bassianus von 218 bis 222 über das Reich der Römer, nannte sich nach dem Stein Heliogabalus und ließ den Fetisch im Triumph nach Rom holen, wo er im Tempel der Vesta verehrt wurde. Nach dem gewaltsamen Tod des Kaisers wurde der Stein nach Emesa zurückgeschickt. Man weiß nicht, was aus ihm geworden ist, so wenig man von dem Verbleib der Kultbilder von Baalbek weiß, das einst dem Heiligtum von Emesa ernsthafte Konkurrenz machte. Nur dort (im heutigen Libanon) sind unvergleichbare Tempel aus Römertagen erhalten geblieben. In Emesa nichts dergleichen.

Im schattigen Restaurantgarten machen wir uns Gedanken über den weiteren Verlauf unserer Fahrt. Die schnellste Straße nach Aleppo wäre die 150-Kilometer-Strecke über Hama, doch wenn wir sie wählten, entginge uns viel Sehenswertes, auf das wir nicht verzichten wollen. Apameia und die Stätte des alten Ebla können wir ohne Schwierigkeit auch auf jenem größeren Umweg nach Aleppo aufsuchen, zu dem wir uns unter Verzicht auf Hama entschließen.

Hama

Hama ist unter den Großstädten Syriens die unbedeutendste, dafür aber die malerischste. Berühmt wegen ihrer Norias, der Wasserräder, die das Naß vom Orontes hinaufschaffen zu den Leitungen, welche es in die Gärten und Felder führen, die es zu bewässern gilt. Der Orontes zieht im Doppelknick durch die Stadt, in seiner Kniekehle erhebt sich der Stadthügel, ein Tell, in dem dänische Ausgräber nicht weniger als elf Schichten festgestellt haben, die von der Steinzeit (5. Jahrtausend v. Chr.) bis in islamische Zeit reichten und einen Querschnitt durch die Geschichte der Siedlung eröffnen. Zu Beginn des 2. Jahrtausends v. Chr. scheint die Stätte einigermaßen wohlhabend gewesen zu sein, aber um 1750 v. Chr. dürfte sich eine Katastrophe ereignet haben: der Einfall von Völkern mit Streitwagen, die von Pferden gezogen wurden. Mit dieser schnellen Waffe verheerten sie ganz Vorderasien und eroberten selbst Ägypten, die so sichere Fluß-

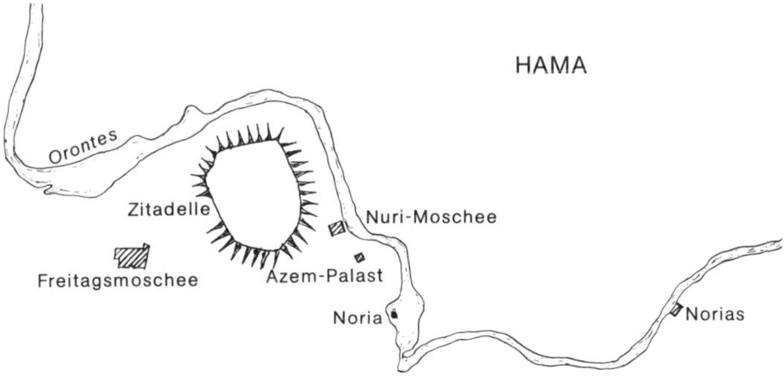

oase des Nil. Dort dauerte die Herrschaft der ›Hyksos‹ von 1650 bis 1540 v. Chr. Seit etwa 1550 gehörte Hamath zum Einflußbereich der Mitanni. Im 12. Jahrhundert v. Chr. suchten die Seevölker nicht nur die Küsten des östlichen Mittelmeeres heim, sondern drangen tief ins Land hinein. Gegen 1100 v. Chr. fiel Hamath in die Hände der Aramäer und spielte unter ihnen eine bedeutende Rolle, konnte sich dann von der vorübergehenden Oberhoheit der Hebräer wieder befreien. Zusammen mit Damaskus kämpfte der Stadtstaat Hamath gegen die Assyrer, die zuletzt doch ganz Syrien unterjochten. Als hellenistische Stadt wurde Hama durch Antiochos IV. Epiphanes (175-164) unter dem Namen Epiphania neugegründet. Wie überall folgten dann die Römer, die Byzantiner, die Araber, die 636 Hama eroberten. Die Kreuzfahrer vermochten nie, ›La Chamelle‹, wie sie den Ort nannten, einzunehmen, dafür verleibte sie der Atabeg Zengi seinen Besitztümern ein. Nachdem ein schreckliches Erdbeben 1157 die Stadt verwüstet hatte, konnte Saladin sich ihrer 1178 bemächtigen, und er übergab sie schließlich einem seiner Neffen: Umar al-Malik al-Muzaffar. Dessen Nachkommen regierten hier – zuletzt unter mamlukischer Oberhoheit – bis 1342. Damals erlebte Hama eine relative Blüte. Unter den Türken war die Stadt zeitweise Sitz eines Paschaliks, aber Bedeutung wie Wohlstand hielten sich in engen Grenzen. Hama blieb lange die rückständigste unter den großen Städten des Landes, so erhielt sie zum Beispiel erst nach dem Zweiten Weltkrieg eine Wasserleitung.

Etwa 400 Meter westlich des Südfußes des Zitadellenhügels liegt die *Freitagsmoschee*, die auf eine mehr als tausendjährige Baugeschichte zurückblickt. Ein römischer Tempel des 3. Jahrhunderts wurde im fünften in eine christliche Kirche verwandelt und ward nach der Eroberung durch die Omayyaden zur Moschee umfunktioniert. Der Grundriß – dreischiffig mit fünf kreuzförmig gestellten Kuppeln – geht auf diese Zeit zurück, doch erhielt der Bau seine heutige Gestalt erst unter Fatimiden und Eyyubiden. Immer noch ist die Ostmauer des Betsaals identisch mit der des heidnischen Tempels, seine Westfassade mit der der christlichen Kirche, nur daß die einstigen Portale in Fenster verwandelt wurden.

Noria in Hama, Wasserrad

Die Moschee betrat und betritt man von der Nordseite her durch einen zweigeschossigen Pfeilerhof, in dem ein kleiner, auf acht Säulen stehender Pavillon an Form und Funktion der Schatzkuppel in der Omayyadenmoschee von Damaskus erinnert. Westlich der Moschee angefügt ist das um 1300 entstandene Mausoleum des Stadtfürsten al-Malik al-Muzaffar III.

Die zweite bedeutende Moschee – gleichfalls baulich mehrfach verändert – ist die unmittelbar am Orontes gelegene *Nuri-Moschee*, eine Gründung des Nur ed-Din Zengi. Von ihr ist es nur ein kurzer Weg zum *Azem-Palast*, den sich Azaad Pascha Azem (1705-1757) errichten ließ, als er Statthalter in Hama war. Dieser am besten erhaltene und schönste Wohnbau der osmanischen Zeit in Syrien wäre für sich allein schon sehenswert, selbst wenn er heute nicht als Archäologisches Museum antike Funde aus Hama und seiner Umgebung beherbergte. Die Stadt würde einen Besuch wohl lohnen, doch läßt er sich nur schwer in einen sinnvollen Rundparcours einbauen.

Seehändler und Kreuzritter

»Krieg, Handel und Piraterie – Dreieinig sind sie, nicht zu trennen«, läßt Goethe in seinem Faustgedicht den Mephisto feststellen. Eine historische Wahrheit, die der Dichter auch einem der Erzengel hätte in den Mund legen können.

Verzichten wir auf den Besuch von Hama, so werden wir dafür reichlich entschädigt durch die Begegnung mit Kreuzritterburgen und Seestädten, von denen aus einst wagemutige Kaufleute das Mittelmeer durchsegelten und die Küsten Afrikas bis zum Golf von Guinea erforschten, die von Karthago, der Tochterstadt von Tyros, aus an den Küsten Nordafrikas eine Kette von Handelsniederlassungen bis weit jenseits der Säulen des Herakles anlegten. Wären sie nur jene Seehändler und Seeräuber gewesen, als die sie uns die homerische Odyssee darstellt, die Welt wäre ihnen nicht so viel Dank schuldig. Aber sie haben als erste eine Buchstabenschrift entwickelt anstelle der Bildzeichen, auf denen sowohl die mesopotamische Keilschrift als auch die ägyptischen Hieroglyphen fußen und deren Zahl beträchtlich war (man denke an die Vielzahl der chinesischen Schriftzeichen, die ebenfalls auf Bildern beruhen und die das Lesen- und Schreibenlernen so erschweren). Seitdem man mit nur 20 bis 26 Zeichen jedes beliebige Wort schreiben kann, ist Bildung nicht mehr ein Privileg nur weniger. An zwei Stellen der Küste sind frühe Alphabete entdeckt worden: in Byblos nördlich von Beirut und in Ugarit nördlich von Lattakia, und sie sind die Ahnen aller folgenden: der späteren semitischen, der griechischen und des lateinischen.

Freilich, die Stätten der Phöniker im heutigen Staat Libanon sind, so wenige Kilometer sie der Luftlinie nach von unserer Route entfernt liegen, unerreichbar für uns sorglose Reisende und werden es vermutlich auch noch längere Zeit bleiben, selbst wenn in dem unglücklichen Land wieder innerer Friede eingekehrt sein wird.

Aber es sind ja die Phönikerstädte nicht allein oder in erster Linie, die uns bewegen, von Homs aus nicht auf geradem Wege nach Aleppo zu fahren, sondern zunächst in westlicher Richtung an der libanesischen Nordgrenze entlang – die alte Straße schneidet einmal sogar einen Zipfel des Nachbarlandes an – und erst von Lattakia mit etlichen Windungen auf Aleppo zu halten. Auf dieser Route können wir einige der Festungen besuchen, welche die fränkischen Kreuzritter in Syrien errichtet haben, und sie gehören zu den großen Eindrücken, die das Land zu bieten hat. Sie führen uns zurück in eine Zeit, in der das Abendland kriegerisch ins Morgenland vorstieß, um die heiligen Stätten, wo der Herr gewandelt war, den ›Ungläubigen‹ zu entreißen, in der die frommen Krieger hier blutige Verwicklungen auslösten und auf die Dauer gesehen doch nichts ausrichteten. Allerdings wurde Europa durch die Berührung mit dem Osten in mancher Hinsicht auf eine höhere Stufe gehoben. Vieles, was es den Arabern verdankt, kam allerdings übers moslemische Spanien und über Sizilien – so die Schriften der arabischen Mediziner und Astronomen –, auch Instrumente wie Laute, Guitarre, Mandoline. Aus dem arabischen Spanien kamen Karmesin, Karaffe und Kümmel, Arrak und Alkohol als Wort und Sache. Aber Stoffe wie Damast (aus Damaskus),

Musselin (aus Mossul), Gaze, Chiffon, Barchent, Dinge wie Watte, Baldachin (aus Bagdad), Jacke, Joppe, Gilet und Mütze und vieles andere mehr wie damaszierte Klingen und tauschierte Waffen lernte Europa erst über die Kreuzritter kennen. Und wenn man Fortschritte in der Kriegstechnik auch als ›kulturelle Errungenschaften‹ werten will: die Burgen der Kreuzritter wurden durch das, was sie ihren moslemischen Gegnern abgesehen hatten, zu Vorbildern für das Festungswesen im ritterlichen Okzident.

Die Kreuzzüge sind teilweise zu verstehen als Reaktion der westlichen Christenheit auf das Vordringen des Islam, der schon im 7. Jahrhundert die heiligen Stätten im syrisch-palästinensischen Raum dem arabischen Kalifat einverleibt hatte. Karl der Große konnte 797 durch die Entsendung einer Gesandtschaft zu Harun ar-Raschid erreichen, daß die orientalischen Christen seinen königlichen Schutz genossen, daß in Jerusalem eine christliche Kirche – S. Maria der Lateiner – und ein Hospiz für fränkische Pilger gegründet werden durften. Das ging so, wie es ging, bis im Jahr 969 die Fatimiden Ägyptens das Heilige Land eroberten. Der Kalif al-Hakam (1009-1020), ein mehr als nur halb Wahnsinniger (die Drusen des Libanon verehren ihn als ihren großen Imam), ließ Juden und Christen gleichermaßen verfolgen. Ein halbes Jahrhundert später fielen die türkischen Seldschuken in den Nahen Osten ein, eroberten Syrien und Palästina, schändeten das Heilige Grab und behinderten die Pilger. Die Predigten des französischen Papstes Urban II. lösten den ersten Kreuzzug aus, der am 15. Juli 1099 sein Ziel erreichte.

Knöcheltief im Blut der Ungläubigen watend, eroberten die französischen Ritter unter der Führung Gottfrieds von Bouillon Jerusalem und gründeten dort ein fränkisches Königreich, dessen Krone freilich der fromme Ritter Gottfried zurückwies, weil er sich bescheiden nur als ›Schützer‹ des Heiligen Grabes sehen wollte. Aber auf den Titel kam es nicht an, sondern auf die Macht. Gottfried hatte wenig gemeinsam mit dem Helden in Tassos romantisch-klangvollem Gedicht vom ›Befreiten Jerusalem‹. Die Ritter und Knechte, die unter dem Ruf ›Deus lo vult!‹ auszogen, waren nur zu einem kleinen Teil hochsinnige Idealisten. Die meisten waren

Abenteurer, nachgeborene Söhne, die daheim auf kein Erbe rechnen konnten, aber kühn genug waren, sich in fremder Ferne eines zu erstreiten. Mut paarte sich mit schamlosem Egoismus, und wollten wir über die Geschichte der Kreuzzüge nachdenken, wir müßten mehr von Schand- als von Heldentaten erzählen und davon berichten, wie eine groß gemeinte Idee elendig verkam. Aber es geht uns hier ja nicht um die Geschichte der Kreuzzüge, vielmehr um die Geschicke der Kreuzfahrerstaaten in ›Outremer‹, und das waren im syrischen Raum die Grafschaft Edessa, die beiderseits des Euphrat einen Teil Kilikiens und ein Stück Mesopotamiens einnahm, das Fürstentum Antiochia am Orontes, das sich bis in die Nähe von Aleppo erstreckte, die Grafschaft Tripolis (ungefähr dem Territorium des heutigen Libanon entsprechend) und das Königreich Jerusalem, das die Landschaften zwischen Küste und Jordan von Tyros bis südlich des Toten Meeres umfaßte und zu dem als Lehensfürstentum die Gebiete jenseits des Jordans gehörten, ein schmaler Streifen vom See Genezareth bis zum Golf von Aqaba reichend. Naturgemäß waren diese Grenzen nicht fest, sondern verschoben sich gelegentlich je nach Sieg oder Niederlage im stetig schwankenden Krieg, aber daß sie grosso modo erhalten blieben, dafür sorgten die Herren dieser Gebiete durch die Anlage von Festungen und mächtigen Burgen.

Eine der gewaltigsten ist, nachdem wir Homs verlassen haben, unser nächstes Ziel: der **Crac des Chevaliers.** Das ist nicht nur eine der erstaunlichsten Burgen im Nahen Osten, sondern zugleich das besterhaltene und wichtigste Zeugnis der französischen Festungsarchitektur des 12. und 13. Jahrhunderts, ein Zeugnis der Kreuzfahrerzeit, das uns unmittelbarer anpackt als die doch oft so lebendigen Chroniken vom Kriegsgetümmel. Reisende hatten mehrfach von dieser Burg berichtet, aber erst in der 2. Hälfte des 19. Jahrhunderts wurde sie vermessen und wissenschaftlich aufgenommen. Seither haben auch Wiederherstellungs- und Ausbesserungsarbeiten eingesetzt. 1927 wurden die Dörfler, die sich in der verlassenen Burg eingenistet hatten, in einer neuerrichteten Ortschaft am Hang des Burgberges angesiedelt. Inzwischen ist die Festung (seit 1936) in gesichertem Zustand, ein Fahrweg führt von Tell Kalakh aus hinauf bis vors Burgtor, und alles ist getan, die Umschau hier oben für den Besucher angenehm zu machen.

Schon aus der Ebene ist der Blick zur Festung hinauf beeindruckend, wie sie da oben 650 Meter über uns einen Ausläufer des Djebel Ansariya krönt, der sich in die Ebene von Homs vorschiebt. Die Situation war von entscheidender strategischer Bedeutung für die Verteidigung jenes Gebietes, das sich Raymond von Saint-Gilles beim ersten Kreuzzug erobert hatte und das später die Grafschaft Tripolis genannt werden sollte. Der Crac riegelte den Durchgang von Homs und Hama her zu den christlichen Besitzungen an der Küste ab, war also Grenzfestung und Sperrfort zugleich. Selbstverständlich ist eine solche Anlage nicht von heute auf morgen entstanden, sondern hat mehr als ein Jahrhundert gebraucht, um die Gestalt anzunehmen, die wir heute sehen. Anhand technischer und stilistischer Befunde und mit Hilfe von Steinmetzmarken konnten die verdienstvollen Erforscher die Baugeschichte weitgehend klären, und mit Hilfe eines Planes könnten wir, käme es uns darauf an, die Jahresringe ablesen.

Die Position in der Einsenkung zwischen Libanon und Djebel Ansariya mußte eine Burg herlocken, und so befand sich hier schon vor dem Erscheinen der christlichen Ritter eine moslemische Festung, die von einer kurdischen Besatzung gegen Raymond de Saint-Gilles verteidigt wurde. Die ›Kurdenburg‹, Qalaat el-Hosn oder Hosn el-Akrad, wurde diese Festung genannt, deren sich Tancred von Galiläa, einer der sympathischeren Helden des Ersten Kreuzzugs, 1110 bemächtigte. Aus dem arabischen Namen wurde in fränkischem Munde – in Anlehnung an die Bezeichnung Kerak von Moab für die jenseits des Toten Meeres gelegene Burg Karka – der heutige Name: Le Crac.

Tancred überließ die Festung seinem Mündel Ponce von Tripolis, und so kam die Kurdenburg an diese Grafschaft. Weil Graf Raimund, der Urenkel Raymonds von Saint-Gilles, nicht über die nötigen Mittel verfügte, die Burg mit Material und Mannschaft zu versehen, vertraute er sie 1142 dem Orden der Johanniter, der Ritter vom Hospital des heiligen Johannes, an, die in der Umgebung mehrere Besitzungen hatten. In jener Epoche entstanden nicht nur die Baulichkeiten innerhalb des inneren Beringes und ein großer Teil dieses selbst, es entstand auch der äußere turmbewehrte Bering und gewann der Crac also das endgültige Aussehen und seine trotzige Mächtigkeit. Ohne uns um fortifikatorische Details zu bekümmern, kann man sagen, daß der Crac so etwas wie eine große Versuchsstation war, wo die neuesten Errungenschaften der Festungsbaukunst angewandt und erprobt wurden. Verständlich, daß von hieraus sich die festungstechnischen Fortschritte ins Abendland verbreiteten. Wenn die Könige Frankreichs daheim Festungen bauten, dann wollten sie das Neueste und Beste auf diesem Gebiet haben – und das kam damals eben aus Syrien.

Im Mittelalter wurde die Burg Le Crac de l'Hôpital genannt. Am Anfang des 13. Jahrhunderts unterhielt der Orden hier eine Garnison von 2000 Mann. Mehrfach – 1115, 1163, 1180, 1187, 1188, 1205/06, 1207/08, 1218, 1238/39, 1252, 1267, 1270 – wurde die Burg vergeblich belagert, kaum weniger oft diente sie als Basis für Einfälle der Christen ins feindliche Land. Nachdem König Ludwig der Heilige am 25. August 1270 in Tunis gestorben war, gaben die Christen die Hoffnung auf Verstärkung und Rettung aus dem Westen auf. Am 3. März 1271 erschien der Mamlukensultan Baibars mit zahlreichen Belagerungsmaschinen vor der Festung, die von einer kleinen, aber heldenmütigen Besatzung verteidigt wurde. Am 8. April war das blutige Drama zu Ende, der Crac in der Hand des Feindes, dem er nun zu dienen hatte. Die Burgkapelle wurde zur Moschee, die Mauern wurden wiederhergestellt und verstärkt. Aber wir nehmen damit schon das Ende vorweg.

Die Festung, welche die Kreuzritter zunächst ausbauten, war nicht so ausgedehnt und weitaus weniger mächtig als jener Crac, den Baibars schließlich einnahm. Ein Jahrhundert vor diesem vorläufigen Ende hatte ein Erdbeben so beträchtliche Schäden angerichtet, daß es jahrzehntelanger Tätigkeit bedurfte, die Burg wieder instand zu setzen. Bei dieser Gelegenheit wurde nicht nur der innere Bering auf den technisch neuesten Stand gebracht – die hohen Glacis-Böschungen im Süden und Westen –, sondern wurde die Burg durch Anlage

Crac des Chevaliers
1 Äußeres Burgtor – **2** Torbau des inneren Berings – **3** Innerer Hof

4 Lange Galerie – **5** Großer Saal mit vorgelagerter Galerie
6 Kapelle – **7** Glacis

des äußeren Mauergürtels auf das Vierfache ihrer ursprünglichen Ausdehnung erweitert. (Schäden, die dieser äußere Bering durch die Eroberung von 1271 erlitten hatte, wurden durch die neuen, moslemischen Herren ausgebessert.) Durch die zielstrebige Bautätigkeit des ausgehenden 12. und der ersten Jahrzehnte des 13. Jahrhunderts gewann der Crac die Gestalt, die wir heute mit respektvollem Staunen betrachten, weil sie Wehrhaftigkeit mit Schönheit vereint.

Hinter dem äußeren Burgtor (1) betreten wir einen kreuzgewölbten Raum. Aus ihm führt linker Hand eine Rampe in einem gedeckten Gang aufwärts, die nach etwa achtzig Metern im spitzen Winkel umknickt und durch den Turm zum Torbau des inneren Berings (2) führt und dann in den inneren Hof (3). Hier ist der Besucher aus dem Abendland von heute phantasmagorisch ins romanisch-gotische Mittelalter zurückversetzt. Da sind massige Mauern des Wehrganges, der 120-Meter-Galerie (4), ein steinerner Treppenlauf und gegenüber die hellatmende frühe Gotik der Galerie, die dem mit drei sechsteiligen Gewölben überdeckten Großen Saal (5) vorgelagert ist. Fühlt man sich angeheimelt? Die Gotik der Formen erinnert an Heimatliches, aber heimelig ist diese trotz der Helle des Steines düster-strenge Architektur nicht. Und sie stieg einst höher hinauf.

»Mauern stellen sich dem Blicke,
Freiem Blicke starr entgegen. Ist's ein Hof?«

Man könnte sich hier gefangen fühlen wie der Chor von Helenas Begleiterinnen, aber noch eher ließe sich vorstellen, das sei eine große Freilichtbühne, die auf einen Max Reinhardt wartet, damit er hier am Schauplatz kriegerischer Taten und beinahe in Sichtweite des unseligen Libanon Lessings großes Gedicht der Toleranz und Versöhnung in Szene setze. Ein Traum, der unerfüllt bleibt. Aber auch wenn wir aus ihm erwachen, finden wir uns noch wie träumend. Die Front der Galerie mit ihren Maßwerkfenstern, die sieben Joche dieser kreuzrippengewölbten Galerie selbst und der ebenso eingewölbte Große Saal versetzen einen in die Kreuzzugszeit und haben – wie dieses ganze Abenteuer – etwas Traumhaftes. Kräftig ist der Okzident in das Morgenland gedrungen …

Stumm und beinahe verängstigt durchschreiten wir als einzige Besucher den Großen Pfeilersaal mit seinen massiven Stützen, die Lange Galerie, von der aus wir durch Schießscharten hinauslugen in die fruchtbare Landschaft ringsum, die einst die hier einquartierte Garnison zu versorgen hatte. Wir steigen die nach Menschenmaß gedachte Treppe hinauf zur Kapelle (6), einen durch zwei Querbögen akzentuierten Saalraum, den die Johanniter nach dem Erdbeben von 1170 zu mehr als drei Vierteln neu errichteten, den die moslemischen Eroberer mit Mihrab und Mimbar versahen, als sie ihn in den Betraum ihres Glaubens verwandelten, wohl ahnend, daß sie es nicht für immer taten.

Wir genießen – unbekümmert um alle blutige Vergangenheit – die Blicke in die umliegende Landschaft, wo einst die unterworfenen Bauern zu schuften hatten, damit die edlen Ritter droben satt würden und Vorräte für Belagerungszeiten anhäufen konnten. Man begnügt sich nicht mit dem geregelten Führungsrundgang, versucht auszubrechen. Ein – so weit tunlicher – Rundgang auf dem Glacis (7) zwischen äußerem und innerem Mauerring im Angesicht der steilen Böschungen um den inneren Kranz ist beinahe ein Muß. Und dann sucht man sich außerhalb eine Stelle, von der sich die Burg ›aufnehmen‹ läßt: fotografisch wie mit dem Zeichenstift.

Wir kehren danach auf die von Homs zur Küste führende Straße zurück und folgen ihr – beinahe immer in Sichtweite der Grenze zum Libanon –, bis wir des Mittelmeeres blauen Spiegel blinken sehen. Vor der Küste liegt draußen im Meer die Fischerinsel **ar-Ruad,** einst von den Phönikern Arvad, von den Griechen Arados genannt. Im Buch Genesis (10/18) werden die Bewohner als Abkömmlinge des Noah-Enkels Kanaan bezeichnet. Eine Insel in Küstennähe beinahe wie Tyros, auf welcher es auch Trinkwasser gab, das war etwas, was die Phöniker zu schätzen wußten. Von hier aus wurde die benachbarte Küste besiedelt und gründete man mehrere Städte wie Paltos, Banias, Kame, Enhydra, Marathos (Amrit), Gabala (Djeble). Mit ihnen bildete Arados einen Städtebund, der seine Herrschaft übers Hinterland und seinen Han-

Zu den Farbtafeln

8 Teppichhändler in Hama

9 Wollmarkt in Deir ez-Zor

10 Im Souk von Damaskus

11 In der Altstadt von Damaskus

12 Junge Männer in Maalula

13 Studentinnen in Hama

ODUCT OF TAIWAN
UBLIC OF CHINA

a.R bakkal

ثانوية السيدة عائشة
حركة التصحيحية
هام في مسيرة حزبنا

del ins Orontestal und bis an den Euphrat ausdehnte. Die Stadt Arados war dem Pharao gegenüber recht wankel von Gesinnung und hielt in den Zeiten, da Ramses II. mit den Hethitern die Schlacht von Kadesch ausfocht (1286/85 v. Chr.) zu diesen. Zwischen 1100 und 625 v. Chr. stand sie unter assyrischem Einfluß, kam vorübergehend wieder unter ägyptische Herrschaft, war dann von Babylon abhängig, gehörte seit 539 v. Chr. zum Reich der persischen Großkönige und stellte ein Kontingent, das 480 bei Salamis mitkämpfte. Im Jahr 333 unterwarf sich Arados Alexander und blieb ein bedeutender, halb autonomer Handelsort, doch zur Zeit der Römerherrschaft (seit 64 v. Chr.) verlor die Stadt an Bedeutung zugunsten von Amrit. Noch nachdem die Araber Syrien erobert hatten, diente die Insel als byzantinische Flottenstation, bis der Omayyade Moawiya sie 640 besetzte und die Mauern schleifen ließ. Während der Kreuzzüge von den Templern besetzt, wurde sie von diesen erneut befestigt, aber 1302 nach dem Fall von Tartus von den Moslems zurückgewonnen und zerstört.

Von Tartus aus kann man sich mit dem Boot übersetzen lassen, kann von der Insel aus den schönen Blick auf die Stadt an der Küste genießen, aber findet vom Arados von einst nur spärliche Reste, ein paar hundert Meter Mauerzug. Das alles lohnt so recht den Aufwand nicht. Wer sich Zeit genug nimmt, dürfte von Tartus aus den Ausflug zu Burgen aus Kreuzrittertagen vorziehen: den nach Safita (35 km), von wo ein Abstecher möglich ist zum **Qalaat Yahmoun,** der einst so genannten ›Roten Burg‹ mit einem quadratischen Donjon inmitten einer gleichfalls quadratischen Umfassungsmauer mit zwei später angefügten Ecktürmen. Die Anlage geht vielleicht schon auf byzantinische Anfänge zurück, war seit 1177 in der Hand der Johanniter, wurde 1289 von Sultan Qalawun erobert und kann als Beispiel für eine kleinere Burganlage dienen, die ihren Platz innerhalb eines größeren fortifikatorischen Zusammenhanges hatte – bestand von ihr aus doch Sichtverbindung mit Tartus und mit der (weniger gut erhaltenen) Burg von Arinna, die ihrerseits nach Safita hinüberschauen konnte, von wo aus Blickkontakt mit dem Crac des Chevaliers bestand.

Safita, das ›Castel Blanc‹ der Ritterzeit, bewahrt vor allem noch den eindrucksvollen Donjon, der mehreres zugleich war: Wehrturm und Burgkapelle, Repräsentationsraum und letzte Zuflucht im Falle einer Belagerung, weshalb er über einer in den Felsen gehauenen Zisterne errichtet ist. Erbaut haben dieses besonders eindrucksvolle Stück Ritterarchitektur die Templer, wahrscheinlich zu Beginn des 13. Jahrhunderts. Sultan Baibars hat das Kastell 1271 eingenommen, kurz bevor er sich des Crac bemächtigen konnte.

Es bleibt dann immer noch Zeit genug, sich ein wenig in **Tartus** selbst umzutun, einer in den letzten Jahren beträchtlich gewachsenen Stadt, welche die Stelle einer Kolonie des alten Arados einnimmt und wegen seiner Gegenüber-Lage Antarados hieß. Eine Zeitlang nannte sie sich nach ihrem Wiedererbauer Constantina, nahm dann wieder den alten Namen an, der in arabischem Munde zu Tartus wurde und in fränkischem zu Tortosa. In den Tagen des frühen syrischen Christentums spielte die Stadt eine nicht unwichtige Rolle. Sie rühmte sich, die älteste Marienkapelle zu besitzen. Die Legende will wissen, St. Petrus selbst habe den Altar konsekriert, der Evangelist Lukas das Bild der Madonna gemalt, welches das die Stadt verheerende Erdbeben des Jahres 387 ohne Schaden überstand. Später ging es hier zu wie überall im syrischen Küstengebiet: Es herrschten die Byzantiner, die Araber, die Kreuzritter. 1183 nahmen die Templer die Stadt in Besitz, und sie wurde zu ihrer wichtigsten Festung (bis 1291 in christlicher Hand).

Zugleich war Tortosa aber auch Wallfahrtsort und Sitz eines lateinischen Bischofs. 1123 begann man mit dem Bau der *Kathedrale*. Noch bevor sie vollendet war, erlitt sie schon Schäden durch Saladins Krieger. Erst im 13. Jahrhundert wurde sie vollendet und nahm einen wehrhaften Charakter an. Dieses Bauwerk ist eines der bedeutendsten Beispiele für die romanisch-gotische Sakralarchitektur der Kreuzfahrer. Das Mittelschiff der dreischiffigen Basilika ist spitztonnengewölbt und von gebrochenen Querbögen unterfangen, die Seitenschiffe haben Kreuzgewölbe. Die kreuzförmigen Pfeiler sind mit Säulenvorlagen versehen, deren prächtige Kapitelle die Scheid- und Gurtbögen tragen. Jedes Schiff schließt

mit einer Apsis, wobei sich an die seitlichen zwei rechteckige Säle (Prothesis und Diakonikon) anschließen. Ein Zug, der an frühchristliche Kirchen im Orient erinnert. Der Pfeiler zwischen dem zweiten und dritten Joch der Nordseite ist als vier Meter hoher Kubus mit einem Durchgang gestaltet, gleichzeitig Sockel für besonders reich-stämmige Säulen mit Kapitellen, die sich mit denen von Chartres oder Reims messen können, bezeichnet er doch die Stelle, an der einst die ecclesiola der Heiligen Jungfrau stand mit dem von St. Peter geweihten Altar. Die Kathedrale wurde 1851 in eine Moschee umgewandelt. Damals wurde das Hauptportal zerstört. Das heutige ist eine Nachbildung des Portals der St. Andreaskirche von Akkon, das als Denkmal des Sieges der Mamluken nach Kairo überführt und dort der Grabmedrese des Mohammed an-Nasir ibn Qalawun einverleibt wurde. Jetzt beherbergt die einstige Kirche das Museum, das wohlgeordnet einen Überblick über die Geschichte der phönizisch-syrischen Küstenregion vermittelt.

Stadtfestung und Burg der Templer, seit dem Ende des 12. Jahrhunderts aus mächtigen Bossenquadern errichtet, sind zerstört, ihre Reste zer-, ver- und überbaut und ›machen kein Bild‹ mehr. Wir verzichten darauf, die Zusammenhänge von einst mühsam wiederherzustellen, werden wir doch noch bedeutende Festungen der Ritterzeit sehen. Auch weit außerhalb der Wohnstadt ist der flache Sandstrand so mit Schmutz und Abfall übersät, daß das Meer nicht zum Bade laden mag. Und da Tartus/Tortosa alles andere als anmutig ist, halten wir uns nicht zu lange hier auf, um noch vor Nacht unser Tagesziel Lattakia zu erreichen.

Wir fahren also nördlich, immer in Küstennähe. Wo der Djebel Ansarieh einen Ausläufer gegen das Meer vorschiebt, erhebt sich, die dort ganz schmale Küste beherrschend, die Burg von **Marqab** oder Margat, eine Festung, die Antiochia von Süden her deckte. Einer der Lehensleute des Fürsten, Renaud Masoier, ließ sich auf der Burg, die schon sein Vater besessen hatte, nieder und baute sie als Stützpunkt gegen die Ismaeliten aus, die in der Unwegsamkeit des Ansarieh-Berglandes Unterschlupf gefunden hatten und die allen ihren Feinden – und wer war nicht ihr Feind? – gefährlich, ja fürchterlich waren als eine Terrororganisation von straffster Disziplin. Es heißt, ihr Imam, der ›Alte vom Berge‹ (vom Berge Alamut bei Qazvin in Persien) habe sich seine Gefolgsleute durch Gaben von Haschisch gefügig gemacht. Im Drogenrausch erlebten sie paradiesische Visionen, und es wurde ihnen verheißen, sie würden dieser Wonnen für immer teilhaft, wenn sie bedingungslos den Geboten ihres Meisters folgten. Ihr Auftrag war häufig der Mord an politischen Gegnern. Ihr Name – Haschischim/Haschischesser – ist als ›assassin‹ / ›assassino‹ in viele europäische Sprachen eingegangen. Wie unbedingt diese Kämpfer – sie nannten sich selbst ›fedayin‹ – den Befehlen ihres Herren gehorchten, hat ein fränkischer Ritter, der zu Verhandlungen auf dem Adlerhorst des ›Alten‹ weilte, schaudernd erlebt und überliefert. Um dem Gast zu beweisen, wie unbedingt er seiner Gefolgsleute sicher sein konnte, befahl der Alte einem seiner Begleiter durch einen bloßen Wink, sich von den Zinnen der Burg in die Tiefe zu stürzen, und ohne Zaudern sprang der Mann in den gähnenden Abgrund.

Gegen einen solchen Feind ließ der Herr von Margat seine Burg befestigen und opferte dafür sein großes Vermögen. Er starb 1185, und ein Jahr danach übergab sein Sohn Bernard die zu kostspielige Festung an den Johanniterorden, der die Verteidigungswerke weiter verstärkte, so daß der siegreiche

Saladin es 1188 nicht wagte, die Burg anzugreifen. Wie der Crac des Chevaliers erlangte Margat seine höchste fortifikatorische Mächtigkeit im 13. Jahrhundert. Damals nahmen die ritterlichen Besatzungen von Margat und vom Crac wiederholt an Feldzügen gegen Hama und Homs teil. Zwischen 1204 und 1206 tagte auf der Burg Margat unter Vorsitz des Hochmeisters ein Generalkapitel der Hospitaliter, das einige Statuten des Ordens änderte.

Der Reisende Wilbrand von Oldenburg, der um 1212 an Margat vorbeikam, zeigte sich beeindruckt von dieser Festung, die so stark war, daß ihr Kommandant dem Herrn der Assassinen und dem Emir von Aleppo zeitweise Tribut auferlegen konnte. Nachdem Sultan Baibars 1168 Antiochien erobert hatte, griff er zweimal die Burg an. Den Crac zu erobern gelang ihm, nicht aber Margat. Es fiel erst vierzehn Jahre später (1285) dem Sultan Qalawun anheim, nachdem sein nach Tausenden zählendes Heer wochenlang die nur von ein paar hundert Rittern gehaltene Burg belagert hatte. Als die letzten Verteidiger kapitulierten, erhielten sie ehrenvollen Abzug und durften sich nach Tortosa und Tripolis absetzen. Noch heute zeigen die mächtigen Ruinen der Burg die Spuren dieser schrecklichen Belagerung.

Die Überbleibsel – man kurvt zu ihnen von der kleinen Stadt Banias aus aufwärts, das als Valérie zur Kreuzfahrerzeit sogar Sitz eines christlichen Bischofs gewesen war – haben wenig von der fast hellenischen Helligkeit des Crac. Ihre Mauern sind aus dem anstehenden schwärzlichen Basaltgestein aufgetürmt, mit dicken, weiß verstrichenen Fugen. Dafür blinken die Kreidehänge des Burgberges stellenweise unter der Sonne grellhell auf. Der Gipfel des Berges trug einst eine ganze Festungsstadt, von der aber nur noch die Reste der Mauern und einige halbrunde Türme überlebt haben. Eindrucksvoll ist einzig die *Burg* im engeren Sinne auf dem südwestlichen Sporn mit ihren Verteidigungsmauern aus dem 12. Jahrhundert und dem Bergfried, dem Palas, der Kapelle aus der Zeit, als hier Johanniterritter Wacht hielten. Der Große Saale etwa aus der Mitte des 13. Jahrhunderts – heute schwer zerstört – besaß ein Spitzbogengewölbe und schönes Blattwerk als Schmuck seiner Kapitelle. Ein nördlich an ihn grenzendes Gelaß, durch dessen einst reich geschmücktes Fenster man einen herrlichen Blick auf Küste und Meer genießt, gilt als ›Divan el-Malik‹, als Zimmer des Königs. Hier soll der Herrscher Zyperns, Prinz Isaak Komnenos, den Richard Löwenherz 1191 gefangennahm und den Hospitalitern zur Verwahrung übergab, seine Tage verbracht haben, und hier soll er 1195 gestorben sein. Daß König Richard dann seinerseits als Gefangener des Babenbergers auf der Burg Dürnstein in der Wachau einsitzen mußte, das scheint einem hier irgendwie als gerechte Vergeltung für solche Ritterbräuche. Die *Burgkapelle* – etwa 1186 erbaut – hat zwei kreuzgewölbte, durch einen Gurtbogen getrennte Joche und eine halbrunde Apsis. Beachtung verdienen die sorgsam gehauenen Portale an der Nord- und an der Westseite. Zwischen Kapelle und Bergfried vermittelt ein mit diesem gleichzeitiger und wie als dessen Verlängerung wirkender dreigeschossiger Trakt mit durch eine Treppe verbundenen Sälen.

Der im Bild der Burg stark mitsprechende, nach Südwesten vorgeschobene Sporenturm der äußeren Festungsmauer wurde bei der Belagerung durch Minen zerstört und gehört in seinem heutigen Bestand zu den Arbeiten aus jener Zeit, da die Burg – seit 1285 in der Hand der Moslems – von den neuen Besitzern erneut befestigt wurde. Seit dem Ende der Kreuzfahrerstaaten, seitdem ganz Syrien und Palästina wieder in der Hand der Sarazenen waren, die Assassinen seit dem Einfall der Mongolen ihre Rolle ausgespielt hatten, entbehrte die Burg ihres Sinnes, wurde verlassen und verfiel zu jenem malerisch-romantischen Ruinenkomplex, den nun der syrische Altertümerdienst instand hält und konserviert, und in dem wir ›Franken‹ zurücksinnen mögen in die uns so ferne gerückten Zeiten ritterlichen Waffengeklirrs. Zeiten, die keineswegs ›ritterlicher‹ oder besser waren als die unseren.

Wenn wir unser Nachtquartier noch vor Einbruch der Dunkelheit erreichen wollen, müssen wir den Besuch hier oben abkürzen. Auf die Küstenstraße zurückgekehrt, durchfahren wir **Djeble** (im Altertum Gabala), eine Tochtergründung der Phöniker von Arvad, deren Geschichte in ähnlichen Bahnen ähnlich bunt verlief wie die von Banias und anderer

Städte an der Küste. Höchstens, daß wir uns ein paar Minuten Zeit nehmen für einen Blick auf das römische Theater, das überzeugend von der Bedeutung der volkreichen Stadt in den Jahrhunderten römischer Herrschaft redet. Bei sinkendem Tageslicht fahren wir dann in **Lattakia** (al-Ladhiqiya) ein, der modernen und properen Großstadt an der Stelle des seleukidischen Laodikeia. Die Gründung Seleukos II. auf dem Gelände einer Vorstadt des alten Ugarit, die er nach seiner Mutter Laodike nannte, Hafenstadt für Apameia, fiel an Römer, Byzantiner und Araber, erlitt Erdbeben und Plünderungen. Dann kamen die Ritter mit dem Kreuz. Bedeutende Zeugen aus solch bewegten Vergangenheiten konnte die Stadt nicht bewahren. Nur ein Tetrapylon und eine hohe Säule (auch schon geborsten) zeugen von vergangener Pracht. Aber Lattakia bietet uns bequemes Standquartier für mindestens zwei Nächte und soll Ausgangspunkt für den Besuch von Stätten sein, wie sie nur Syrien zu bieten hat.

Eine dieser Stätten ist **Ugarit.** Im März des Jahres 1928 pflügte ein Bauer seinen Acker unfern einer etwa zehn Kilometer nördlich von Lattakia gelegenen Meeresbucht, als seine Pflugschar auf etwas Hartes stieß: auf einen flachen Stein. Er merkte sich die Stelle und kam am Abend mit vertrauten Helfern wieder, um den Schatz, den er vermutete, zu heben. Unter der dünnen Erdschicht kamen mehrere Steinplatten zutage, und als die Männer sie hochhoben, fanden sie eine Gruft, die zu ihrer großen Enttäuschung nur Gegenstände aus Ton enthielt. Die Geschichte sprach sich herum, die Gemeindebehörde unterrichtete die Direction des Antiquités in Beirut, und diese ließ erste Sondierungsgrabungen durchführen, deren Ergebnisse die Académie des Inscriptions et Belles-Lettres bewogen, eine Ausgrabungscampagne zu starten, mit deren Leitung Professor Claude Schaeffer betraut wurde. Anfang 1929 begann man mit den Arbeiten, in deren Verlauf Erstaunliches zutage kam: eine Handelsstadt und ihre Geschichte seit den Tagen, da sich im 7. Jahrtausend v. Chr. an dieser Stelle Menschen seßhaft gemacht hatten, Menschen der Steinzeit, die wohl Werkzeuge aus Feuerstein und Obsidian hinterlassen haben, aber noch keine tönernen Scherben.

Sie dürften Behältnisse und Gefäße aus vergänglichem Material benützt haben. Als früheste keramische Erzeugnisse sind aus diesen Zeiten zwei weibliche Idole – wohl die Göttin der Fruchtbarkeit darstellend – gefunden worden.

Gefäßkeramik hat sich erst später entwickelt und den Archäologen Belege an die Hand gegeben, die es ihnen ermöglichen, die Geschicke dieser vorgeschichtlichen Siedlung annähernd zu umreißen. Aus primitiven Anfängen entwickelte sich hochstehende, mit Ritzmustern verzierte Keramik, die im 5. und frühen 4. Jahrtausend von mehrfarbig mit geometrischen Mustern bemalter Keramik, ähnlich den Funden von Tell Halaf im Nordosten Syriens, abgelöst wurden, was auf zugewanderte Siedler schließen läßt. Das Auftauchen dünnwandiger Gefäße aus cremefarbigem Ton mit geometrischen Mustern, an Erzeugnisse erinnernd, die man in Ur in Chaldäa, der Heimat Abrahams, gefunden hat, zeugt von einer wiederum veränderten Bewohnerschaft, die erstmals auch aus Kupfer kleinere Gegenstände zu formen verstand: Der Beginn der Metallzeit kündigt sich an. Dieser gehörten die Kanaanäer an, die aus Anatolien gekommen sein mögen und eine Keramik vom Typ ›Khirbat Keramik‹ mitbrachten: mit einer hellroten oder schwarzen Engobe überzogene Gefäße. Die Niederlassung der Kanaanäer dürfte in die zweite Hälfte des 3. Jahrtausends anzusetzen sein. Zu Beginn des 2. Jahrtausends muß die Stadt freundschaftliche Beziehungen mit den Inseln der Ägäis unterhalten haben. Wie man aus den Archiven von Mari weiß, hieß sie in der ersten Hälte des 18. Jahrhunderts v. Chr. Ugarit und war Residenz von Kleinkönigen, deren Namen in einigen Fällen der Altertumswissenschaft bekannt sind.

In der 2. Hälfte des 14. Jahrhunderts v. Chr. werden unsere Kenntnisse genauer. Aus der Zeit eines Königs namens Niqmadu II. (etwa 1360-1330 v. Chr.) stammen die ältesten hier gefundenen Tontafel-Dokumente, die Aufschlüsse geben über äußere Ereignisse wie über Sitten und Einrichtungen der Stadt und des von ihrem König beherrschten Umlandes. Der Hafen war damals ein bedeutendes Handelszentrum, in dem Waren aus Ägypten, aus Anatolien und aus der ägäischen Welt getauscht wurden. Die Verwaltung war gut organisiert, und eine rege diplomatische Tätigkeit zielte darauf ab, dem kleinen Königreich die Unabhängigkeit zwischen den beiden Großmächten, dem Hethiterreich im Norden und Ägypten im Süden zu bewahren. Mit den Hethitern verbündet, gelang es dem König, auch zum Pharao freundschaftliche Beziehungen zu unterhalten. Im Grunde war das jenes Dilemma, in dem sich viele Stadtkönige Syriens im 2. Jahrtausend sahen. Wie sie sich auch entschieden, die Nachbarn waren übermächtig. Ugarit fiel dann trotz allem unter die Oberhoheit der Hethiter, die sich in die Thronfolgewirren einmischten, welche innerhalb der königlichen Familie ausbrachen. Eine Reihe Namen von Königen, königlichen Gemahlinnen und Prinzen ist überliefert, aber sie sind uns fremden Besuchern nur flüchtige Vokabeln. Der letzte König von Ugarit namens Hammurabi mußte die Zerstörung der Stadt erleben. Es waren die ›Seevölker‹, die wohl am Ende des 13. Jahrhunderts v. Chr. Ugarit ein schauriges Ende bereiteten. Jahrhundertelang blieb nach dem Abzug dieser Barba-

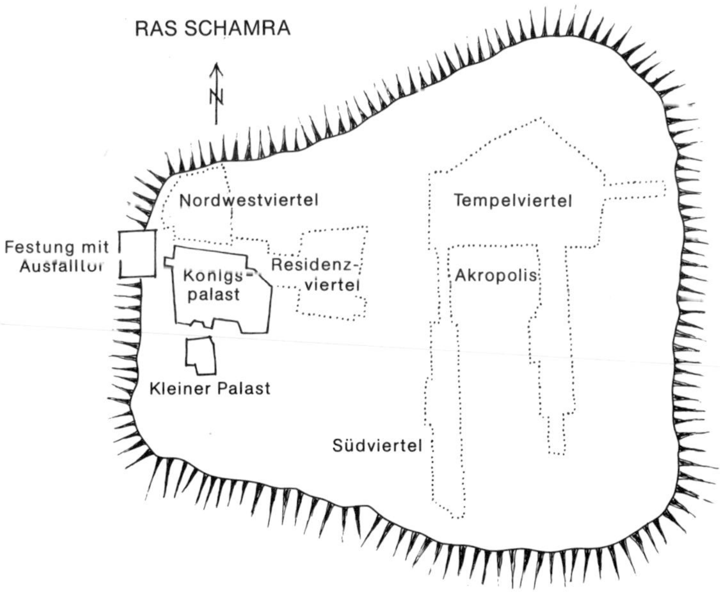

ren die Stätte verlassen, bis griechische Seeleute an der syrischen Küste auftauchten und auf dem Hügel an der weißen Bucht, wo einst eine lebendige Stadt gewesen war, ihre Fischerhütten bauten, ohne eine Ahnung davon, daß unter ihren Füßen Bibliotheken und Tempel die Kunde von Ugarit für spätere Zeiten aufbewahrten und endlich dem archäologischen Spaten Kulturschätze preisgeben sollten, die heute auf die Museen von Aleppo, Damaskus und den Louvre verteilt und dort teilweise ausgestellt sind. Vieles mag noch unter der Erde schlummern, denn nur die oberen Schichten wurden erforscht. Zwei Suchgräben, die bis in größere Tiefen geführt wurden und einen Querschnitt durch die ganze Höhe des Hügels von *Ras Schamra* zeigen, lassen ahnen, wieviel noch zu entdecken bleibt.

Ein Gang über den Hügel ist, wenn man schon einmal hierhergekommen ist, selbstverständlich unerläßlich, auch wenn er wenig Bildhaftes vermittelt. Nur wenn im Herbst die Sonnenglut alle Vegetation graufahl verbrannt hat, läßt sich der Versuch unternehmen, zu allen Fundstellen vorzudringen. Zur besten Reisezeit, im Frühjahr, wird man sich allerdings mit solchem Vorhaben schwertun. Nicht, daß man sich zu sehr vor Schlangen fürchten müßte – in acht nehmen sollte man sich immerhin –, aber der ganze Hügel ist mit kniehoch stehender Flora bewachsen, mit Ringelblumen, Hahnenfuß, Mohn, die ein Bild des frischen Lebens bieten, das sich über die tote Stätte legt. Das Pflanzenkleid erweist sich als schwer durchdringlich und verhüllt dem Auge die Unebenheiten des Bodens. Zu groß ist die Gefahr, sich den Fuß zu verstauchen, ein Bein zu brechen oder gar in eine verborgene Grube zu stürzen. Man genießt dann besser die Blumenpracht von den gebahnten Pfaden aus, beschränkt sich auf die Wasserleitungen, auf die paar unschwer zugänglichen Grüfte und in erster Linie auf jene eindrucksvollen Dinge, auf die man stößt, wenn man Lattakia nach Norden zu verlassen hat und nach etwa 5,5 Kilometer dem Schild gefolgt ist, das nach Ras Schamra weist. Nach weiteren 3500 Kilometern findet man sich am Ziel vor der *Stadtbefestigung* mit Resten eines einst wohl gewaltigen Turmes und vor der Ausfallpforte mit einem an Mykenisches erinnernden falschen

Gewölbe, die als Treppengang den mächtigen Wall durchtunnelt. Wir steigen hinauf zum Wächterhaus, überschauen von dort aus das Gelände und den Platz, der die Torfestung vom Königspalast trennte. Eine noch eindrucksvoll erhaltene Straße führt in östlicher Richtung zwischen diesem und dem sogenannten Nordwestviertel ins *Residenzviertel* mit den Resten zahlreicher geräumiger Privathäuser, die durch Straßen voneinander getrennt waren. Den interessantesten und auch am besten durchforschten Komplex innerhalb des Ruinengeländes bildet der *Königspalast*, der noch anschauliche Reste von Tor, Haupthof, Nebenhöfen und Gemächern besitzt, von denen einige als Archive und Bibliotheken identifiziert wurden, in denen Urkunden, Verträge, diplomatische Korrespondenz in babylonischer, hurritischer und ugaritischer Sprache aufbewahrt wurden. Südlich des Königspalastes finden wir die Reste des sogenannten *Kleinen Palastes*, in dem sich gleichfalls ein Archiv mit babylonischen Dokumenten über Zahlungen, Warenlieferungen, Rechnungen fand. Vielleicht war dies das Amt für Handelsbeziehungen mit dem Ausland. In dem gepflasterten Hof liegt eine Gruft, wie es deren mehrere im Stadtgebiet gibt.

Ugarit war zweifellos einst eine der bedeutendsten See- und Handelsstädte und ist heute eine Stätte, die man als Tourist unbedingt besucht. Was gelehrter Spürsinn hier fand, das ist in den Museen präsentiert und spricht dort eindringlicher von der Bedeutung der einstigen Stadt als eine Umschau im Gelände. Aber diese schenkt jenes Dagewesen-Bewußtsein, dem viele Touristen von heute nachjagen, als wäre es eine Trophäe. Ehrlich gesagt: Wir haben uns doch mehr an der bunten Frühlingspracht der Blumen erfreut als an schaubaren Überresten der Stadt. Ein halber Tag genügt uns hier, und wir kommen überein, den Nachmittag nicht den Seehändlern, sondern wieder den Kreuzrittern zu widmen und einen Ausflug zur Burg Sayhun zu unternehmen, die heute meist **Qalaat Salah ed-Din** genannt wird.

Wir verlassen also das Grün der Küstenebene mit ihren treibenden Feigen-, Apfel- und Mandelbäumen, ihren Ölbäumen und Zypressen und dem gelb-rot-lila-orange-blauen Blumenflor und fahren hinein in die aus Kalkstein gebauten Alaouitenberge. Anhand der mehr als dürftigen Beschilderung finden wir uns in kurvigem Auf und Ab endlich wie durch ein Wunder vor der Saladinsburg. Die fränkischen Ritter nannten sie Sehone oder Saone, und sie gehört zu den eindruckvollsten Zeugnissen der Kreuzritterzeit in Syrien, nicht zuletzt durch ihre einzigartige Lage auf einem 700 Meter langen und 50 bis 150 Meter breiten Bergrücken zwischen tiefen Schluchten. Sie beherrschte einen strategisch wichtigen Punkt an der Straße von Lattakia an den Orontes. Schon die Byzantiner errichteten hier 975 eine Festung, die im frühen 12. Jahrhundert von den Kreuzfahrern erobert wurde. Diese bauten sie zu einer der wichtigsten Festungen des Fürstentums Antiochien aus, aber Saladin hat sie 1188 erobert: daher der heutige Name *Saladinsburg*. Seither blieb sie in moslemischer Hand. Wir finden hier also byzantinische, fränkische und islamische Bauteile. Um 1120 dürften die Kreuzfahrer mit dem Bau ihrer Befestigungswerke begonnen haben, die wir heute noch bestaunen. Damals wurde der Bergsporn durch einen etwa 28 Meter tiefen, 20 Meter breiten und 130 Meter langen aus dem Gestein herausgehauenen Graben durchtrennt. Nur ein schlanker hoher Felspfeiler, ein Widerlager für die längst vergangene Zugbrücke, blieb stehen. Die diesem Graben zugewandte Seite ist am stärksten befestigt durch Mauern, halbrunde Quadertürme und einen mächtigen Donjon aus Bossenquadern mit zwei inneren Sälen übereinander, neben dem sich der Pfeilersaal der Stallungen und eine im Mauerwerk bereits auf byzantinische Zeit zurückgehende Zisterne erheben. Innerhalb der schwer befestigten Oberburg – an ihrer Südseite erheben sich drei massige Rechtecktürme – finden wir die Reste des byzantinischen Kastells aus Kleinsteinmauerwerk, dazu die Überbleibsel einer Moschee mit Minarett und eines schönen arabischen Bades aus dem 13. Jahrhundert. Ein Quergraben scheidet die feste Oberburg von der weniger schwer gerüsteten Unterburg auf dem westlichen Ende des Felsrückens. Man kann sich bei den schwindelnden Blicken in die Tiefe des Großen Grabens, angesichts der mittelmeerischen Vegetation, die sich in die Ritzen des terrakottfarbenen Mauerwerks einkrallt, eines romantischen Schauders nicht erwehren – und vielleicht bleibt er uns von diesem Ausflug länger in Erinnerung als Daten und archäologische Befunde. Wir können uns hier in der Einsamkeit Zeit lassen, denn die Nacht werden wir wieder im nahen Lattakia verbringen.

Apameia und Ebla

Am nächsten Morgen brechen wir wieder früh auf, um möglichst viel von dem Tag zu haben, der uns endlich nach Aleppo bringen soll. Wieder verlassen wir die frühlingsbunte Küste, um – diesmal etwa dem Tal des Nahr el-Kebir, des ›Großen Flusses‹ folgend – in die Alaouitenberge hineinzufahren. Kiefern und Ginster haben die Orangen- und Ölbäume abgelöst, die Nuß- und Feigenbäume. Im Sommer, wenn es an der Küste schwül-heiß ist, mögen diese bewaldeten Höhen ein angenehmer Aufenthalt sein. Teebuden an sprudelnden Quellen laden zur Rast, bevor wir weiter in die Berge hinaufkurven. Unvermerkt haben wir die als solche gar nicht in Erscheinung tretende Paßhöhe (652 m) erreicht, und nun zieht die Straße abwärts in die wohlbewässerte, von Kanälen durchzogene Ebene im Orontestal, el-Gharb genannt, eines der fruchtbarsten Gebiete Syriens, in dem Weizen und Zuckerrohr angebaut werden. Von Djizre asch-Schungur ab – die Kreuzfahrerburg ist nur noch ein Steinhaufen – folgen wir hart am Fuß des Gebirges dem Rand der Ebene nach Süden. Roter Mohn und rote Anemonen,

Hederich und Hahnenfuß geleiten uns blühend. Rechts oben am Hang zeigt sich auf einer Klippe die Ruine der Burg Bourzey (Qalaat Bei Rabbi). Es soll das schon von Strabon genannte Lysias sein, das seine großen Tage natürlich erst zur Zeit der Kreuzritter erlebte, die sich des Platzes in den Anfangsjahren des 12. Jahrhunderts, bemächtigt haben und die byzantinischen Festungswerke erweiterten und verstärkten. Wir denken nicht daran, dort oben Umschau zu halten, aber vermerken die Existenz dieser Ruine als einen Farbpunkt auf der dichten Karte historischer Stätten voller Schwere.

Die Straße biegt dann scharf in östlicher Richtung ab, quert die fruchtreiche Gharb-Ebene und bringt bald den Tell in Sicht, der die arabische *Burg Qalaat Mudiq*, die Zitadelle des antiken **Apameia,** anzeigt, einer hellenistischen Gründung, die neben Seleukia am Tigris, Antiochia am Orontes die dritte Hauptstadt des seleukidischen Königreiches war. Die Stadt muß in der hellenistischen und der römischen Zeit eine der schönsten weitum gewesen sein und sicherlich eine der größten. Ursprünglich Pharnake genannt, nahm sie nach der Eroberung durch Alexander den Namen Pella an, wurde aber von Seleukos Nikator zu Ehren seiner persischen Gattin Apame umbenannt und entscheidend vergrößert. Sie folgt einem Plan, der wohl auch für ihre Schwestern Antiochia, Seleukia und Laodikeia – benannt also nach dem Vater des Seleukos, nach ihm selbst und nach seiner Mutter – verbindlich gewesen zu sein scheint: Er wurde jeweils der Geländeform angepaßt, ebenso wie auch die Stadtmauer den Gegebenheiten anzupassen war. Dominante Achse der bürgerlichen Wohnstadt, die in einem gewissen Spannungsverhältnis zur königlichen Zitadelle steht, ist die fast zwei Kilometer lange *Säulenstraße*. Was von Säulenresten erhalten blieb, datiert allerdings erst aus dem 2. und 3. Jahrhundert, also aus römischer Zeit. Auch unter den Römern war sie ein vorgeschobenes Militärdepot in der Orontesebene und zugleich ein wichtiger Punkt im Straßennetz des Ostens mit schätzungsweise einer halben Million Einwohnern. Das Christentum hat hier sicher schon früh Fuß gefaßt, seit dem 4. Jahrhundert ist die Stadt als Sitz eines Bischofs nachgewiesen. Im 5. Jahrhundert entwickelte Apameia sich zu einem Zentrum

Apameia, Säulenstraße

des monophysitischen Bekenntnisses, dessen Lehren das Konzil von Konstantinopel 451 als irrig verurteilt hatte. Erdbeben, eine vorübergehende Besetzung durch die Perser – von den Monophysiten vermutlich ebenso begrüßt wie die endliche Einnahme durch die Araber –, das alles führte zum Abstieg der einst so reichen und wohl auch lebenslustigen Stadt, deren Großgrundbesitzer von den Erträgnissen ihrer Güter behaglich lebten. Die Araber aber unterbrachen den Export der Agrarprodukte des Orontestales in die Länder des Mittelmeers und waren somit schuld am Dahinwelken der Stadt, die noch lange zwischen ihnen und den Byzantinern umstritten blieb. Der Normanne Tancred eroberte Apameia, dessen Zitadelle dem Fürstentum Antiochien als Grenzfestung diente, bis Nur ed-Din Zengi sie 1149 nach heftiger Gegenwehr einnahm. Seither ist das Stadtgebiet gänzlich verlassen und ist nur noch die alte Akropolis, mittelalterlich befestigt, bewohnt.

Zu ihren Füßen liegt ein Han, mit dem wir unsere Besichtigung beginnen wollen, dient er doch heute als *Museum* und bewahrt in seinen Gewölben ein paar Inschriftsteine und Statuentorsi aus römischer Zeit, vor allem aber schöne Mo-

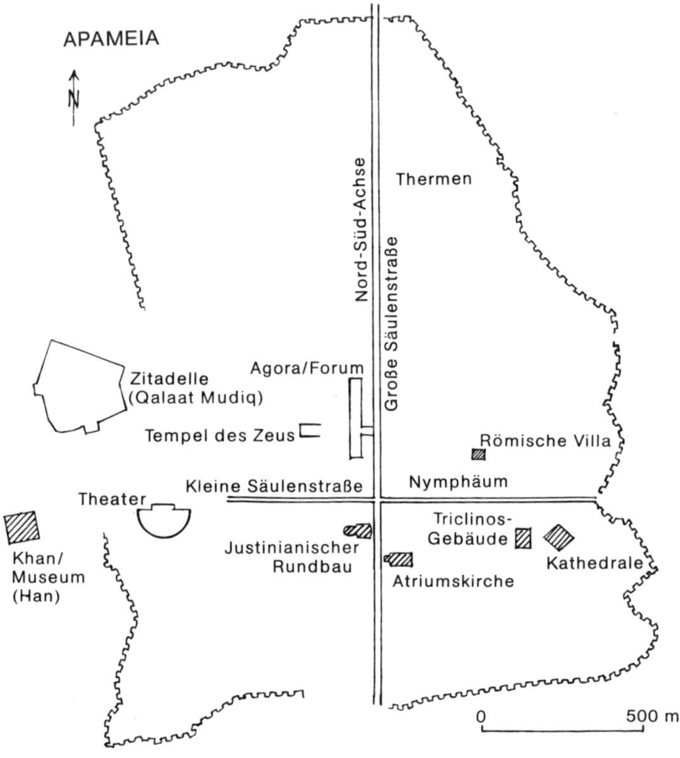

saikböden mit griechischen Beischriften, welche die belgischen Archäologen in reichen Häusern der Stadt fanden. Angesichts der gewaltigen Ausdehnung des Ruinengeländes (etwa 250 Hektar) konnte Apameia nur unvollständig erforscht und so gut wie gar nicht freigelegt werden. Die weit verstreuten Fundstellen abzustiefeln, ist nicht jedermanns Sache. Wir begrüßen daher die Möglichkeit, auf einem Teersträßlein parallel zu der in westöstlicher Richtung verlaufenden ›Kleinen Säulenstraße‹ das Gelände zu durchqueren, dabei die Reste des *Theaters* zu besehen und auf der ›Großen Säulenstraße‹ ein wenig herum- und entlangzuspazieren, die mehr als 37 Meter breit war, also wahrhaft weltstädtische

Ausmaße hatte. Sie fand ihre einstige Gestalt in der Zeit zwischen Trajan und Marc Aurel. Wir wandern bis zu der wiederaufgerichteten Reihe von Säulen mit tordierten Kanneluren, die zum Wahrzeichen von Apameia geworden sind. Vom östlichen Ast der kleinen Säulenstraße aus erreicht man mit wenigen Schritten die Reste einer *römischen villa urbana* – nie war der ganze ausgedehnte Raum innerhalb der Mauern dicht bewohnt – und weiter südlich die der einstigen *Kathedrale*, eines Zentralbaues wohl der justinianischen Zeit mit einem Synthronon, einer halbrunden Sitzreihe für den Klerus, in der östlichen Apside. Sonst aber ist das Gelände von Apameia Ackerland, in dem ein paar Steine herumliegen.

Von Qalaat Mudiq halten wir uns stracks östlich, bis wir bei der Ortschaft Khan Sheikhun die Hauptstraße Damaskus-Aleppo wieder erreichen, um auf ihr in nördlicher Richtung recht zügig voranzukommen. Etwa 55 Kilometer sind es nur bis zur Abzweigung nach Tell Mardich, einem Dorf mit Bienenkorbhäusern, in dessen Nähe sich eine der durch ihre Funde aus der Frühzeit berühmtesten Ausgrabungsstätten Syriens befindet: die Stelle von **Ebla.** Ihr Ruhm zieht Fremde an, und diese haben die Kinder des Dorfes schon zu lästigen Bettelfratzen verzogen. Aber wenn man das Dorf hinter sich hat, ist man meist allein an der Stelle, an der Archäologen der Universität Rom 1964 den Spaten ansetzten. Um die gespannten Erwartungen nur gleich aufs vernünftige Maß zurückzudämpfen: zu besehen gibt es hier wenig oder gar nichts – und selbst detaillierte Pläne bieten keine Hilfe. Lassen wir uns trotzdem durch die Ausführung von K. Kohlmeyer führen (Ausst.-Kat. ›Land des Baal‹): »Der Ruinenhügel von Mardich gliedert sich deutlich in ein erhöht gelegenes Zentrum (die ›Akropolis‹) als Verwaltungs- und Kultbezirk und eine Unterstadt, etwa trapezförmigen Umrisses, die von einem kranzartigen Wall, dem Überbleibsel der einstigen Stadtbefestigung, umgeben wird.

Bauten der Schicht II B I (Datierung der Ausgräber: späte frühdynastische Zeit bis Beginn der Dynastie von Akkade) wurden in einem kleinen Bereich der südwestlichen Akropolis untersucht. Hier konnte ein Teil des Königspalastes

(›Palast G‹) dieser Epoche freigelegt werden. Die damalige Wohnsiedlung hat sich sicherlich – wie in der folgenden altsyrischen Epoche – in der Unterstadt erstreckt. Offenbar erlauben es Tontafeln aus dem Palast G, die Stadt und ihr Umland genauer zu beschreiben. Demnach bestand das Verwaltungszentrum aus drei Palästen.

Die nur wenigen bisher ausgegrabenen Räume des Königspalastes G enthielten weitgehend noch ihr ehemaliges Inventar, das vom Schutt einer Brandkatastrophe abgedeckt war. Der übrige Teil des Palastes liegt noch unter der teilweise sehr hohen Überbauung aus jüngerer Zeit.

Zu einem großen Hof öffnete sich eine Säulenhalle mit einem Thronpodest aus Lehmziegeln. Auch die anschließende östliche Seite des Hofes war von einer Säulenhalle begrenzt, die dem Portal zu einem breiten Korridor vorgelegt ist. Im Winkel zwischen beiden Hallen lag ein rechteckiger Turm, der vier Treppenläufe faßte. Steinintarsien und verkohlte Holzschnitzereien lassen die Pracht der Treppe erahnen. Nördlich des Turmes schlossen zwei Wohnräume an. Dünne Mauern grenzten von der östlichen Säulenhalle zwei Kammern ab, welche die Tontafeln des königlichen Archives enthielten. Im nördlichen Raum standen überwiegend Verwaltungstexte auf zwei Wandgestellen gestapelt, im südlichen fand man noch die Reste eines an drei Seiten umlaufenden zweifächrigen Holzregals: mehr als 13 000 Tafeln bzw. Tafelfragmente konnten hier geborgen werden.

Durch die Entdeckung der Archive ist es uns möglich, eine große Anzahl von Informationen über Ebla in dieser Epoche zu gewinnen. Die Entzifferung und Bearbeitung der Tontafeln ist jedoch noch nicht so weit fortgeschritten, daß ein endgültiges Bild der Verhältnisse dieser Zeit gezeichnet werden kann. Auch ist die sprachliche Stellung des Eblaitischen noch umstritten. Es ist fraglich, ob es mehr der nordwestsemitischen Sprachgruppe (Kanaanäisch, Hebräisch und Phönikisch) oder der ostsemitischen (Altakkadisch) nahesteht. Das Schriftsystem, abgeleitet von dem der Sumerer, jedoch den Bedürfnissen der eigenen Sprache angepaßt, ist wohl von dem semitisch besiedelten mittleren Zweistromland und Nordbabylonien übernommen: so werden Schreiber aus Kisch (östlich von Babylon) und Mari in den Texten aus Ebla genannt. Aus Kisch stammte auch ein Mathematiklehrer. Die Wirtschaftstexte zeigen einen Schwerpunkt in Wolle und Wollprodukten. Südmesopotamien war im Gegensatz dazu stärker landwirtschaftlich ausgerichtet.

An der Spitze der Stadt stand der König (EN = malikum). Über einen bedeutenden Einfluß verfügten auch die Königin (maliktum) und die Ältesten. Vielfältig war die Rolle des Kronprinzen, der als Botschafter, Gouverneur in abhängigen Orten oder Leiter der inneren Angelegenheiten des Staates eingesetzt wurde. Sechs Könige sind in den Texten genannt. Zur Zeit der letzten von ihnen war sogar Mari unterworfen und tributpflichtig geworden als Folge des Feldzuges eines eblaitischen Generals, der sich nach der Niederlage seines Gegners Ibul-Il selbst zum Herrscher Maris erklärte. In seinem Bericht an den König von Ebla nennt er den immensen Tribut, den er Mari auferlegte: 2193 Minen Silber und 134 Minen und 26 Schekel Gold (ungefähr 1052 kg Silber und 64,5 kg Gold), aus dem Besitz des Ibul-Il und der Ältesten der Stadt.

Weitreichend waren die Handelsbeziehungen von Ebla, das teilweise eine Mittlerrolle zwischen Anatolien, Nordpalästina und Mesopotamien einnahm.

In der auf die frühdynastische Epoche folgenden Zeit wird Ebla das Opfer der Raub- und Eroberungszüge der in Mesopotamien zur Macht gelangten Dynastie von Akkade. Ihr Begründer Scharrum-kin behauptet, der Gott Dagan von Tuttul (Tall Bi'a bei Raqqa) habe ihm das ›Obere Land‹ mit Mari und Ebla in die Hand gegeben; einer seiner Nachfolger, Naram-Sin, berichtet von der Zerstörung der Stadt. In der Zeit der III. Dynastie von Ur sind die Beziehungen zum Zweistromland wieder friedlicher Art: Boten und Händler aus Ebla werden in Wirtschaftstexten südmesopotamischer Städte genannt, und Geschenke und Weihgaben den dortigen Tempeln gestiftet.

Durch fast ebenes Land, wo auf roter Ackererde grüne Saat vor blauer Ferne steht, führt uns eine schnelle Straße in knapp einer Stunde bis an die Stadtgrenze von Aleppo.

Aleppo

Aleppo liegt wie Damaskus ungefähr 100 Kilometer vom Mittelmeer entfernt, von ihm durch Bergketten geschieden, etwa dort, wo sich Ackerland und Steppe berühren, an jahrtausendalten Handelsrouten zum Orient. Aleppo besitzt zwar keine Oase, die sich mit der von Damaskus vergleichen ließe, aber doch ein ertragreiches Hinterland. Daß es politisch immer hinter der südlichen Konkurrentin zurückstehen mußte, hatte und hat seine Ursachen vermutlich in der Randlage innerhalb der arabischen Welt, deren Grenze ja die Tauruskketten nordwestlich von Aleppo bilden. Der Stadtprospekt vermerkt mit Genugtuung, daß Aleppo über eine Million Einwohner zählt – also fast so viele wie die Hauptstadt. Es ist dieses ›fast‹, das einen Aleppiner kränken kann. Aleppo ist fast so alt wie Damaskus. Der Name taucht als Halap schon im 2. Jahrtausend v. Chr. in hethitischen Dokumenten auf – aber eben nicht schon im Buche Genesis wie der von Damaskus. Aleppo ist wie Damaskus ein Inbegriff östlicher Stadtkultur und historischer Kontinuität und zugleich eine vitale und lebendige Stadt von heute, die darin keiner Metropole des Ostens nachsteht und ist dabei fast so reich an historischen Denkmälern wie Damaskus, sein archäologisches Museum ist fast so bedeutend wie das dortige und seine Große Moschee darf sich auch als Omayyadenmoschee bezeichnen, kann sich aber nicht mit dem Mosaikenglanz der Moschee der Hauptstadt messen. Die Umgebung und den jedes Jahr lange Monate trockenliegenden Kuweik-Bach wird niemand als so paradiesisch preisen wie die Barada-Oase. Die Stadt – ihre Moscheen, Schulen und Häuser sind aus dem anstehenden grauen Kalkstein errichtet – hat den Beinamen esch-Scheba, das heißt *die Graue*, erhalten. Und doch besitzt sie zwei Dinge, die keine Konkurrenz zu scheuen haben: die Zitadelle inmitten der Altstadt, die mit Recht als die größte und schönste arabische Burg des Mittelalters gilt, und den Bazar, der – wenn sich auch ein grauer Schleier darübergelegt hat – nach Aussage aller, die ihn früher kannten, der ursprünglichste, bunteste und interessanteste des ganzen Nahen Ostens war und es zum Teil noch ist. Bunt vor allem durch die Völkervielfalt. Neben dem Arabischen hört man türkische Laute, und in ganzen Straßen und Vierteln lehren die Namen auf den Ladenschildern, daß hier Armenier wohnen: syrische Staatsbürger heute, viele schon seit Generationen ansässig. Einige sind Nachkommen jener, die vor den Verfolgungen geflohen waren, die Abd ul-Hamid in den ›armenischen Provinzen‹ des Osmanischen Reiches angeordnet hatte, und andere jener, die ihr nacktes Leben vor den unbarmherzig geplanten Ausrottungsmaßnahmen der Jungtürken während des Ersten Weltkriegs retten konnten.

Nicht nur die Armenier, die Leute von Aleppo allesamt genießen seit alters den Ruf vorzüglicher, das heißt so schlauer wie verläßlicher Kaufleute. Aleppo war Jahrhunderte hindurch das große Emporium, ein Kreuzungspunkt der Handels- und Karawanenstraßen, war *der* große Markt des Ostens. Nur eben, daß man ihn nicht zu Schiff erreichen konnte wie Venedig. Die Hexe in Shakespeares Macbeth wird sich schwer tun, wenn sie dem Kapitän des ›Tiger‹ ausgerechnet nach Aleppo nachschwimmen will.

Natürlich nimmt die Stadt von heute das Mehrfache der Fläche ein, welche das alte, einst von Mauern umzogene Aleppo bis in die frühen Jahre unseres Jahrhunderts beanspruchte. Angeblich konnte man noch um 1920 in der Gegend zwischen Bagdad-Bahnhof und Nationalmuseum in sumpfigem Gelände Enten jagen. Das klingt wie ein Märchen. Die Gegend ist heute die modernste und belebteste der Neustadt. Hier finden wir in einem der einst ›besseren‹ Hotels Unterkunft. Man braucht in ihnen allen einen Ohrenverschluß als Hilfsmittel zur Nachtruhe – nicht anders als draußen auf dem etwa sieben Kilometer vom Zentrum entfernten Camping-Platz. Aleppo manifestiert seine Vitalität durch Lärmentwicklung.

Nur wer darauf Wert legt, in kürzester Zeit die oft fotografierten Sehenswürdigkeiten noch einmal abzulichten und mit einem vidi-Zeichen abzuhaken, wird ein Programm

›Aleppo für einen Tag‹ abspulen oder sich dafür programmieren lassen. Wir wollen uns Zeit nehmen, ein paar Tage zu schauen, wollen spazierengehen, überlegen, nachlesen, zeichnen, entspannen ... Dort, wo es einst vor der Stadt bachsumpfig war, zieht heute die Baron-, verlängert durch die Azmeh-Straße als eine Hauptachse durch das auf fast schachbrettartigem Plan errichtete Neustadtviertel.

Wir haben uns durch den Verkehr zu dem kleinen Park vor dem Nationalmuseum treiben lassen. An seiner Nordwestecke liegt das Verkehrsbüro. Der distanziert olivenblasse Herr empfiehlt uns – das nächstgelegene Hotel ist durch eine Delegation belegt – das *Hotel Baron*, pas très loin. Und da hat man ein Zimmer für uns.

Ein Kubus, streng wie ein Florentiner Palazzo, grau wie die graue Stadt, mit grünen Fensterläden, die geschlossen sind. Im Erdgeschoß haben sich leuchtreklamig Agenturen der Fluggesellschaften eingenistet: die KLM-Krone, Gulf Air, ČSA. Das Zimmer ist geräumig, die Bathrooms sind hoch und schwarzweiß gekachelt. Verblichene Eleganz überall. Da scheint ein Hotel schon einmal bessere Zeiten erlebt zu haben. Nach einem Schlaftrunk geht es früh in die Falle. Beim Einschlafen läßt man wie immer den Tag Revue passieren und freut sich, eine behagliche Bleibe gefunden zu haben. Wie hieß das Hotel doch? Und auf einmal wird man beim Einschlummern wieder hellwach. Baron, aber wie konnte einem das nicht gleich einfallen: das ist – oder war – doch eine der ersten Adressen hier. Das ist ein Hotel, so alt-ehrwürdig (obwohl es wenig mehr als ein Dreivierteljahrhundert auf dem Buckel hat) wie das Old Cataract in Assuan oder das Mena House bei den Pyramiden von Gizeh – und hat mindestens so viele illustre Persönlichkeiten beherbergt. Viele wurden erst später berühmt. Kemal Pascha Atatürk hatte hier einmal sein Hauptquartier zusammen mit dem deutschen General Liman von Sanders, Wilhelm Wasmus war hier, der im Dezember 1914 aufbrach, um die persischen Stämme gegen die Engländer aufzuwiegeln. ›The German Lawrence‹ hat ihn sein englischer Biograph genannt – aber auch der englische Lawrence (freilich damals noch nicht ›of Arabia‹, sondern ein Student der Archäologie mit einem Stipendium

in Syrien unterwegs) hat hier gewohnt und das Hotel beautiful gefunden. In der Zeit zwischen den beiden Weltkriegen war das Baron (benannt nach dem Baron von Oppenheim, dem Ausgräber von Tell Halaf) Quartier für hochfürstliche Reisende (Prinz Bertil von Schweden, Prinz Peter von Griechenland, König Gustaf Adolf) oder Politiker wie den späteren Präsidenten Theodore Roosevelt, Reichsbankpräsident Schacht oder für die Pioniere der Fliegerei: Charles Lindbergh, Jimmy Woods, Charles Kingford Smith, Sportflieger wie Elly Beinhorn, Irmgard Grundmann, Edgar Gotthold, denn Aleppo lag damals als Etappe am Kurs der Sportflug-Rallye Europa–Indien–Australien. Natürlich nahmen auch die Archäologen jener Jahre das Baron als Standquartier. Auf einem der Balkone soll Agatha Christie – Archäologengattin – ihren klassischen ›Murder on the Orient Express‹ geschrieben haben, bei viel Tee und Zitronenlimonade.

Aleppo, Die Zitadelle über der Stadt

Der Zweite Weltkrieg vertrieb die Gelehrten, Sportler und königlichen Hoheiten. Das Baron wurde nolens volens zum Zentrum der Spione, der geheimen oder auch nicht mehr geheimen Kommandos. Nach der deutschen Besetzung Kretas sollte es Zwischenstation der deutschen Militärhilfe für die aufständischen Offiziere im Irak werden, und bald beendeten britische Truppen und Einheiten der ›France libre‹ die Herrschaft der Vichy-Beamten in Syrien. Schon Ende August 1941 trug sich General Auchinleck ins Gästebuch des Hotels ein, das nunmehr zum britischen Hauptquartier in Nordsyrien wurde. Von einem der Balkone hielt im folgenden Jahr General Charles de Gaulle eine Rede an die französischen Einheiten. Aber Frankreich mußte Syrien dann doch aufgeben. Wie als Belege für die ›neuen Zeiten‹ finden sich im Gästebuch die Namen des Staatspräsidenten Assad und nahe dabei die eines Ölscheichs und eines Rockefeller und die Unterschriften der Astronauten Gagarin und Valentina Tschereschkova, der ›ersten Frau im All‹. Liest man die Menukarten, Preislisten, Rechnungen aus den Goldenen Zeiten des Hotels (einen Gold-Souvereign kostete damals eine Flasche Bernkastler Riesling – aber die Briten wollten ja keinen anderen Wein), dann muß einen nostalgische Stimmung überkommen. Auch für ein Goldstück bekäme man heute hier keinen Moselwein, keinen Champagner, keinen Wildschweinbraten. Aber noch ist die Bar wohlbestückt und hantiert der Ober im Speisesaal wie der Butler eines Lords. Nur die farbigen Teppiche sind abgetreten, der Glanz verblichen.

Wir fühlen uns trotzdem hier wohler als man sich in einem der steril-ungastlichen Hotelhochhäuser fühlen könnte, die überall ums Mittelmeer und in seinem Hinterland hochschießen. Eines Tages wird auch in Aleppo eine internationale Hotelkette einen solchen sterilen Alptraum hochziehen, gesichts- und geschichtenlos, langweilig anzusehen und ohne daß jemand sich und seine Familie für den Traum eines Grand Hotels so einsetzt wie die schon in der vierten Generation im Hotelgewerbe engagierte Familie Mazloumian.

Eine Vitrine bewahrt das Gästebuch und andere Dokumente, in denen die Geschichte dieses Hauses sich so dokumentiert wie die Geschichte der Stadt, in der es steht, die sich weitgehend gleichfalls nur durch schriftliche Dokumente, nicht durch andere Funde belegen läßt. In den Archiven von Mari und Alalakh ist die Frühzeit Aleppos als Residenzstadt des Königreichs Jamchad bezeugt, das seinen Herrschaftsbereich über ganz Nordsyrien ausdehnte und auch im mittleren und östlichen Zweistromland eine wichtige Rolle spielte. Etwa um 1760 v. Chr. – nach der ›mittleren‹ Chronologie –, als Hammurabi von Babylon Mari am Euphrat zerstörte, war Jamchad die Vormacht in Syrien. Seinem Herrscher gelang es, den exilierten Kronprinzen Zimrilim von Mari auf den väterlichen Thron zurückzuführen.

An der Spitze einer Liga von syrischen Stadtstaaten tritt Haleb seit der Mitte des 17. Jahrhunderts v. Chr. der vordringenden Macht der Hethiter entgegen. Zum erstenmal scheint Jamchad mit den Hethitern zur Zeit Hattuschilis I.

(1650-1620) zusammengestoßen zu sein. Vermutlich mußte sich das Königtum dem Hethiterkaiser unterwerfen. Eine Revolte von Haleb-Jamchad strafte Muršili I. (1620-1590) wie im Vorbeigehen, als er gen Babylon zog, um diese Metropole der Welt zu verheeren. Nachdem der Großkönig einem Attentat zum Opfer gefallen war, kam Haleb unter die Hoheit des hurritischen Hanigalbat – nur vorübergehend, denn 1457 unternahm Thutmosis III. seinen achten syrischen Feldzug und brachte Haleb in seine Gewalt. Amenophis II. aber verlor die Stadt an die – gleichfalls hurritischen – Mitanni, die nun für fast ein Jahrhundert die führende Macht im vorderasiatischen Raum waren. Gegen 1370 fiel dann Aleppo erneut in die Hände der Hethiter. Beim Feldzug Suppiluliumas gegen die Mitanni setzte er einen seiner Söhne als Vizekönig in Haleb ein. Als die Seevölker im östlichen Mittelmeer erschienen, verheerten sie nicht nur die Küsten, sondern veränderten die politische Landkarte grundlegend. Das hethitische Großreich fiel ihnen zum Opfer. Übrig blieben Kleinfürstentümer wie Zindschirli, Karmkemisch, Hamat, Haleb, die – im Spannungsfeld zwischen den beiden Großmächten Assur und Ägypten – beinahe ein halbes Jahrtausend am Leben blieben, wenn sie sich duckten.

Im 9. Jahrhundert unternahm Assurnasirpal (884-859) einen Feldzug, der die syrisch-hethitischen Kleinfürstentümer zu tributpflichtigen Vasallen der Assyrer machte. Während der Auseinandersetzungen Assurs mit dem Reich von Urartu (in der heutigen Osttürkei) konnten sie sich ihren Verpflichtungen wieder entziehen. Nachdem Tiglatpileser III. (745 bis 727) eine Koalition der Urartäer und der hethitischen Kleinkönige geschlagen und zersprengt hatte, band er Haleb – Etappe zum Mittelmeer – eng an seinen Thron (738), bis das Reich der Assyrer unter den Schlägen der Chaldäer und Meder zusammenbrach. Schon lange keine selbständige Macht mehr, teilte Haleb die Geschicke des gesamten vorderasiatisch-syrischen Raumes, sah die Herrschaft der letzten Könige von Babylon und endlich der achämenidischen Perser. Kyros, der den Beinamen der Große führt, trat nicht nur das Erbe der Meder an: 539 unterwarf er Babylon. Sein Sohn Kambyses eroberte Ägypten, und dessen Nachfolger Dareios konstituierte ein Reich, das zum erstenmal eine ganze Welt umfaßte und kulturell das Erbe des gesamten alten Orients zu einem Neuen verschmolz.

Zweihundert Jahre später eroberte Alexanders abenteuerlicher Feldzug den Orient für eine weitere Heirat der Kulturen. Mit ihm begann jene Kulturepoche, die man den Hellenismus nennt: die der Verbreitung – und zugleich Orientalisierung – der griechischen Kultur, die damit zu einer ersten Weltzivilisation wurde.

Alexander starb mit 38 Jahren 328 in Babylon. Im Kampf um sein Erbe rissen ehrgeizige Generale das Reich auseinander. Den Löwenanteil konnte sich der General Seleukos sichern: Ihm fielen nach der Schlacht von Ipsos (301) Syrien, Mesopotamien und die iranischen Provinzen bis zum Indus zu. Und dieser König Seleukos Nikator hat Aleppo als hellenistische Stadt neugegründet. Er nannte sie Beröa.

In einem stetig und bis in unsere Zeit bewohnten Stadtwesen ist es natürlich unmöglich, großflächige Ausgrabungen zu unternehmen. Nur punktuell kommen – meist bei Bauarbeiten – Reste älterer Schichten zutage, Zufallsfunde, die uns keine rechte Vorstellung von der vorarabischen Siedlung vermitteln. Immerhin schlägt der Plan der hellenistischen Anlage noch im Stadtplan von heute durch und gestattet, einige Grundzüge der hellenistischen Stadt zu rekonstruieren. An der Stelle der Großen Moschee darf man die einstige Agora vermuten, an ihrer Südseite entlang lief die ostwestliche Hauptachse, die wir uns als eine 25 Meter breite Säulenstraße denken können, die vom Zitadellenhügel zum Antiochia-Tor der Stadtmauer zog. Den Verlauf einiger Gassen in den westlichen Teilen hinter der arabischen Mauer prägt noch der regelmäßige Raster der einst etwa 48 mal 124 Meter messenden Insulae. Das hellenistische Gesicht trug Aleppo auch in den Jahrhunderten der Zugehörigkeit zum römischen und oströmischen Reich. Erst die Eroberung und Plünderung durch die Truppen des Perserschahs Chosrau I. versetzte 540 n. Chr. der blühenden Stadt einen so schweren Schlag, daß sie sich lange nicht davon erholte – zumal ja auch der jahrzehntelange Krieg zwischen Ostrom und den Sassaniden den Handel zum Erliegen brachte. Kaum hatte

Kaiser Herakleios den Gegner niedergeworfen, da erschienen die Araber. Ihnen ergab sich Aleppo kampflos im Jahre 637. Fortan war es eine Stadt in der Herzprovinz des Omayyadenreiches, aber eine ohne politische Bedeutung und fiel noch weiter zurück, als die Abbasiden ihre Hauptstadt nach Bagdad und Samarra am Tigris verlegten. Erst seit der Mitte des 10. Jahrhunderts (944) genoß sie wieder für kurze Zeit gewisse Bedeutung als Sitz des Saif ed-Daula (944-967), der gegen die Byzantiner kämpfte, ihnen aber weichen mußte. Aleppo wurde von den Byzantinern mehrfach belagert, 969 sogar eingenommen und dem Kaiser tributpflichtig.

Als Fatimiden, Seldschuken, Kreuzfahrer sich um den syrischen Raum stritten, erlebte Aleppo unruhige Geschicke, war diese Stadt, in der die Straßen sich kreuzten, von erheblicher strategischer Bedeutung – vor allem durch ihre gewaltige Zitadelle. Dort ist der rechte Ort, an diese kriegerischen Zeiten zurückzudenken. Sie ist das Wahrzeichen der eigentlich gar nicht kriegerischen, sondern eher den Künsten des Friedens verschriebenen Stadt, und es ist vielleicht voll tieferen Sinnes, daß sie ihre Gestalt gewann zu einer Zeit, als die schwersten Kämpfe schon vorbei waren. Keine alte Abbildung der Stadt, die nicht diesen befestigten Hügel in der Mitte aufragen ließe. Und wenn wir den Stadtplan betrachten, so bildet das Oval des Berges wirklich den Mittelpunkt der ›arabischen‹ Altstadt. Diese aber ist ja inzwischen an den Rand der Millionenstadt von heute gerutscht.

Es wäre ganz sinnvoll, von ihr aus, die einen weiten Rundblick über die Stadt bietet, mit der ›touristischen Eroberung‹ zu beginnen. Aber dem friedlichen Besucher öffnen sich ihre Tore erst um 10 Uhr und vorher kann man schon etwas von der Atmosphäre der Bazargassen, der Souks, erschnuppern und der ehrwürdigsten Gebetsstätte einen ersten Besuch abstatten. Beginnen wir also unseren Rundgang durch Aleppo dort.

Die Große Moschee

Omayyadenmoschee nennt sich die Hauptmoschee des alten Aleppo, und sie ist tatsächlich eine Gründung des Omayyadenkalifen Sulaiman ibn Abd al-Malik, der als ›junger König in grüner Seide‹ nur zwei Jahre lang herrschte, aber diese Zeit nützte, um ein ebenso herrliches Werk zu stiften wie sein Bruder al-Walid in Damaskus. Er dürfte sich den dortigen Bau zum Vorbild genommen haben. Doch vom Omayyadischen ist wenig geblieben. Das sorglich restaurierte *Bethaus*, das wir heute betreten (auf nackten Sohlen selbstverständlich und die Damen unter einem schwarzen Umhang verhüllt), folgt dem omayyadischen nur in der Plangestalt, ist im wesentlichen ein Neubau, den Nur ed-Din Zengi nach einem katastrophalen Brand (1169) errichten ließ, den die Mamlukenzeit im 14. und 15. Jahrhundert so verändert hat, daß er heute das Bild bestimmt.

Nur das *Minarett* – Meisterwerk der mittelalterlichen Architektur Syriens – ist älter, geht schon auf die Seldschukenzeit zurück, wurde unter Malik Schah 1090 begonnen und unter Tutusch fünf Jahre später fertiggestellt. Als Architekt ist ein Meister namens Ibn Mukri überliefert. Über quadratischem Grundriß ragt der viereckige Schaft schlank auf, durch vier Kranzgesimse über umlaufenden Schriftfriesen horizontal gegliedert. Seinen Abschluß bildet über einem dreizonigen Nischenfries die Umgangsgalerie für den Muezzin. Die harmonisch ausgewogene Dekoration wählt teils die Seitenmitten, teils die Schaftkanten als Symmetrieachsen. Das Seitenfeld des ersten Geschosses füllt eine Blendarkade mit zweifach gebrochenem Bogen. In die Zwickel sind Blendbogen so eingefügt, daß sie sich über die Mauerkante hinweg im anschließenden Feld vervollständigen. Das folgende Geschoß ist bis auf ganz flache Eckpilaster ungegliedert. Diese beiden Geschosse, die in ihrer unauffälligen Dekoration eine Einheit zu bilden scheinen, setzt ein Gesims deutlich von den beiden Obergeschossen ab. Sie zeigen kräftigeren und reicheren Dekor: zunächst Doppelarkaden auf Halbsäulen, darüber dieses Motiv um eine halbe Bogenbreite verschoben, so daß sich die Bogen erst wieder über die Ecken hinweg vervollständigen: als kunstvoll geführte Rahmen und Profilleisten.

Mag der *Betsaal* sich mit seinen Wölbungen auf schweren Viereckpfeilern nicht mit der hohen Weite des Moscheesaales von Damaskus messen können, man freut sich doch an dem

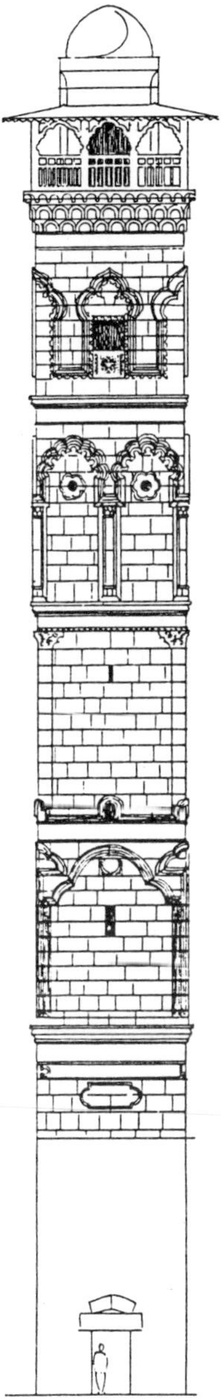

hübschen Holzmimbar des 15. Jahrhunderts, würdigt den Mihrab. Die Gittertür links von ihm verschließt einen mit Fayencen ausgekleideten Raum, in dem angeblich das Haupt des Zacharias, des Vaters des Täufers, aufbewahrt wird. Wieder einmal muß Aleppo der südlichen Rivalin den Vortritt lassen: Das Haupt des Johannes selbst ruht, wie wir uns erinnern, in der Moschee von Damaskus. Statt an Mosaikenglanz, erfreut sich das Auge in dieser Moschee an den wunderschönen schwarzweißen Steinbelägen des Hofes, an der reichen Flechtbandornamentik des Portals.

Wir verlassen den Moscheehof durch das Westtor und finden uns gegenüber der *Medrese Halawiya* (Hallawiya, Halawiye), die nichts anderes ist als ein Rest der frühchristlichen Kathedrale der Stadt. Kaiserin Helena, die Mutter Konstantins, soll sie an der Stelle eines heidnischen Tempels gestiftet haben. Der Bau jedoch, von dem die wunderschönen und prächtig erhaltenen Akanthuskapitelle in dem apsidialen Schulsaal stammen, kann aufgrund dieser Formen erst ins 5. Jahrhundert datiert werden und wird als ein zentraler Tetrakonchos rekonstruiert. Nur ed-Din Zengi hat 1214 diese Kirche wie zwei andere den Christen weggenommen: als Vergeltung für die Schändung islamischer Betstätten durch die Kreuzfahrer. Der Führer, der uns begleitet, weist noch auf den schönen Holzmihrab von 1245 in einem Nebenraum hin.

Wieder auf dem schmalen Platz vor der Moschee, versuchen wir, uns die ursprüngliche Situation vorzustellen. Das

Gebiet, auf dem die Große Moschee steht, war wohl einst das der hellenistischen Agora, die vielleicht einmal 200 x 125 Meter maß. Sie dürfte nicht nur Versammlungsplatz und zentraler Bazar gewesen sein, sondern auch eine kultische Bedeutung gehabt haben. Der Fund einer hethitischen Basaltfigur wie die Kunde, Helena habe ihren Dom an der Stelle eines Tempels errichten lassen, sprechen für diese Annahme. Vermutlich hat schon die Kathedrale des 5. Jahrhunderts – zumindest ihr Vorhof – einen Teil des alten Marktgeländes bedeckt, eines freien Geländes im Zentrum, das sich für die Errichtung einer zentralen Moschee – sie war ja im ursprünglichen Sinne nicht nur Betstätte, sondern auch Versammlungs- und Appellplatz – anbot. Wie in Damaskus kam es wohl auch in Aleppo zu einer ›Teilung‹, indem die Christen das Atrium ihrer Kirche dem Kalifen als Bauplatz abtraten.

Die Moschee bildete in allen islamischen Städten die Mitte. Ihr benachbart – in frühen Zeiten Wand an Wand mit ihr – residierte der militärische Befehlshaber, der zugleich auch Imam, das heißt der Vorbeter der Gemeinde, war. Um sie herum erstreckten sich die Marktgassen, nach Gewerken geordnet, die kostbarere Materialien verarbeitenden mehr im Zentrum, die weniger angesehenen am Rande. Innerhalb dieses Labyrinths findet man die Funduqs oder Hane (Khane), die großen Karawansereien. Es gab ihresgleichen überall in der islamischen Welt. Doch seit der Handel sich andere Wege und Formen gesucht hat, sind sie in den meisten Städten von Fes bis Bagdad, von Kairo bis Isfahan verfallen, umfunktioniert, sind nicht mehr das, was sie einst waren, nämlich bankartige Mittelpunkte des wirtschaftlichen Lebens. Es ist ihnen in Aleppo nicht anders gegangen, doch sind einige der Komplexe noch recht gut und anschaulich erhalten. Sie entstanden zwischen dem 15. und 17. Jahrhundert, als Aleppo zwar politisch ›Provinz‹ war, aber zugleich der größte Markt der Levante, bedeutender als Alexandrien und Istanbul. Die Venezianer richteten schon 1548 hier ein Kontor ein, Frankreich – bis heute *die* europäische Macht im syrischen Raum – seines 1562, England folgte 1583 und Holland 1613. Der Yavuz-Sultan Selim (bei uns als der erste

Aleppo, Eingang zur Omayyadenmoschee

seines Namens gezählt) hatte 1515 die Mamluken Ägyptens geschlagen, ihnen Syrien, das Nilland und die heiligen Stätten Arabiens entrissen. Das Weltreich der Osmanen, das unter Selims Sohn Süleyman seine Glanzzeit erlebte, hatte Grenzen niedergerissen und damit Voraussetzungen

Aleppo, Hof der Omayyadenmoschee

für weiträumigen Handel geschaffen. Den Profit strich Aleppo ein.

Der geräumigste dieser Hane war – südwestlich der Moschee – der *Khan al-Gumruk* (Jumrok), gestiftet von Mehmet Pascha im 16. Jahrhundert, der etwa 80000 Quadratmeter bedeckte, außer den Gastzimmern 344 Ladengeschäfte und eine Moschee beherbergte und dazu die Kontore der ›Franken‹. Sein heutiger Zustand ist enttäuschend. Die Kuppel des einstigen Eingangstrakts ist eingestürzt, der Hof und die ihn umziehenden Arkaden sind verbaut, so daß man Mühe hat, den zugrundeliegenden Plan zu erkennen. Er folgte einem seit alters überlieferten Schema: um einen rechteckigen Hof hinter Arkaden zwei Geschosse mit Lagerräumen und Wohnzellen, von außen nur durch ein einziges reich geschmücktes Portal zu erreichen. Es handelt sich also um eine städtische Nachfolge-Variante der seldschukischen Hane Anatoliens und des Iran.

Der am besten konservierte ist der *Khan al-Wazir* (auch Vezir-Han oder ähnlich benannt) aus dem mittleren 17. Jahrhundert. Die Außenfront seines tonnengewölbten Zugangs wird durch schwarzweiße Steinlagen und ein umlaufendes Bandornament gegliedert. Ein Fenster über der Toröffnung betont die Mittelachse. Rechts und links des Torbogens sind zwei Medaillons mit stilisierten Löwen der einzige figürliche Schmuck. Gegensätzlich ist die Innenfassade gestaltet. Hier sind seitlich der durch ein kleines Rundfenster ausgezeichneten Mittelachse zwei Wandfelder eingetieft mit je einem in Schwarzweiß-Schichten eingeschnittenen Rechteckfenster und darüber einer schießschartenähnlichen Öffnung. Ein Staktitfries bildet den oberen Abschluß.

Die Fassade des *Khan al-Saboun* zeigt über dem Torbogen ein von breiter Flechtbandornamentik gerahmtes Wandfeld, in dessen Mitte ein eingetieftes Fenster sitzt.

Später beim Bummel durch die *Souks* (im ganzen achtzehn Kilometer Marktgassen) werden wir, nachdem wir die touristischen Höhepunkte absolviert haben, immer wieder schauend und schnuppernd spazierengehend Moscheen und Medresen begegnen, die mit ›entstellter Stimme‹ von den Wechselfällen der Geschichte sprechen, auch wenn uns ihre Tore zumeist verschlossen bleiben.

Die Zitadelle

Nur wenige Schritte vom Khan al-Wazir in östlicher Richtung und aus der Straßenenge hinaustretend sehen wir uns einem hohen steilen Hügel gegenüber, der jenseits eines Grabens ansteigt, bekrönt von den Festungsbauten der Zitadelle. Ihr architektonischer Bestand datiert zur Gänze aus moslemischer Zeit, aber zweifellos hat der Burghügel schon seit frühesten Tagen Bedeutung gehabt. Tempelfundamente aus dem 10. Jahrhundert v. Chr. sowie zwei syro-hethitische Basaltsockel in Löwengestalt aus derselben Zeit sprechen für frühe Bebauung. Aus hellenistisch-römischen Tagen sind keine Reste zutage getreten, doch darf man annehmen, daß der Hügel seit dem 3. Jahrhundert die Akropolis der seleukidischen Stadt trug und ein Heiligtum des Hadad. In ihm soll Kaiser Julian der Apostat dem Hadad-Zeus geopfert haben. Der Burgberg selbst war ursprünglich ein etwa 50 Meter hoher Felssporn. Seine regelmäßige Ovalgestalt und das gleichmäßige Hanggefälle von etwa 48 Grad ist nicht Werk der Natur, sondern der Menschenhand. Von dem, was die Byzantiner und die ersten arabischen Eroberer an Festungswerken schufen, hat ein großes Erdbeben 1157 keine Spuren gelassen. Im 10. Jahrhundert war unter Saif ed-Daula die Festung zur Residenz ausgebaut worden, erhielt einen Palast und eine große Moschee, von denen einiges alle Zerstörungen überdauert hat. Unter Nur ed-Din wurde mit dem Neubau der beschädigten Festungswerke begonnen, ihr eigentlicher Bauherr aber war az-Zahir Ghazi, ein Sohn des großen Saladin. Auf diese Zeit gehen die Grundzüge der Anlage zurück, die allerdings 1260 von den Mongolen Hülägüs, des Enkels Dschingiskhans, niedergerissen wurde. Nach 32 Jahren ward sie wieder aufgebaut, als Festung und fürstliche Residenz – und wurde um 1400 wieder eingenommen: diesmal von den Kriegern des Timur Lenk.

Nach deren Abzug haben die Mamluken Ägyptens erneut die Stadt besetzt und sie 1428 durch eine erweiterte Mauer geschützt. Ihr Verlauf rückte die Zitadelle aus ihrer Bastionsfunktion in die Mitte der Stadt. Dadurch verlor die Hügelfestung viel von ihrer militärischen Bedeutung. Unter der Osmanenherrschaft war sie vollends ohne reale Verteidigungsaufgaben, nur eben Sitz der militärischen Gewalt.

Bevor wir uns oben umsehen, nehmen wir uns die Zeit, den *Burghügel* zu umwandern. Eine Straße führt ringsherum, umzieht den Burggraben, jenseits dessen sich der Berg aufsteilt. Seine Hänge zeigen nur noch stellenweise – vor allem im Nordosten – den Panzer aus Steinblöcken, der den Feinden den Aufstieg wie das Anlegen von Minen verwehren sollte.

Gegen den Uhrzeigersinn wandernd, erreichen wir nach kaum 10 Minuten den südlichen Teil unseres kleinen Rundganges, der hier den schönsten Blick auf die Festung oben mit ihren massigen Türmen gewährt. Jenseits der baumflankierten Straße nehmen wir einen alten Hammam wahr (das Nasri-Bad, jetzt wieder in Funktion als Hammam Yalbogha), das Palais de Justice (einst Amtssitz des Gouverneurs) und hinter gleichgültigen Häusern die Medrese as-Sultaniya. Aber dafür hat man jetzt keine Augen mehr, sondern nur

noch für die Festung. Wir nähern uns dem einzigen Zugang: einer siebenbogigen Brücke, die Graben und Gefälle überwindend das Vorfeld mit der vorgeschobenen *Toranlage* verbindet. Auch wenn diese im 16. Jahrhundert aufgestockt wurde, das ursprüngliche Bild also etwas verändert ist: es handelt sich hier nicht nur um den festungstechnisch, sondern auch künstlerisch bedeutendsten Militärbau des islamischen – und vielleicht nicht nur des islamischen – Mittelalters. Der Brückengang, der Graben und Hang überschreitet, verbindet ein Vorwerk mit der breiten, den Hang herabschreitenden Toranlage, die den Zugang mit zwei, mit Schießscharten und Pechnasen versehenen Türmen bedrohte. Das 16. Jahrhundert hat dieser ersten Stufe eine weitere aufgesetzt und mit dem oberen im Mauerkranz sitzenden Torbau zu einem massigen Kubus verbunden, hat aber die bewährten Knicke der zwischen massiven Mauern geführten Gänge nicht abgeschafft. Sechsmal insgesamt biegt der Zugang rechtwinklig ab. In der Enge konnte kein Angreifer daran denken, die schweren Eisentore, die sich ihm entgegenstellten, durch Rammböcke aufzubrechen. Man muß sich nur die Situation von damals vorstellen, was nicht schwerfällt.

Uns freilich hindert nichts und niemand, wenn wir den Eintrittsobolus entrichtet haben, diese Wehranlage zu passieren und weniger an Feinde zu denken, als unser Augenmerk auf die ganz unislamisch-magischen figuralen Schmuck- und Abwehrelemente zu wenden: die verschlungenen Drachenleiber über dem Bogen des ersten, die einen Palmbaum flankierenden Raubkatzen im Tympanon des zweiten Tores und die das dritte flankierenden Löwen. Zwischenstufen, in denen sich vorgeschichtliches Gedanken- und Bildgut bis in den Volksglauben der Gegenwart hinüberrettet. Zwischen den Löwenfiguren des dritten Tores führt ein kreuzgratig gewölbter Gang mit nischenartigen Seitenräumen für die Wachmannschaften von einst hinauf auf die Fläche des Burghügels, die sich nach Norden zu deutlich anhebt. Bald rechts ein unterirdischer Saal, vermutlich eine Zisterne. Die anschließende in den Felsen gehauene Kammer bildete einst das Burgverlies. Die Hauptstraße, die über flache Treppen ansteigt, führt vorbei an der kleinen Abrahamsmoschee (1167), inschriftlich für den Bauherren Nur ed-Din gesichert, aber ohne die ursprüngliche reiche Ausstattung.

Die *Große Moschee* der Burg, 1213/14 von Emir Zahir Ghazi erbaut, schließt an die Nordmauer der Zitadelle an. Ihr Grundriß ist einfach: ein Viereck, das einen quadratischen Innenhof einschließt, mit dem Betsaal (mit Zentralkuppel) an der südlichen, mit Portiken an den drei übrigen Seiten. Ihr hohes Minarett konnte in Notzeiten als Auslugturm dienen. Heute sind in den Portiken Ausgrabungsfunde zur Schau gestellt: Kapitelle, Keramiken, die Kopie eines im Burgbereich gefundenen syro-hethitischen Reliefs mit kämpfenden Genien (Original im Museum). Natürlich wollen wir, bevor wir die übrigen Baulichkeiten der Zitadelle – oder was von ihnen noch vorhanden ist – besehen, uns an dem Blick erfreuen, der über die Dächer der alten Stadt zu Füßen der Burg bis weit über die grauen Viertel der Neustadt reicht, in die einiges Grüne eingesprengselt ist.

Bei weiterer Umschau stoßen wir auf eine von Ibrahim Pascha (dem Sohn Mehemet Alis von Ägypten) 1834 erbaute *Kaserne*, auf einen Brunnen, der schon im 13. Jahrhundert sechzig Meter tief gegraben wurde, um im Fall einer Belagerung das überlebensnotwendige Wasser zu liefern. 225 Stufen führen hinab bis zu seiner Sohle, einen zum Teil in den Felsen hineingetriebenen dreischiffigen Saal, dessen Gewölbe auf vier gewaltigen Pfeilern ruhen. Hier unten befanden sich auch die geräumigen Getreidespeicher. Auf dem Rückweg zum Torbau stoßen wir auf das, was vom *Palast des al-Aziz Mohammed* geblieben ist. Nur dreißig Jahre hat er bestanden: den 1230 errichteten und als Wunder an Schönheit gepriesenen Bau haben 1260 die Mongolen zerstört. Überlebt hat vor allem das Portal, das der monochromen, glatten Fassade einen besonderen Akzent verlieh. Seinem Farbwechsel von schwarzem Basalt und weißlich-gelbem Kalkstein wußte der Architekt eine reiche und zugleich einheitliche Wirkung abzugewinnen. Eine vierzonige Muqarnasnische reicht mit ihrem muscheligen Abschluß in eine – durch die Restauratoren allerdings auf die Hälfte ihrer Höhe reduzierte – Attika mit sternförmig geflochtenen Bändern. Kleinteiliger belebt ähnliches Ornament den Rahmen um die Türöffnung, durch die wir einen mit verschiedenfarbigem Stein ausgelegten

Aleppo, Portal des al-Aziz-Mohammed-Palastes

Vier-Iwan-Hof mit zentralem Brunnenbecken betreten, dessen Iwan-Nischen ihre originalen Wölbungen leider verloren haben. In der südlichen Halle thronte der Herrscher, wenn er Untertanen Audienz gewährte.

Lange nach der Zerstörung des Aziz-Palastes durch die Mongolen hat Qait Bey, der in Kairo residierende Mamlukensultan – Aleppo war damals nur noch eine provinziale Zweit-Residenz – über den eyyubidischen Tortürmen des Zitadellenzugangs einen *neuen Thronsaal* errichten lassen, neunfach überkuppelt, mit einem vorgelagerten offenen Hof und einem durch Steinwechsel und tiefgeschnittene Muqarnasnische betonten Portal. Der weite Saal (26,5 mal 23,5 Meter) ist durch den syrischen Altertümerdienst dankenswerterweise restauriert worden und mit Dekorteilen alter aleppiner Paläste ausgestattet. Es läßt sich nicht leugnen, daß ihm die Patina fehlt und er museal und kalt wirkt. Erwärmender sind die Blicke aus den kleinen vergitterten Fenstern, der nach Westen, dem sich hinter dem schlanken Kubus des Minaretts der Omayyadenmoschee und den Akzenten mamlukischer Minars die Neustadt dunstig hinbreitet, der nach Süden, der zunächst auf Kuppel und Minar einer Moschee fällt, die man eher in der Türkei erwarten würde als in Syrien.

Die **Khosrowiye-Moschee** (Hüsrewiye Camii) ist eine Stiftung des Khosrow oder Hüsrew Pascha, der schon unter Beyazıd I. zwischen 1506 und 1512 mit militärischen und politischen Aufgaben betraut war, unter Selim I., dem Eroberer Syriens und Ägyptens kaltgestellt wurde, aber unter dessen Sohn, dem glanzvollen Süleyman, erneut mit wichtigen Aufgaben betraut war. 1534 wurde er Beylerbey von Damaskus, das heißt Statthalter Syriens, vier Jahre später bekleidete er die gleiche Würde in Rumelien, den europäischen Provinzen. 1541 wurde er als Vezir in den Staatsrat berufen. Nach einem Streit mit dem Großvezir wurde er zugleich mit diesem abgesetzt. Fortan verweigerte er jede Nahrungsaufnahme und hungerte sich zu Tode. Seit 1534 hatte er an dem Persienfeldzug Süleymans teilgenommen, von dem der Sultan erst Anfang 1536 zurückkehrte. Zu diesem Zeitpunkt dürfte der Gouverneur die Erbauung seiner Stiftung – Dankvotiv und zugleich Bekräftigung osmanischer Präsenz – einem Baumeister anvertraut haben, den er während des jüngsten Feldzuges als wackeren Ingenieur kennen- und schätzengelernt hatte: Sinan. Dieser Mann, der später das Gesicht Istanbuls prägen sollte, war damals schon 45 Jahre alt und er, der die Schehzade-Moschee von Istanbul als sein ›Lehrlingswerk‹, die Süleymaniye nur als ›Gesellenarbeit‹ gelten ließ und erst die Selimiye von Edirne als sein Meisterwerk alterslächelnd absegnete, schuf hier seinen ersten Moscheebau, ganz in osmanischer Tradition, und doch schon Keime seiner späteren Schöpfungen enthaltend.

In Damaskus haben wir in der Tekkiye ein Meisterwerk aus Sinans reiferen Jahren sehen können. Wieder einmal steht Aleppo hinter Damaskus zurück – aber in rivalisierender Eintracht haben beide Städte den Zeugnissen der so ungeliebten osmanischen Herrschaft neue Funktionen zugewiesen. In den Bereich der Moschee von Aleppo ist jetzt eine psychiatrische Klinik eingezogen, die nur eine Umschau im Hofe verstattet, nicht einmal den Betsaal der Moschee öffnet. Wie Sinan in diesem seinem Erstlingswerk Moschee (einen Kuppelraum auf quadratischem Grundriß, mit breiter Vorhalle und seitlichen Kuppelräumen, die alter osmanischer Tradition entsprechen) mit Medrese, Hammam und weiteren Nebenbauten auf einem durch Straßenzüge und Besitzrecht begrenzten Areal einander zuordnet, das verrät schon eine sichere Hand. »Das Ganze hat eine etwas massige, breite, in den Nebengebäuden fast gedrückte Eigenart; nur die Vorhalle der Moschee ist befreiter, leichter und emporstrebiger. Sehr sparsamer Schmuck verstärkt den Eindruck des Ernsten, beinahe Abweisenden. Schon in dieser Anlage erweist sich Sinan als ein Architekt, der die Überlieferung der osmanisch-türkischen Baukunst wohl beherrscht, der aber mit den Einzelheiten: Würfel, Kuppel, Säule usw. auch umzugehen weiß, indem er sie zur Steigerung bringt und die einzelnen Baukörper gegeneinander ausspielt, jedem dabei seine Selbständigkeit belassend und sie dennoch zur gemeinsamen Wirkung führend. Sinan wußte, was er wollte und verlor sich nicht in Nebensachen. Seine Sprache ist knapp, aber er versteht es, anzuordnen. Man kann sagen, daß diese Moschee etwas Militärisches an sich habe. Sie ist konstruktiv, stereometrisch; sie nimmt also den ersten Stil des späteren Sultansarchitekten vorweg.« (Egli)

Wenn wir uns nach Osten wenden, finden wir jenseits der Straße – verborgen und nur durch die Portalnische markiert – die **Medrese Sultaniye,** erbaut um 1223, eine Stiftung des Sultans al-Aziz Mohammed zum Gedächtnis an und als Grablege für seinen Vater az-Zahir Ghazi. Um einen quadratischen Hof mit Wasserbecken in der Mitte liegen symmetrisch die beiden Trakte mit den Wohnzellen. Gegenüber dem Portal der oblonge Gebets- und Unterrichtssaal mit Zentralkuppel und einem durch Flechtbandornamentik aus farbigen Marmoreinlagen gezierten Mihrab. Östlich anschließend hütet das Mausoleum die Sarkophage der Sultansfamilie.

Am östlichen Ende der platzartigen Straßenverbreiterung setzt mit schöner Fassade, hoher Portalnische, Mausoleumskuppel und achtseitigem hohem Minar die **Moschee el-Utrush** (al-Outrouch) einen erfreulichen Akzent. In seinem asymmetrischen Reichtum ist dies ein für die Mamlukenzeit sehr charakteristisches Werk. Stifter dieser Grab-Moschee

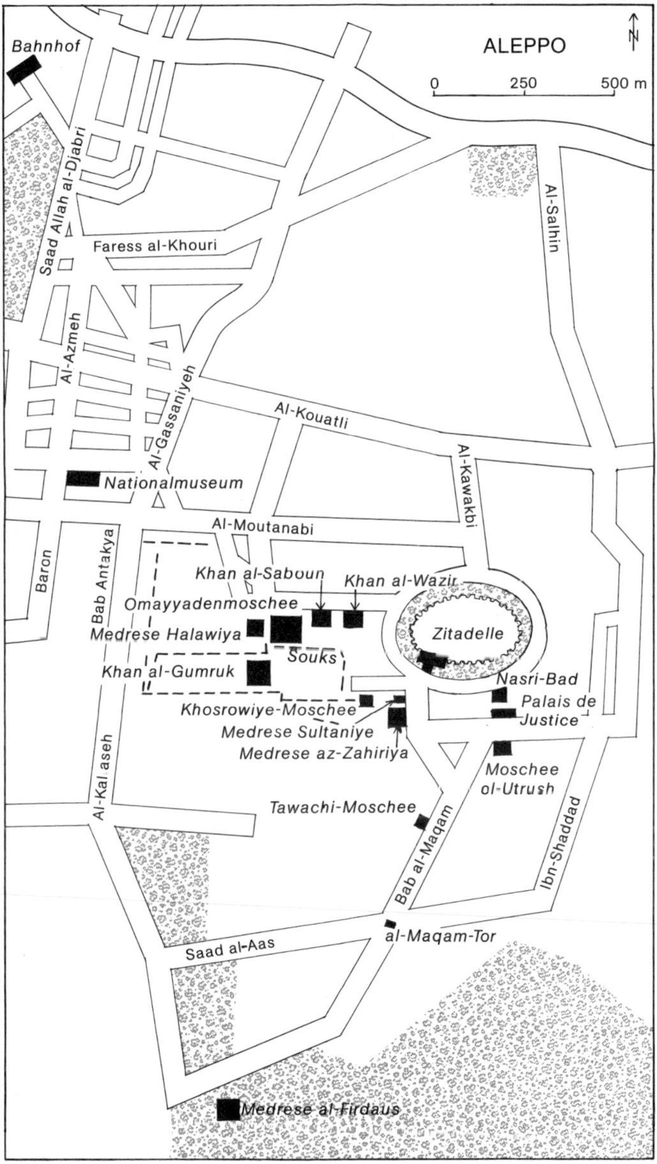
ALEPPO
0
250
500 m
Bahnhof
Saad Allah al-Djabri
Faress al-Khouri
Al-Salhin
Al-Azmeh
Al-Gassaniyeh
Al-Kouatli
Al-Kawakbi
Nationalmuseum
Al-Moutanabi
Baron
Bab Antakya
Khan al-Saboun
Khan al-Wazir
Omayyadenmoschee
Medrese Halawiya
Zitadelle
Souks
Khan al-Gumruk
Nasri-Bad
Palais de Justice
Khosrowiye-Moschee
Medrese Sultaniye
Medrese az-Zahiriya
Moschee ol-Utrush
Al-Kal.aseh
Tawachi-Moschee
Bab al-Maqam
Ibn-Shaddad
al-Maqam-Tor
Saad al-Aas
Medrese al-Firdaus

war der mamlukische Emir Ak Bogha el-Utrush, der bald nach der Heimsuchung Aleppos durch die Horden Timurs als ägyptischer Gouverneur Nordsyriens verstarb. Vollendet hat den Bau erst sein Nachfolger, Emir Demidasch. Selbst wenn wir den Zugang verschlossen finden sollten: die Fassade mit ihrem dekorativen Reichtum und ihrer dezenten Polychromie lohnt das Anschauen. Wir haben Mamlukenbauten bereits in Damaskus kennengelernt. Hier in Aleppo

Aleppo, Die Medrese al-Firdaus, Grundriß

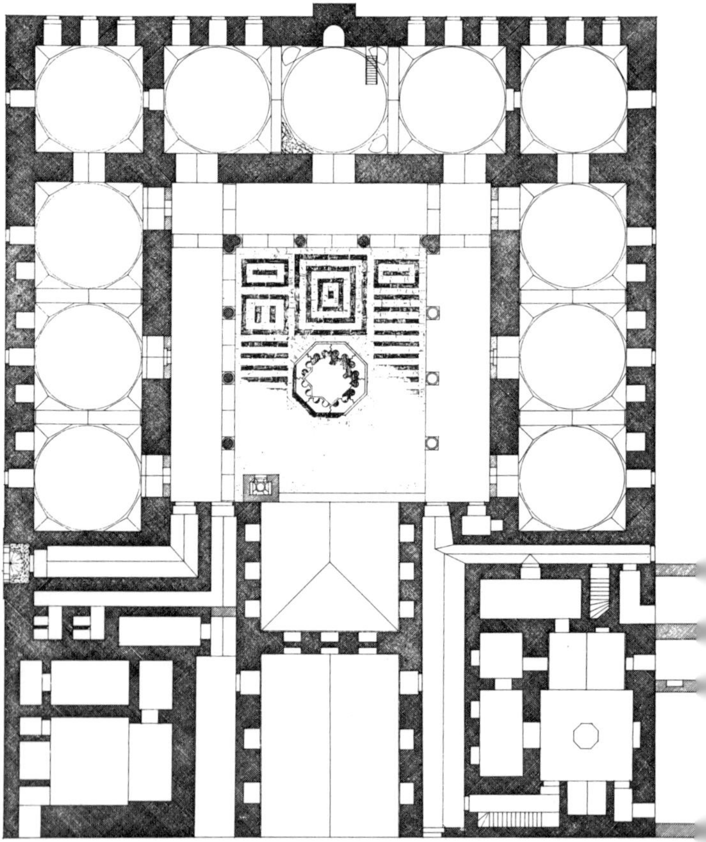

ist uns der Vergleich mit der unmittelbar voraufgehenden Eyyubidenzeit möglich. Diese ist sparsamer in Einzelheiten, komponiert strenger, sucht repräsentative Symmetrie. Ihr wohl schönstes Denkmal in Aleppo werden wir binnen kurzem kennenlernen: die Medrese al-Firdaus (Madrasat al-Firdows).

Sie liegt im Friedhofsgelände draußen südlich der Altstadt, und wer mit eigenem Wagen unterwegs ist, wird den Weg fußschonend auf Rädern zurücklegen, aber viel ist damit nicht zu gewinnen. Wir wollen den Weg unter die Sohlen nehmen. Zwei Straßen führen zum **al-Maqam-Tor,** dem Südtor der Altstadt: eine direkt an der Utrush-Moschee nach Süden durch die nach dem Tor benannte Straße (auf halbem Weg rechter Hand wollen wir wenigstens die Fassade der Tawachi-Moschee beschauen), die andere – ein kleiner Umweg – zunächst gen Osten zur Moschee des Altoun Bogha und von dort in südlicher Richtung der ibn-Shaddad-Straße folgend an den Resten der mittelalterlichen Stadtmauer entlang. Außerhalb des Südtores – es ist nur noch ein Bruchstück seiner einstigen Größe – ist es wie erwartet vorstadt-staubig. Dunkelhaarige Bettelkinder erweisen sich für ein Bakschisch als freundliche Helfer auf den rechten Weg. Wir wollen auf den kurzen Abstecher zu der am nördlichsten Rand des großen Gräberfeldes gelegenen Medrese az-Zahiriya wie auf manch andere Umwege verzichten, damit wir unsere Kräfte schonen. Wenn wir endlich die **al-Firdaus-,** also die Paradies-Medrese, erreichen, wollen wir noch aufnahmefähig sein für die wohligen Proportionen, den gebändigten Reichtum großer Formen, den ›staufischen‹ Adel dieses Bauwerks, das sich nach außen hin gar nicht aufspielt. Wir wissen um die Tatsache, daß das, was hier blieb, nur ein schönes Fragment ist, aber doch das Herzstück eines einst wohl ausgedehnteren Komplexes. Gestiftet hatte den Bau eine Frau, Dayfa Hatun, die Witwe des Eyyubiden al-Malik az-Zahir Ghazi und Mutter des al-Malik al-Aziz Mohammed, während sie für diesen die Regentschaft führte.

Die Doppelelle (etwa 87 Zentimeter) ist der Modulor für die klaren Proportionen. 100 mal 125 einfache Ellen umgrenzen die Außenmauer, 50 mal 50 Ellen mißt der Hof,

Aleppo, Mihrab der Medrese al-Firdaus

den Säulenportiken umziehen: antike Monolithe mit fein überarbeiteten Kapitellen. Die an der Ost- wie an der Westseite hinter dem Bogengang gelegenen Räume sind durch drei Kuppeln überdeckt, während der nach Süden, also in die Mekka-Richtung, weisende Gebetssaal – von Anräumen flankiert – in ganz überwältigend selbstverständlicher Art alles Interesse auf sich vereint. Nur der basaltschwarz-kalksteinhelle Bodenbelag des Hofes, dessen Mitte ein kleeblattförmiges Becken ziert, kann sich daneben behaupten. Dem

Betraum verleihen die großformigen Stalaktiten in den Kuppelpendentifs einen besonderen Akzent. Noch faszinierender ist der Mihrab, »eine technisch wie motivisch überaus phantastische Schöpfung«. Eingestellte Säulen flankieren die Nische, die ebenso wie ihr kühn ornamentierter Rahmen mit mehrfarbigem Marmor verkleidet ist. Das Werk trägt eine Inschrift, von der bislang nur die Datierung 1236/37 entziffert werden konnte.

Selbstverständlich haben wir mit diesem Spaziergang Aleppo noch lange nicht erschöpft. Es war eine erste Tour für Eilige. Wer sich für die Stadt mehr Zeit gönnt, wird beim immer wieder fesselnden Streifen durch die Gassen und Souks auf noch viele andere besehenswerte Bauwerke stoßen. Wir aber wollen uns keinen weiteren Rundgang vornehmen und dadurch die freie Bewegung hemmen zugunsten eines abzuspulenden ›Programms‹, das nur die Freude am eigenen Entdecken nimmt, jene Freude, die man bei jedem Spaziergang in den Gassen der Altstadt kosten kann, wenn man nicht nur auf schöne und interessante Bauwerke trifft, sondern auf hübsche Läden, malerische Winkel, lebendige Handwerksbetriebe.

Umschau im Museum

Das Nationalmuseum von Aleppo rangiert in seiner Bedeutung gleich hinter dem von Damaskus. Der moderne Vierflügelbau um einen Innenhof hat sich die Kopien der Portalfiguren des Westpalastes von Tell Halaf als Türhüter vorgeblendet: auf schwarzen Löwen stehende schwarze Dämonen mit schreckhaft weißblitzenden eingelegten Augen. Der Rundgang führt – wie es in islamischen Ländern die Regel ist – gegen den Uhrzeigersinn an Vitrinen mit steinzeitlichen Faustkeilen, Schabern, Messern, Pfeilspitzen und Werkzeugen vorbei zu den frühesten Zeugnissen seßhafter Zivilisation im ersten Saal. Er präsentiert Funde, die im heute syrischen Teil des Zweistromlandes gemacht wurden: solche aus Tell Braq am Jarh Jarh und aus Tell Chagar Bazar im Nordosten des syrischen Staatsgebietes, halbwegs zwischen Hassetsche (Hasake) und der türkischen Grenze bei Qamichliye und Nusaybin gelegen. Besonderes Interesse erregen die

Funde aus dem ›Augentempel‹ von **Tell Braq,** einem etwa 30 mal 25 Meter messenden Bau, dessen Mauern bei der Auffindung noch fast drei Meter hoch erhalten waren. Seinen Namen bekam er von den seltsamen Augenidolen, von denen in einer der Vitrinen eine Auswahl zu sehen ist. Außerdem finden wir hier Votivtierchen aus Ton und Alabaster, Perlen, Amulette, Terrakottafigürchen, die mit ihren ausgeprägten Gesäßpartien und üppigen Brüsten die mütterliche Erdgottheit darstellen. Sie sind älter als die Augenidole, stammen aus dem 5. Jahrtausend und gehören der Tell-Halaf-Kultur an, die sich im nördlichen Irak, der südöstlichen Türkei und der syrischen Küstenregion nachweisen läßt. Neben der Keramik aus diesem Kulturkreis findet sich solche aus der Ubaid-Kultur, benannt nach dem Tell el-Obeid (Ubaid) in der Nähe von Ur im südlichen Zweistromland. Dem 2. Jahrtausend bereits gehören die Tonwaren an, die in **Tell Chagar Bazar** (Al-Khabur) gefunden wurden. Die Verwendung von kupfernen Waffen und Geräten neben den steinernen signalisiert die in der 2. Hälfte des 4. Jahrtausends aufkommende Verwendung von Metall, die sich im 3. Jahrtausend durchsetzte. Traurig zu sehen, daß es ausgerechnet Waffen waren, die man zuerst aus dem neuen Material anfertigte. Eine Wandvitrine (Nr. 5) präsentiert eine Kollektion von Stempel- und Rollsiegeln. Der ältere Typus dürfte das flache Stempelsiegel gewesen sein, versehen mit einer figürlichen Darstellung. Erst mit dem Aufkommen der Schrift setzte sich für lange Zeit das Rollsiegel durch, bis im frühen 1. Jahrtausend wieder mehr das Stempelsiegel in Mode kam. Die Schrift ist's ja, die für uns den Übergang von der Vor- zur Frühgeschichte oder pauschaler gesagt zur Geschichte überhaupt markiert. Und so finden wir hier neben Schmuck (Halsketten aus Ton- und Steinperlen) auch frühe Beispiele sumerischer Keilschrift auf Tontäfelchen. Die in Tell Brak entdeckten werden in das frühe 2. Jahrtausend datiert. Eines der ältesten wurde in **Mari** gefunden, dem heutigen Tell Hariri.

Dieser Stätte ist der zweite Saal gewidmet. Wir werden sie auf unserer Umschaufahrt noch besuchen, auch wenn wir uns dort keine imposanten Fotoruinen versprechen dürfen.

Wer nicht bis dorthin vorzudringen beabsichtigt, wo der Euphrat das syrische Staatsgebiet verläßt, der kann sich hier recht gut über die zivilisatorischen und künstlerischen Hervorbringungen dieser Stadt ins Bild setzen (besser fast als an Ort und Stelle), aber er findet im Museum – anders als er es von daheim gewohnt ist – keinen mit didaktischen Plänen und Zeittabellen versehenen Führungstext an der Wand. Im Rahmen einer kurzen Führung durch das Museum ist es untunlich, an dieser Stelle einen Exkurs über Mari einzubauen. Der Leser sei auf die später vor Ort dargestellten Fakten (S. 247) verwiesen.

Mari wurde durch puren Zufall wiederentdeckt. Beduinen, die im August 1933 ein Grab für einen der Ihren ausheben wollten, stießen nach wenigen Spatenstichen auf einen Kalksteinblock, die kopflose Statue des Gottes Schamasch, wie sich später herausstellte. Ein weiterer Zufall brachte den Fund zur Kenntnis der Mandatsbehörden, und nun begann Prof. Parrot im Auftrag des Louvre mit Forschungs- und Grabungsarbeiten, die zu fabelhaften Entdeckungen führten. Ein Teil der Funde wurde nach Paris verbracht, manches kam nach Damaskus, den Großteil hortet das Museum hier – und was es dem Besucher zeigt, weist auf die ›weltweiten‹ Verbindungen dieses nördlichsten Außenpostens der sumerischen Kultur hin. Unter den steinernen Gefäßen, den Fragmenten aus Alabaster und Speckstein aus dem 3. Jahrtausend, findet man zwei einst mit Mosaik gezierte Vasen. Sie gelten als Importe aus Elam. In der gleichen Vitrine sind Fragmente von Statuen aus verschiedenem farbigen Material ausgebreitet. Aus dunkel-graugrünem Stein wurden die lockigen Strähnen der Perücken und Bärte für Standbilder ziseliert, aus Perlmutt und Lapislazuli die Augen, aus wachsbleichem Kalkstein die Füße. Viel fesselnder als diese Zeugen einer vielfarbigen Großplastik (die Teile wurden wohl auf einen Holzkern aufgenagelt wie später noch bei den Goldelfenbeinbildern der Griechen) sind die frühdynastischen sitzenden und stehenden *Beter im Zottenrock* mit weit offenen Augen, die mit gefalteten Händen als Ebenbild des Stifters seine ewige Anbetung im Tempel der Ischtar bekunden, von dem man heute an Ort und Stelle nicht mehr viel sieht.

Manche dieser Menschen von einstmals, die im Abbild so demütig und großäugig das Numinose zu schauen scheinen, sind uns dem Namen nach bekannt: Er steht ihnen auf dem Schulterblatt eingeritzt. In Damaskus haben wir schon die Bekanntschaft des Königs Ilku-Schamagan, des ›ältesten der Feldvermesser‹ gemacht, in Paris die des Tempelintendanten Ebih-Il. Sie alle saßen einst im Ischtartempel. Ihr dauerhaftes Bild blieb über die Jahrtausende – von ihrem Leben wissen wir nichts. Aber zweifellos haben sie Lust und Leid des Menschseins so ausbaden müssen wie wir Heutigen auch, die Priesterinnen mit einem hohen Wollzylinder über den breitstarrenden Locken unterm zottigen Umhang, das – jetzt kopflose – Paar, das sich so liebend verschränkt.

Siegelzylinder – darunter eines der frühesten Stücke dieser Gattung – sind aufschlußreich und bieten uns eine Bilderwelt, in die man sich doch lieber in bequemen Sesseln sitzend anhand von Foto-Abbildungen versenken möchte. Schon am Ende des 3. Jahrtausends hat man ›rationalisiert‹. Seit damals wurden Opfergaben als Ersatz für wirkliches Fleisch und Blut und Bilder der Gottheit als Massenware hergestellt: aus Modeln gepreßt, von denen einige gefunden wurden. Ein kurzer Hinweis auf die Vitrine mit scheibengedrehter Keramik verschiedener Perioden, auf die bronzenen Gerätschaften des Ischtartempels sei verstattet. Sie stammen aus dem 3. Jahrtausend, sind etwa zeitgleich mit den Funden aus den Königsgräbern von ›Ur in Chaldäa‹. Wie Geschwister der dort gefundenen Mosaikstandarte (London, British Museum) muten die aus Perlmutt und bunten Steinen zusammengefügten *Mosaikbänder* an. Sie zeigen – sehr restauriert – Sieges- und Kultszenen. Priesterinnen mit hohem Hut, eingehüllt in den Zottenumhang, wie sie einer undeutbaren Mittelgruppe Speise zutragen. »Zuoberst sehen wir eine Prozession von Priestern, ausgerichtet auf ein Opfergefäß mit einem hohen Standfuß. Einige von ihnen tragen kleine Gefäße, Becher, Schalen und eine Libationskanne (ein Spendegefäß mit Tüllenausguß). Alle diese Tonwaren kennen wir auch durch Originalfunde. Die übrigen Priester haben ihre Hände im üblichen Gebetsgestus über der Brust ineinandergelegt. Im mittleren Fries erkennen wir Frauen, die in ihren vorgestreckten Armen wohl ursprünglich ebensolche Gegenstände trugen. Eine von ihnen hält ein Ständergefäß, das dem des oberen Frieses gleicht. Unklar bleibt nur die fragmentarische Mittelszene: zuhinterst ist eine Bank auf Tierfüßen gezeigt. Zwei Frauen scheinen damit beschäftigt zu sein, eine auf ihr liegende zottelige Felldecke zu ordnen. In der vordersten Bildebene, jedoch teilweise durch die Füße der Frauen verdeckt, befinden sich die Unterteile dreier hoher Standarten- oder Gefäßständer. Auch der unterste Fries schließt sich in seinem rechten Teil thematisch an: außer einer Gabenbringerin sind Gegenstände, unter anderem ein langer Schal, eingefügt, die in Prozession herbeigetragen werden. In der linken unteren Ecke sehen wir eine Gruppe von ursprünglich zwei Frauenpaaren, jeweils einer Stehenden und einer auf einem Hocker Sitzenden, deren Tätigkeit im Gegensatz zu den übrigen Figuren im häuslichen Bereich sich abspielt: sie spinnen Wolle. Die Männer tragen einen langen, unten in einer Zottenreihe auslaufenden Rock, der mit einem Wulst in der Taille gehalten wird, wobei die vertikale Stoffkante als Zipfel hervortritt, die Frauen ein schulterlanges Gewand, ebenfalls mit Zottenabschluß. Über die Schulter ist ein Schal gelegt. Diesen Trachten werden wir auch in der Rundplastik von Mari begegnen. Auch die Frisur und die Kopfbedeckungen kehren dort wieder: kahlköpfig tritt uns der Beter aus der Zeit des Königs Iku(n)-Schamagan gegenüber, mit dem hohen Polos zwei Frauenstatuetten. Andere Frauen haben ihr Haar mit einem Tuch turbanartig zusammengebunden.« (K. Kohlmeyer)

Die meisten dieser Funde stammen aus der frühdynastischen Zeit, das heißt aus dem Zeitraum zwischen 2000 und 1000 v. Chr.

Auch im frühen 2. Jahrtausend – also als in Ur die III. Dynastie herrschte – war Mari auf der Höhe der Zeit. In den Tagen des Hammurabi von Babylon und des Schamsi-Adad von Assur ließ sich Zimri-Lim von Mari den Palast errichten, der den Zeitgenossen als ein Weltwunder galt. Aus seinen Archivkellern kamen Tausende von *Tontafeln* ans Licht, die dem geduldigen Entzifferer ermöglichen, die Frühzeit zu enträtseln. Auch *Wandmalereien* wurden in Teilstücken in

Mari geborgen und von den Restauratoren mühselig zusammengepuzzelt. Die bedeutendsten Anteile bewahrt der Louvre, aber auch hier in Aleppo sehen wir Fragmente, die uns eine Vorstellung vermitteln, die aber keinen Aufschluß geben über die dargestellten Riten und Zeremonien. Aus jenen Zeiten ›nach der Sintflut‹, da sich das Profane noch nicht vom Sakralen geschieden hatte, stammen die Backformen für Gebildbrote mit Tierfiguren und sakralen Szenen. Man erinnert sich: Derartiges war bei uns daheim ja noch im vergangenen Jahrhundert lebendig.

Die ausgestellten *Keilschrifttäfelchen* aus dem 20000 Stücke umfassenden Archiv des Palastes sind für uns Laien unlesbare Zeugnisse der Diplomatie von dazumal. Sie vermögen die Neugier zu wecken, aber was uns schnelle Besucher weniger müde macht, das sind die Großplastiken: die geköpfte Statue des Schamasch, die den Anlaß bot zur Erforschung der Stätte, das Dioritbild des Ishtup-Ilun, das im Thronraum des Zimri-Lim-Palastes gefunden wurde, der kupferne Löwe, der zusammen mit einem Gegenstück einst den Zugang des Dagan-Tempels von Mari gegen böse Mächte hütete. Hier im Glaskasten wirkt er viel zahmer als sein Bruder, der mich – wie lang ist's schon her? – so erschreckend anzufauchen schien, daß über alle Schulbuchweisheiten hinaus Mari zu einem Ort wurde, den ich sehen ›mußte‹.

Hier im Museum scheint er dem Ungeweihten den Weg zu verwehren zur *Göttin von Mari*, die zwischen 2040 und 1870 v. Chr. entstanden sein dürfte. Diese nur 142 cm hohe Vollplastik – zugleich die Venus von Milo und die Gioconda des aleppiner Museums – zählt zu den ganz großen Meisterwerken der altsyrischen Zeit. Gefunden wurde sie – zerschlagen – teils im Hof des Palastes, zu anderen Teilen in einem seiner Nebenräume, so daß die ursprüngliche Aufstellung unklar bleiben muß. »Zwei Hörner an ihrem Kopftuch weisen sie als Göttin aus. Ihr Haar, dessen Scheitel sich durch das Tuch abzeichnet, fällt in vollen gedrehten Schöpfen auf die Schultern; ihr Schmuck ist reich: in den Ohren trägt sie zahlreiche Ringe, jeweils drei Ringe zieren ihre Handgelenke und um den Hals ist eine sechsreihige Kette gelegt, die von einem den Rücken lang herabfallenden Gegengewicht gehalten wird. Die Kleidung der Göttin ist in ihren Einzelheiten schwer zu erklären. Die mehrfache Stufung durch Einschnürungen zeigt Ähnlichkeiten zum ›Falbelgewand‹, bei dem Volants in Reihen übereinander geordnet sind. Möglicherweise wird ein solches von einem feinen Übergewand bedeckt. Dieses fällt in leicht gewellten Bändern, die unten eingerollt und von eingeritzten Fischen verziert sind. Oberhalb der breiten Umgürtung überkreuzen sich zwei weitere Bänder. Die Ärmel eines Untergewandes sind mit Languettenborten besetzt. Gipsreste in den Augenhöhlen stammen von der Befestigung der Einlagen. Ein Kanal führt durch die Statue von unten in die mit den Händen umfaßte Flasche, so daß einst tatsächlich Wasser aus der Figur hervorsprudeln konnte.« (K. Kohlmeyer)

In Hama konnten wir keinen Anknüpfungspunkt zum Abstieg in die Brunnentiefe der Vergangenheit finden, hier im Museumssaal, der das zeigt, was die dänischen Ausgräber nicht in die Ny-Carlsberg-Glyptothek von Kopenhagen überführten, leiten Ton- und Bronzestatuetten zurück ins 2. Jahrtausend, sehen wir Specksteinsiegel und Siegelabdrücke. Sie reden – in vielleicht etwas provinzieller Sprache – vom zivilisierten Leben an jener Stätte seit dem 3. Jahrtausend und einer erneuten Blüte im 10./9. Jahrhundert v. Chr., bevor Sargon II. den Ort leermorden ließ und dem Boden gleichzumachen befahl.

Der nächste Saal ist den beträchtlichen Funden aus **Ras Schamra-Ugarit** gewidmet. Die Stätte haben wir erst vor ein paar Tagen besucht, haben dabei das zur Kenntnis genommen, was sich über ihre Vergangenheit pauschal sagen läßt. Die Lesefrüchte blieben ohne Anschauung. Eine solche vermittelt die Auswahl in den Schaukästen hier: Becher aus Edelmetall (ein Bronzekelch ist die Kopie des im Louvre bewahrten Originals), Waffen, Bronzestatuetten, die zum Teil durchaus ägyptischem Kanon folgen, aber Keilinschriften tragen wie Sinnbilder für die Kulturüberschneidung. Als ein solches steht in der Mitte der ersten Vitrine die silberne Statuette eines Königs mit vergoldetem Lendenschurz und goldenem Halsschmuck. Der Hammer in seiner Rechten legt nahe, in ihm ein Abbild des Wettergottes Hadad zu sehen.

Wie so oft muß man auch hier ein großes Fragezeichen setzen. Die Figur wurde zusammen mit einem weiblichen Gegenstück im Bauch eines großen Tonkruges gefunden. In der nächsten Vitrine bekunden tiergestaltige Gewichte aus Stein oder Bronze, daß es damals schon ein Maß- und Gewichtssystem gegeben hat. Es war unerläßlich in einer Hafenstadt, die Schiffe aus Kreta, Ägypten, Zypern und Anatolien anliefen. Schmuckstücke aus Bronze und Gold zeugen vom Reichtum, den der Handel der Stadt gebracht hat. Vitrine 3 birgt Tontäfelchen mit akkadischer und ugaritischer Beschriftung, Tongeräte und Terrakottafigürchen, die, wenn sie nicht in Ägypten oder im mykenischen Bereich hergestellt wurden, deutlich dortige Vorbilder verraten. Sicher Import aus dem Ägypten des 13. Jhs. sind die Alabastergefäße, die in Hieroglyphenschrift den Namen Ramses II. tragen. Im nächsten Schaukasten erinnern erneut ägyptische Skarabäen und mesopotamische Rollsiegel sowie Elfenbeinarbeiten, die ägäische Züge tragen, an die weltweiten Verbindungen dieser Handelsmetropole an der ›phönikischen‹ Küste. Wie Symbole für ihre Bindungen stehen die Statuen der syrischen Göttin Anat und der ägyptischen Mut frei im Raum.

An einer Vitrine mit bronzenen Gerätschaften vorbei betreten wir den südlichsten Raum des Ostflügels. Er ist den Funden aus **Tell Halaf** gewidmet. Von dem, was an dieser Stätte bereits im 5. Jahrtausend entstand, haben wir einige Proben bereits im Tell-Braq-Saal sehen können. Was uns hier erwartet, stammt aus einer späteren Zeit. Tell Halaf liegt im oberen Mesopotamien, im Quellgebiet des Khabur. Da die meisten Reisenden den Abstecher dorthin unterlassen – mit Recht, denn es gibt vor Ort so gut wie nichts mehr zu sehen – müssen wir (ungern) den Rundgang im Museum unterbrechen, um uns hier über die Stätte ins Bild zu setzen. Wo im 6. oder 5. Jahrtausend schon eine Ansiedlung bestanden hatte, deren Bewohner die schönen, von den Archäologen *Tell-Halaf-Ware* genannten Gefäße schufen, entstand am Anfang des 1. Jahrtausends v. Chr. die Hauptstadt des aramäischen Staates Bir Bachiani. Ihr Name war damals Guzana. Die Assyrer eroberten im 8. Jahrhundert v. Chr. den Aramäerstaat, ließen seinen letzten Herrscher Todesqualen erlei-

Goldschale aus Ras Schamra (Ugarit), 14. Jahrhundert v. Chr.
Aleppo, Nationalmuseum

den und machten Guzana zum Sitz eines ihrer Statthalter, bis ihr Reich den verbündeten Neubabyloniern und Medern zum Opfer fiel.

Ein paar Fürstennamen von Guzana sind überliefert: der des Chadianu und der seines Sohnes Kapara, der den ›Westpalast‹ erbauen ließ. Schattenhafte Gestalten. Der Name, der mit Guzana-Tell Halaf für alle Zukunft verbunden bleibt, ist der des preußisch-deutschen Diplomaten Max Freiherr von Oppenheim. Von Haus aus mit auskömmlichen Mitteln versehen, hatte er sich schon von früh an für die Archäologie des alten Orients interessiert. Der Eintritt in den diplomatischen Dienst sollte ihm nur die Möglichkeit eröffnen, sich im Nahen Osten forschend umzuschauen. Auf einer seiner Reisen kam ihm das Gerücht zu, am Ruinenhügel von Tell Halaf seien merkwürdige Skulpturen gefunden worden. Im Jahr 1899 eilte er dorthin, unternahm Versuchsgrabungen, erkannte scharfsichtig die Bedeutung der Stätte und widmete sich fortan nur noch der Erforschung von Tell Halaf, wo er von 1911 an und nach dem Ersten Weltkrieg wieder zwischen 1927 und 1929 arbeitete. Zwei Jahre später erschien in Leipzig sein großer Forschungsbericht. »Seine Forschungen finanzierte er aus eigenem Vermögen, und er sorgte dann auch noch für eine angemessene Unterbringung und Ausstellung der Funde in seinem Tall Halaf-Museum in der Berliner Franklinstraße 6. Eine größere Kollektion übergab er der Vorderasiatischen Abteilung der Berliner Museen, einige Reliefs schenkte er dem Louvre. Als im Zweiten Weltkrieg Bomben das Tall Halaf-Museum trafen, wurden viele wertvolle Objekte zerstört. Erhalten blieben aber die an anderen Stellen aufbewahrten Sammlungsstücke, darunter auch diejenigen im National Museum zu Aleppo.« (Eva Strommenger)

Die Berliner Zerstörung hat Nachbildungen in den Rang von Originalen aufsteigen lassen, wie die Kopien der Portalfiguren des Westpalastes, an denen wir vorbeigingen, als wir das Museum betraten. Die dessen Hauptraum vorgelagerte Halle öffnete sich mit einem Portal, das von zwei *Sphinxreliefs* flankiert war. »Den Türsturz trugen drei figürlich ausgestaltete Pfeiler: Links stand ein Gott auf einem Stier und rechts eine Göttin auf einem Löwen. Aus der Inschrift auf dieser Göttin erfahren wir Näheres über das Bauwerk: ›Palast des Kapara, Sohn des Chadianu. Was mein Vater und mein Großvater, die Götter geworden (d.h. gestorben) sind, nicht gemacht haben, habe ich gemacht. Wer meinen Namen auslöscht und seinen Namen hinsetzt, sieben seiner Söhne soll man vor dem Wettergott verbrennen, sieben seiner Töchter soll man zu Huren der Ischtar machen. Abdiilu, der Meister, hat dies geschrieben.‹ – Beiderseits des Eingangs schließen an die Fassade Sockelplatten an. Ihre Reliefs unterscheiden sich merklich von denen der kleineren Platten, die dem Sockel an den anderen Außenwänden vorgeblendet waren. Diese tragen kürzere Inschriften des Kapara mit den Bemerkungen ›Palast‹ oder ›Tempel des Wettergottes‹. Sie sind verschiedentlich über eine ausradierte ältere Beschriftung gemeißelt. Offensichtlich hatte Kapara diese kleineren Platten älteren Bauwerken entnommen und sie sich dann durch Anbringen seines eigenen Namens angeeignet. Seine oben zitierte Inschrift, die sein Werk vor der Zerstörung durch Nachfahren bewahren soll, klingt vor dem Hintergrund dieser Handlung recht befremdlich.« (Eva Strommenger)

Die Figuren sind weitgehend nur in Umrissen aus dem Stein gemeißelt, eine plastische Modellierung gibt es kaum. Einzelheiten werden durch Einkerbungen dargestellt. Die Köpfe der menschlichen Figuren sind übergroß geraten und die Füße in einer merkwürdigen Art von Aufsicht dargestellt. Schon beim Bekanntwerden der Reliefs fiel ihre erstaunliche Primitivität auf. Hertzfeld hielt eine Datierung in die Zeit um 3000 v. Chr. für wahrscheinlich, Oppenheim dachte gar an das 6. Jahrtausend. Die Forscher von heute halten den Ursprung in der 1. Hälfte des 9. Jahrhunderts v. Chr. für sicher, und die Grobschlächtigkeit der Arbeit wird damit erklärt, daß einfach dem damaligen Herren von Guzana keine geübten Steinmetzen zur Verfügung standen. Jüngere Werke aus der Zeit des Fürsten Kapara zeigen, daß die Bildhauerkunst der Stadt inzwischen gewisse Fortschritte gemacht hatte.

Es war schon die Rede davon, daß der Großteil der Tell Halaf-Funde in Berlin zugrunde ging und Repliken an die Stelle der Originale treten müssen. So finden wir im Tell Halaf-Saal unseres Museums neben echten Stücken auch viele Kopien. Von den beiden Riesenfiguren, die uns großäugig beeindrucken, ist nur eine original. Zusammen mit einer dritten Figur bildeten sie den Zugang zum Palasttempel. Deutlich unterscheiden sich die Reliefs der Kapara-Zeit von den älteren, für den Westpalast und den Tempel des Wettergottes adaptierten. Auch unter diesen Platten sind nur einige original. Da sie aus dem Zusammenhang gerissen wurden, bleibt der Sinn der Darstellung, das ›theologische Programm‹, weitgehend rätselhaft. Vielleicht darf man in diesen nun oft ins Leere gehenden Kampfszenen die uralte Auseinandersetzung zwischen den Mächten des Guten und denen des dämonisch Bösen gestaltet sehen. Nur vermuten läßt sich auch, daß der riesige *Skorpionmensch* (eigentlich ein Sphinx mit Vogelleib, Menschenkopf und Skorpionschwanz), der einem der Tore den Namen gab, eben dieses gegen das Eindringen feindlicher Geister schützen sollte, wie die Lamassus, die menschenköpfigen Flügelstiere, welche die Portale assyrischer Paläste flankieren.

Sein bannender Blick wehrt uns nicht den Zutritt zum Saal, der den Funden aus **Arslantasch** und **Tell Hajjib** gewidmet ist. Eine französische Expedition unter Prof. Thureau-Dangin hat 1928 in Zusammenarbeit mit der Antikenverwaltung von Aleppo diese beiden Stätten ergraben. Sie liegen in der nördlichen syrischen Djezira. Arslantasch (›Löwenstein‹), das einst Chadatu/Hadatu hieß, liegt etwa dreißig Kilometer östlich der Stelle, wo der Euphrat auf syrisches Gebiet herüberwechselt, nur sechs Kilometer von der türkischen Grenze entfernt. Und Tell Hajjib liegt nur vier Gehstunden davon. Beide Stätten – aus dem 9./8. Jahrhundert v. Chr. stammend – sind keine Reiseziele. Nicht nur, weil man schwer hingelangt, sondern auch, weil es wie meist bei Ruinen von Lehmziegelbauten kaum mehr etwas zu sehen gibt. Lesen wir lieber vor der Umschau in diesem Saal die Zeilen, die Eva Strommenger im Ausstellungskatalog ›Land des Baal‹ dem Arslantasch widmet. »Inmitten der fruchtbaren Ebene von Sarudj liegt eine 700 x 550 Meter große ovale Ruine. Ihren türkischen Namen ›Arslantasch‹ = ›Löwenstein‹ erhielt sie, weil auf ihrer Oberfläche monumentale Löwenfiguren aus Basalt – nur teilweise verschüttet – lagen. Auch Steinplatten mit Reliefdarstellungen wurden von den Anwohnern in den zwanziger Jahren unseres Jahrhunderts gelegentlich gefunden. Da Syrien damals Teil des Osmanischen Reiches war, gelangten sie zumeist in das Istanbuler Museum. Dabei lenkten sie die Aufmerksamkeit der Fachwelt auf ihren Fundort. Die Grabungen des Jahres 1928 ergaben dann interessante Aufschlüsse über die Geschichte der Stadt und über einige ihrer Bauten. Wenn auch das meiste noch unerforscht im Boden der Ruine ruht, so kennen wir jetzt aus dem 9./8. Jahrhundert v. Chr. einen Palast, ein großes Haus, einen Kultbau und die Stadtmauer, dazu einen hellenistischen Tempel. – Die Stadtmauer war aus Lehmziegeln auf Steinfundamenten errichtet und besaß drei Tore. Diese wurden von steinernen Löwen bewacht und ihre Wandsockel waren mit Reliefplatten verschalt, auf denen assyrische Soldaten und einheimische Tributbringer dargestellt sind. Reliefs und Löwen lassen sich aufgrund ihres Stils und anderer Anhaltspunkte etwa in die Zeit des Assyrerkönigs Tiglatpileser III. (744-727 v. Chr.) datieren, obgleich sie nicht Werke assyrischer Reichskunst sind, sondern provinzielle Züge tragen. Aus der akkadischen Keilinschrift auf den Torwächtern erfahren wir zudem, daß sie am ›Tor von Chadatu‹ aufgestellt waren, einer Stadt, die vermutlich schon unter Salmanassar III. dem assyrischen Reich einverleibt worden ist und dann Sitz eines Provinzgouverneurs war.

Dessen Palast ist im üblichen neuassyrischen Schema gestaltet: An einem dreiseitig von kleineren Räumen umschlossenen Vorhof lag ein großer Saal, in dem der Hausherr einen größeren Besucherkreis empfangen konnte. An der Rückseite dieses mit einigen Nebengelassen und einem Treppenhaus ausgestatteten offiziellen Repräsentationsbereiches schloß sich ein innerer Hof mit den Wohnungen der Familien an, auch dieser wieder mit einem großen Empfangsraum, der mehr privaten Zwecken diente. Im Osten folgt ein größerer magazinartiger Komplex. In einigen Räumen stellten die Ausgräber Reste von Wandmalereien fest: etwa 80 cm breite horizontale Friese mit gereihten, ornamental ausgestalteten Kreisen und Quadraten, die in etwa 2 m Höhe über dem Fußboden ansetzten. Östlich des Palastes wurden Teile eines großen Hauses freigelegt, das Reste von Betten und anderen Möbeln enthielt, die mit kunstvollen Elfenbeinschnitzereien verkleidet waren. – Der assyrische Tempel ist nur unvollständig untersucht worden. Sein Eingang war von zwei großen Stierskulpturen geschützt, deren Inschrift als Bauherren König Tiglatpileser III. und als Eigentümerin des Heiligtums die Göttin Ischtar nennt.«

In der Saalmitte steht das *Basaltbild eines Gottes*, das aus diesem Tempel stammt und eine von sechs gleichen Skulpturen ist. Sie hält mit beiden Händen einen rechteckigen Kasten, der wohl für Opfergaben bestimmt war. Das glatte, kurzärmelige Hemd, der darüber gewickelte Fransenschal, Haar- und Barttracht entsprechen der assyrischen Mode des 8. Jahrhunderts v. Chr. Lediglich die Rinderhörner an der blütenbekrönten Kappe deuten auf die göttliche Natur des Dargestellten. Da es sich nur um ein einfaches Hörnerpaar handelt, hatte er nur eine untergeordnete Funktion. Niedere Gottheiten dieser Art standen in neuassyrischen Tempeln oft an Eingängen zu Kulträumen. Der geschlossene Umriß der Figur läßt noch den einstigen Steinblock erkennen. Unter den Gewändern treten die Körperformen nicht hervor. Die Statue ist also nicht in der Werkstatt einer der assyrischen Hauptstädte entstanden, sondern ein lokales Erzeugnis, das den neuassyrischen Stil im Sinne einer örtlichen Kunsttradition umbildet. In zwei Vitrinen breitet das Museum einen Schatz aus, auf den es mit Recht besonders stolz ist. Es sind Funde aus dem großen Haus (›Ivory House‹) östlich des Palastes. Diese *Elfenbeinschnitzereien* sind Erzeugnisse phönikischer Handwerker aus der 2. Hälfte des 9. Jahrhunderts v. Chr., die mit ägyptischen wie mit minoisch-mykenischen Überlieferungen vertraut waren ebenso wie mit solchen aus dem mesopotamisch-babylonischen Bereich. Ganz ägyptisch erscheint uns das Relief zweier Genien, die – mit kaum mehr kenntlichen ägyptischen Kronen auf den Häuptern – Papyrusstengel bündeln wie die Gottheiten Ober- und Unterägyptens am Nil die Wappenpflanzen Papyros und Lotos als Zeichen der ›Vereinigung der Länder‹ zusammenbinden. Aber diese Genien tragen babylonisches Gewand, nicht anders als jene, die – mit ägyptischen Perücken und Kronen – auf einem anderen Kleinrelief der Geburt des Horus assistieren. Ägyptisch und mesopotamisch zugleich erscheinen die geflügelten gegenständigen Widdersphingen auf einer kaum spannenlangen Tafel, die – durchbrochen gearbeitet – zu einem länglichen Fries gehörte, der das Motiv mehrfach variierte. So wenig diese Kleinreliefs fremden Vorbildern sklavisch folgen, so deutlich reden sie von den mächtigen Wirkungen, die von den großen Kulturen rundum auf die Handwerker der phönikisch-syrischen Küste ausgingen. Eine Tiergestalt wie die kaum zwölf Zentimeter lange Kuh, die sich liebevoll ihrem saugenden Kälbchen zuwendet, sie findet in ägyptischen Reliefs Parallelen, aber wäre vielleicht nie so lebendig-linienschön geraten ohne Erinnerung an vergleichbare Arbeiten aus dem kretisch-mykenischen Bereich: zu einer Zeit, da die Reiche des Minos und des Agamemnon schon längst der Vergangenheit angehörten.

Es macht nicht den geringsten Reiz einer Fahrt durch Syrien aus, daß man hier nicht nur zu menschlichen Geschlechtern in des Ursprungs Tiefe dringen, sondern auch gebannten Auges verfolgen kann, wie sich auf diesem Forum der Völker und Kulturen ein reger Austausch vollzog, aus dem Formgestalten hervorgingen, die in kommende Zeiten vorausweisen. Der äsende Damhirsch (Inv. 310), gleicht er nicht schon aufs Haar jenen Tieren, die später am Rand frühchristlich-byzantischer Mosaike das Psalmwort illustrieren »Wie der Hirsch nach der Wasserquelle ...«?

Mögen das British Museum und der Louvre ebenso schöne, wenn nicht gar schönere Beispiele phönikischer Elfenbeinkunst besitzen – das Elfenbein ›wuchs‹ damals im Lande, denn an Euphrat und Khabur wurden im 9. Jahrhundert noch Elefanten gejagt –, was sich hier auf engem Raum darbietet, kann einen lange beschäftigen und erfreuen. Mehr vielleicht, als die recht plumpen, riesigen Basaltlöwen, die ein Tor bewachten oder die steinernen Reliefplatten vom Westtor von Chadatu mit ihren assyrischen Soldaten und Tributbringern, die schon hinweisen auf Späteres: auf vergleichbare Darstellungen am Sockel der Paläste von Persepolis, die ja die Ernte jahrtausendelanger Entwicklungen im Nahen Osten einbringen sollten.

Tell Ahmar, der ›Rote Hügel‹, liegt unmittelbar am linken Ufer des Euphrat, etwa zwanzig Kilometer südlich der Stätte von Karkemisch, welche durch Bahnlinie und Grenzverlauf zerschnitten wird. Was dort gefunden wurde, stammt aus der Spätzeit assyrischer Herrschaft bis in jene Tage, da hier ein Beauftragter des großen Alexander und seiner seleukidischen Nachfolger lokale Macht ausübte. Zwischen 1929 und 1931 hat ein Forscherteam im Auftrag des Louvre in Tell Ahmar gegraben, ohne im Detail die Geschichte der Stätte erhellen zu können. Das halbkreisförmige Ruinengebiet, das auch Til Barsib oder Kar Salmanassar genannt wird, hat einen Durchmesser von etwa 1200 Meter. Direkt am Euphratufer stehen an der höchsten Stelle die Reste eines Palastes aus dem 8. Jahrhundert v. Chr. Der Fluß hat beträchtliche Teile von ihm weggespült. Kostbarste Beute, in die sich der Louvre und das Museum von Aleppo teilten, sind die Fresken, die aus dem zerstörten assyrischen Palast geborgen werden konnten. Seit dem Jahre 856 v. Chr. war der aramäische Kleinstaat Bit Adini ein Teil des Assyrerreiches, und seine Hauptstadt Til Barsib wurde in Kar Salmanassar, Salmanassarburg, umbenannt. Einige der hier gefundenen Wandbilder sind 150 Jahre jünger, stammen aus den Tagen Assurbanipals (668-629 v. Chr.), der den Palast erneuern ließ und aus dessen Zeit einige der einprägsamsten Menschenbilder des assyrischen Orients stammen. Da mag ein genial begabter Meister am Werk gewesen sein, der unsere Vorstellung vom assyrischen ›Herrenmenschen‹ bis heute geprägt hat. Aus der Zeit des Königs Assarhaddon (680-669) stammen die Stelen, die des Königs Siege in Syrien und den Bergen des Libanon verherrlichen sollen.

Die Untersuchungen in Tell Ahmar haben sich im wesentlichen auf die aramäische und assyrische Periode der Stadt beschränkt und kaum tiefere Schichten erfaßt. Daß die Geschichte auch an dieser Stätte viel tiefer hinabreicht, das zeigen die Beigaben, die in einem Steingrab aus der 2. Hälfte des 3. Jahrtausends v. Chr. entdeckt wurden.

Die Nordhalle des Museumserdgeschosses birgt eine Unzahl von Fundstücken verschiedenster Herkunft, die sich wohl datieren, kaum mehr aber der Herkunft nach lokalisieren lassen, stammen sie doch zum Teil aus Raubgrabungen, deren Beute der Polizei in die Hände fiel, teils aus dem – auch nicht so ganz seriös-legalen – Kunsthandel. Wir wollen hier keinem Führer mehr zuhören, sondern uns der Schaulust überlassen. Für die nötigsten Informationen sorgen die etwas mageren Beschriftungen.

Im Oberstock des Museums finden wir – in einer etwas provisorischen Aufstellung – einen Querschnitt durch die Ausbeute der syrischen, französischen, amerikanischen, japanischen, britischen, deutschen ›Rettungsgrabungen‹ in dem Gebiet, das inzwischen vor dem Assad-Damm im Stausee versunken ist: aus Maskana-Meskene, dem einstigen Emar, aus Muraibit, aus Abu Huraira, Halawa, Mumbaqat, aus Habuba Kabira (Tell Qannas), wo belgische Wissenschaftler tätig waren. Wertvolle Zeugnisse der syrischen Geschichte wurden bewahrt – aber ins allgemeine Bewußtsein dringen sie nicht ein. Selbst uns, die wir dringlich Umschau haltend das Land durchstreifen, scheint das, was zum Beispiel die Grabung in Emar an Erkenntnissen gebracht hat, höchstens ein paar Tupfer zu dem Bild beizutragen, ein paar zusammenhanglose Fakten aus dem Dasein eines der seit langem verschwundenen Kleinstaaten. Mehr fast als die Funde (Rollsiegel und Tonfigürchen, bronzene Geräte und Gefäßkeramik) bewundert man den detektivischen Scharfsinn der Archäologen, die aus den für uns Laien so unscheinbaren Sächelchen und Fragmenten das Bild eines längst vergangenen Daseins zu rekonstruieren verstehen.

Lange haben uns die Dinge beschäftigt, die in der altorientalischen Abteilung zu sehen waren, und sie werden uns auf den Fahrten unserer nächsten Tage immer wieder als ›Denkbilder‹ begleiten, wenn wir unterwegs sind zu Stätten, aus denen die faszinierenden Fundstücke stammen.

Das Département classique soll uns nicht durch seinen Namen abschrecken. Nichts ist hier marmorweiß und marmorglatt. Eher geht es zugleich bunt und streng zu, wenn sich Zyprisches mit Jonischem, Hellas mit Phönikien, Rom mit Palmyra paart und Archaisches mit beinahe rokokohaftem Hellenismus. Wirklich ›Klassisches‹ wie eine Athener rotfigurige Amphora oder die Büste eines Asklepios wirkt in dieser Umgebung fast wie ein Fremdkörper. Wie sehr das Orientalische überwiegt und auch die römische Kunst bis hinein in byzantinische Zeit entscheidend prägte, das konnten wir schon im Museum von Damaskus augenfällig erleben.

Das Museum von Aleppo besitzt auch ein Modern Art Department mit ein paar Ansichten des alten Aleppo, mit einigen starkfarbigen Bildern, die sich die Fauves und zaghaft den Kubismus zum Vorbild nahmen (leider nur arabisch beschriftet). Man ist meist sehr allein in diesen Räumen und kann sich mit Muße darin umsehen.

Zu den Farbtafeln

Tote Städte im Karst

Aleppo soll uns als Stützpunkt für Ausflüge im Norden Syriens dienen und erweist sich als idealer Standort. Eine erste Tour – ein beeilter Umschauer kann sie in einem Tag ›erledigen‹ – führt zu zum Teil überaus eindrucksvollen Bauresten aus der frühen christlichen Zeit Syriens, ins – wie es die Geographen heute nennen – **nordsyrische Kalksteinmassiv,** eine seltsam eindrucksvolle Landschaft, die im Altertum ›Belus‹ hieß und ein etwa durch die Städte Apameia, Antiochia, Cyrrhus und Aleppo umrissenes Viereck von 150 mal 40 Kilometern Ausdehnung einnimmt, das aus einzelnen Bergketten zwischen 400 und 800 Höhenmetern besteht.

Heute dürftig besiedelt, mit ärmlichen Dörfern besetzt, war dieser Landstrich in der Spätantike das Hinterland der damaligen Wirtschaftszentren und lag in den Händen einer grundbesitzenden Oberschicht. Vor allem ließen die Gutsherren hier Oliven anbauen. Olivenöl hatte stets Konjunktur, brauchte man es doch wie in der Küche so auch zur Körperpflege und als Nahrung für das Nachtlicht. Olivenöl wurde – wie in Nordafrika – einer der großen Exportartikel und bescherte seit dem ersten nachchristlichen Jahrhundert dem ›Belus‹ einen wirtschaftlichen Aufschwung, der sich in einer intensiven Bautätigkeit niederschlug. Neben kleinen Dörfern mit nur wenigen Häusern, die sich um ein Heiligtum scharten, wuchsen ländliche Villen der Grundherren empor, in denen die Olivenernte gepreßt und zum Export verarbeitet wurde, erwuchsen Grabdenkmäler, Klöster und kleinstädtische Zentren. Sie alle entstanden aus dem anstehenden Kalkstein, der sich zu klaren Quadern bearbeiten ließ, welche ohne Mörtel fugendicht aufeinandergesetzt wurden.

Das wahnsinnige Duell der beiden Weltmächte des 6. Jahrhunderts, der Zweikampf zwischen dem sassanidischen Persien und dem oströmischen Byzanz, ruinierte Sieger wie Besiegte, bahnte den arabischen Scharen eines neuen Propheten den Weg und hat das blühende Leben des Gebietes zerstört: Die Einwohner suchten Zuflucht in den Städten. Nicht die arabische Invasion hat Villen und Dörfer entvölkert, Kirchen und Klöster veröden lassen. Die Moslems dachten gar nicht daran, Siedlungen zu zerstören. Aber nachdem die Bewohner sie verlassen hatten – der Export war zum Erliegen gekommen, der Handel suchte sich andere Wege –, haben Erdbeben und Steinräuber alles getan, um die Spuren einstigen Wohlstandes zu tilgen, ohne daß sie völlig verschwunden wären. Es ließen sich noch etwa 500 Ruinenstätten orten, mitsamt dem sie einst verbindenden Straßen- und Wegenetz. Dem Historiker eröffnet sich damit eine einmalige Gelegenheit, mit Unterstützung des Feldforschers eine einst so dicht besiedelte Landschaft in Bild und Wort zu ›rekonstruieren‹. Das ist eine ›gelehrte‹ Arbeit, die noch nicht geleistet ist und die der Tourist in ein paar wenigen Stunden gewißlich nicht zu leisten vermag. Unterwegs in diesem Gebiet, wird uns die Dichte der Ruinen aus vergangenen Tagen auffallen, aber ähnlich wie im Hauran würden wir rasch ermüden, wenn wir verbissen jeden alten Stein besähen. Wir wollen uns nur an die bedeutendsten Reste halten. Es sind vor allem Kirchen und Klöster, die unser Interesse beanspruchen. In diesem Gebiet wurde ein wichtiges Kapitel der frühchristlichen Architektur geschrieben.

Wie in anderen Provinzen knüpft auch in Syrien die Kunsttätigkeit der frühbyzantinischen Zeit – rund gesagt der Periode zwischen Konstantin dem Großen und der islamischen Eroberung – an das hellenistisch-römische Erbe an. Der Übergang ging langsam, fast unmerklich vor sich. In manchen Steinmetzateliers dürften nebeneinander Reliefs mit christlichem Inhalt und solche mit noch heidnischer Thematik entstanden sein. Noch im 4. Jahrhundert existierten in den Städten wie auf dem konservativen Lande viele Tempel, waren selbst in der Hauptstadt Antiochia längst nicht alle Einwohner Christen. Erst unter Theodosius I. (379-395) gewann das orthodoxe Christentum seine Monopolstellung. Nach dem zweiten ökumenischen Konzil von Konstantinopel (381) wurden die Tempel zerstört oder in Kirchen umgewandelt, doch blieben noch an zahlreichen Orten Monumente der hellenistisch-römischen Epoche erhalten und forderten zu einer Auseinandersetzung heraus, welche sich vor allem im 5. Jahrhundert abspielte. An Baudenkmälern des frühen Christentums so reich wie kaum ein anderes Gebiet des mediterranen Bereiches beschert Syrien das Erlebnis einer Anzahl großartiger Sakral- und Profanbauten. Nicht in den Städten. In Antiochia ist keine Kirche dieser Zeit erhalten geblieben, ebensowenig in Damaskus (Aleppo hat in der Hallawiye-Medrese ein Restchen bewahrt), sondern es wurden nur Grundrisse ergraben. Einer zeigt jene Vierpaßgestalt, die sich an konstantinische Tradition anschließt und in Apameia, Bosra, Rusafa Nachfolge gefunden hat. Aus dieser Reihe ist einzig die Georgskirche von Ezraa im Hauran erhalten.

Bleibt also die frühchristliche Bautätigkeit in den großen Städten mangels Zeugen weitgehend unbekannt, so sind ländliche Regionen geradezu übersät mit Ruinen von Kirchen, Klöstern, Villen, dörflichen Gutshöfen aus der Zeit zwischen dem 4. und dem 6. Jahrhundert. Drei bedeutende Bereiche zeichnen sich ab: der Hauran im Süden, ein zentraler um Apameia und das nordsyrische Kalksteinmassiv, in dem wir uns zur Stunde umsehen, ohne auch nur im entferntesten daran denken zu können, mehr als ein paar solcher Stätten aufzusuchen, selbst wenn manche, wie zum Beispiel Serdjilla, als vollständige Dorfanlagen bis in unser Jahrhundert erhalten blieben. So eindringlich ganz profane Bauwerke wie Bauernhöfe mit Ställen und Scheunen vom Hochstand der Baukunst in selbst ländlichen Gebieten zeugen, wir wollen und müssen uns auf die großen sakralen Anlagen beschränken, deren Nebengebäude sich kaum von der Dorf- und Villenbaukunst unterscheiden.

Einer der bedeutendsten Kirchenbauten dieses Gebietes ist die *Basilika* des kaum auffindbaren, 60 Kilometer westlich Aleppo gelegenen Dörfchens **Qalb Lozeh.** Aus der Zeit vor 500 stammend, ist sie nicht nur im syrischen Zusammenhang wichtig. Entwicklungsgeschichtlich kommt dieser Kirche eine Schlüsselrolle zu, da sie die Bautraditionen des Kalksteinmassivs mit jenen der großen Städte verbindet und beispielhaft die Neuerungen, die das 6. Jahrhundert beisteuern wird, vorwegnimmt. Es handelt sich dabei nicht um eine Stadtkirche, sondern um eine Wallfahrtsstätte: eine genau westöstlich orientierte dreischiffige Basilika, derem Westabschluß ein Baukörper aus zwei Ecktürmen und eine Halle mit weiter Bogenöffnung vorgelagert ist. In den einst dreigeschossigen Türmen führten Treppen zu den Emporen über den beiden Seitenschiffen und der Vorhalle, so daß auch von dort die Gläubigen an der Liturgie teilhaben konnten. Der für die Priesterschaft reservierte Bezirk nahm fast das gesamte Mittelschiff ein, so daß das Fußvolk der Gläubigen mit den Seitenschiffen vorlieb nehmen mußte. Um trotzdem den Sichtkontakt mit der Apsis zu ermöglichen, wurden die Arkaden – auf niedrigen oblongen Pfeilern – weit gespannt. Es tritt somit hier zum erstenmal der Typus der ›Weitarkadenbasilika‹ auf, der für Syrien wichtig werden sollte. Der halbrund ausspringenden Apsis ist ein Joch vorgeschaltet, dessen Flanken die Pastophorien bilden. Heute, wo Dachzone und obere Wandpartien fehlen, macht man sich gar nicht mehr klar, wie reich – durchaus im Sinne frühchristlichen Wollens – der Bau einst durch Fenster belichtet war, wie hell – und keineswegs mystisch-dunkel – er einst gewirkt haben muß. Die drei Fenster der Apsis gaben auch diesem Teil des Bauwerks reiches Licht. Diese Apsis wird im Außenbau betont durch eine zweigeschossige Säulengliederung, wie wir sie ähnlich an der Ostapsis des Heiligtums von Qalaat Seman sehen werden, die sich dem hiesigen Vorbild anschließt.

Die Kirche des Dörfchens **Bettir,** zwei Kilometer nördlich, kopiert in vereinfachter Form die Innengestalt der Basilika von Qalb Lozeh. Da dieser Bau inschriftlich ins Jahr 469 datiert ist, ergibt sich für jenen eine Entstehungszeit vor diesem Datum, was aus stilistischen Gründen bemerkenswert früh erscheint. Natürlich lassen es sich die Kinder und halbwüchsigen Eseltreiber des ärmlichen Dorfes Qalb Lozeh nicht nehmen, den Fremden – viele finden den Weg hier herauf ja doch nicht – ihre Dienste anzubieten, wenn sie auch die nahegelegene Ruinenstätte von **Kirk'Bizeh** besuchen möchten: einen reichen Gutshof aus der römisch-byzantinischen Zeit, eine *villa rustica* mit einer besonders frühen christlichen Hauskirche.

Unterwegs durch das fast menschenleere Karstgebiet erleben wir etwas von der Mühe, mit welcher die wenigen Menschen hier ihr Leben fristen. Wo sich zwischen den hellen Kalksteinblöcken ein wenig rote Erde gesammelt hat, sind winzige Felder angelegt oder ein paar Olivenbäume gepflanzt. Das frische Grün bildet mit der Farbe des Bodens und dem weißlichen Grau des Kalksteins einen lebhaften und aparten Kontrast, wie denn überhaupt dieses ein Landstrich Syriens ist, der durchaus eine eigene Note aufweist, sich von anderen Regionen unterscheidet.

Abseits unserer schmalen Route finden wir immer wieder Reste antiker Bauwerke, aber sie vermögen uns nicht zu fesseln, sind wir doch auf dem Weg zu dem zweifellos bedeutendsten Komplex, der uns größere Eindrücke schenken soll als nur ein paar gut behauene und aufeinandergesetzte Steine. Unser Ziel ist **Qalaat Seman,** das Simeonskloster, das um die Säule errichtet wurde, auf welcher der Asket Simeon 42 Jahre seines Lebens verbrachte. Dieser Simeon kam 386 als Sohn eines Bauern in Kilikien zur Welt. Mit etwa 16 Jahren trat er ins Kloster von Telada ein, das er nach zehn Jahren wieder verließ, um sich einer kleinen Büßergemeinschaft anzuschließen. Zur Steigerung seiner Askese ließ er sich in der Nähe seiner neuen Stätte eine Säule aufrichten, um auf ihr fortan sein Leben zu verbringen. Diese erste Säule ließ er bald durch eine höhere ersetzen, und schließlich war die, auf der er Genüge fand, etwa 17 bis 20 Meter hoch. Auf ihrer von einer niedrigen Balustrade umgebenen Plattform von etwa vier Quadratmetern lebte er. In sie mündete ein ›Kanal‹ zur Stillung der notwendigsten hygienischen Bedürfnisse. Den größten Teil seiner Zeit verbrachte der Heilige – als solcher galt er bald – stehend im Gebet oder predigend. Über seinem Mönchsgewand trug er zum Schutz gegen die Unbilden des Winterwetters einzig ein Schaffell, das ihm auch als Lager diente. Nur einmal in der Woche schickte ihm ein Schüler Speisen nach oben. Die Basis der Säule wurde von einem Gitter eingefaßt, um die Menge der Pilger davon abzuhalten, sich einen Splitter aus dem Schaft als Reliquie herauszuschlagen, denn diese übersteigerte Art der Askese erregte schon zu Lebzeiten des Simeon Aufsehen und Bewunderung und zog Pilger von weither an, obwohl – vor allem von seiten des regulierten Mönchtums – Stimmen laut wurden, die ihm vorwarfen, er sinne nur auf seinen eigenen Ruhm, wolle nur Aufsehen erregen, Einwände, die vor der demütigen Bescheidenheit des Styliten allerdings bald verstummten. Tatsache war, daß Simeon schon als Lebender weitum Verehrung fand und sein Rekordler-Ruhm Pilger bis von den fernen britischen Inseln anlockte, die das Wun-

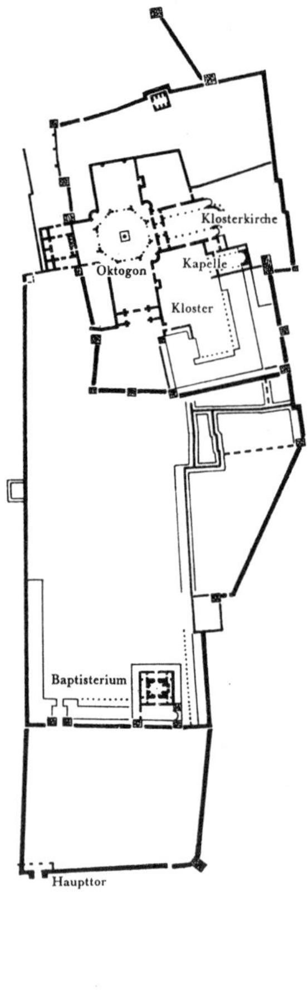

Links: Qalaat Seman, Rekonstruktion und Grundriß des Simeonsklosters. – *Oben:* Qalaat Seman, in der Mitte des Achteckbaus Sockel und Stumpf der Säule des hl. Simeon

dertier sehen und hören wollten, und daß in den Künstlerateliers in Rom Bilder von ihm zur Vervielfältigung hingen. Etwa zweihundert Schüler und Nachahmer nahmen sich ihn zum Vorbild und genossen ihrerseits hohes Ansehen, wie der Stylit Daniel, der sich in der Nähe von Konstantinopel auf eine Säule stellte und als nicht nur geistlicher Berater selbst der Kaiser Leon I. und Zenon fungierte.

Als Simeon 459 starb, ließ der Patriarch von Antiochia den Leichnam unter militärischer Bedeckung als Reliquie in seine Hauptstadt überführen. Reliquie war aber auch die Säule, auf der der Heilige gelebt hatte, und sie wurde zum Mittelpunkt einer gewaltigen Anlage, die man wahrscheinlich auf Initiative des Kaisers Zenon, der 464 magister militum in Antiochia gewesen war, errichtet hat.

Die *Säule* – von ihr steht heute nur noch der Sockel und ein zersplitterter Stumpf des Schaftes – wurde zum Zentrum eines *Achteckbaues*, der sich in hohen und breiten Bögen auf vier basilikale Kreuzarme öffnet, von denen allerdings einzig der nach Osten zeigende als eine richtige Kirche gebildet war, in der die Liturgie gefeiert werden konnte, während die drei anderen nur als Versammlungshallen für die Pilger dienten.

An dem durch drei Tore triumphbogenartig skandierten einstigen Weg zum Heiligtum lagen Pilgerherbergen und Klosterbauten. Seitlich des dritten Tores steht – die Ungetauften unter den Pilgern konnten hier das Sakrament empfangen – eine Taufkirche, die für sich allein schon sehr sehenswert wäre, der wir aber nur halbe Aufmerksamkeit schenken, da uns der eigentliche *Memorialkomplex* zu stark anzieht. An ihm ist alles – nicht nur die Grundrißgestalt – höchst bemerkenswert. An ihm werden – auch und vor allem im Baudekor – schon Motive formuliert, die sich später im gesamten Bereich des christlichen Ostens verbreiten sollten, bis in die Länder des Kaukasus.

Die Anlage ist noch höchst eindrucksvoll erhalten, doch nur als Ruine, so daß die Wissenschaft sich den Kopf zerbrechen kann über manche Details des Aufrisses und vor allem über die Frage, ob, und wenn ja, wie dann das zentrale Oktogon einst überdeckt war. Viele solcher Fragen mögen offen bleiben, aber unbestreitbar und unbestritten scheint

Qalaat Seman, Akanthuskapitell

uns die Tatsache, daß das zu Ehren Simeons des Styliten errichtete Pilgerheiligtum eines der bedeutendsten der christlichen Welt des 5. Jahrhunderts darstellt. Das Gefühl, daß die Gegend einst wesentlich dichter bevölkert gewesen sein muß als heutzutage, das vermittelt sich auf einer Fahrt durch das nordsyrische Bergplateau ohnehin.

Wie dicht übersät mit Bauresten der Vergangenheit die Umgebung des Simeonsheiligtums ist, lehren die Ausblicke, die man von seiner Höhe aus genießen kann. Wir müssen unsere Zeit zu Rate halten und besehen, statt ausgiebige Wanderungen zu unternehmen, nun doch lieber das *Baptisterium* genauer: ein Oktogon mit Ecknischen, das in ein Viereck eingestellt ist. Es nimmt als Taufkirche innerhalb eines monastischen Bereichs eine Sonderstellung ein, waren doch die meisten Taufkapellen des 5. und 6. Jahrhunderts einfache Viereckbauten, selten überwölbt, manchmal mit einer Apsis versehen. In Qalaat Seman kann man sich lange aufhalten, ohne der Dinge müde zu werden.

Wir könnten von hier aus gleich wieder nach Aleppo zurückkehren – aber uns lockt noch eine Stätte, die gar nichts mit der römisch-byzantinischen Zeit zu tun hat, sondern in tiefere Vergangenheiten zurückführt.

Ain Dara, Ausgrabungsstätte mit Tempelresten aus dem 9. Jhdt. v. Chr.

Wir fahren vom Seman-Dorf aus in nördlicher Richtung nach **Ain Dara,** einem Hügel am rechten Ufer des Afrin-Flusses, wo 1954 ein Hirte in einem Fuchsbau den Kopf eines hethitischen Basaltlöwen entdeckte: einer mächtigen Torfigur, die umgefallen war. Dieser Zufall führte zur Erforschung der ausgedehnten, etwa trapezförmigen Stätte mit einem Tell, einer 22 Meter hohen Akropolis an ihrer Südostecke, die einst wohl das Herz der Stadt gebildet hat. Die durch Erosion weitgehend abgetragene oberste Schicht, die die Ausgräber fanden, ließ sich ins 15./16. Jahrhundert datieren und spricht von einer kleinen Siedlung geringerer Bedeutung. Unter ihr lagen die Siedlungsreste aus der Zeit zwischen dem 9. und dem 13. Jahrhundert, deren Bewohner im Schutz von älteren Mauern auf der einstigen Akropolis lebten – die Unterstadt war wohl schon aufgegeben – und deren Häuser und Gehöfte durch einen Brand zerstört wurden. Eine darunterliegende Schicht (3) ließ sich in die Zeit der Omayyaden und Abbasiden datieren (6.–9. Jh.) und verrät eine ähnliche bäuerliche Lebensweise. Unter ihr aber fand sich eine über einen Meter dicke Schuttschicht, welche sie von der späteren Schicht 4 (aus hellenistisch-seleukidischer Zeit, 364–330 v. Chr.) trennt, woraus sich schließen läßt, daß die Stätte in römischer Zeit so gut wie unbewohnt gewesen sein dürfte.

Eine 5. Siedlungsschicht ist in die Zeit vom 7.–4. Jahrhundert v. Chr. zu datieren, eine noch tiefer liegende gab im nordwestlichen Teil der Akropolis die Reste eines Tempels aus dem 9. Jahrhundert v. Chr. frei, einen Bau vom Beit hilani-Typus, das heißt einen querliegenden Hauptraum mit einer Stützenhalle vor der Front mit Orthostatenreliefs (Sphingen und Löwen). Der Hauptraum besitzt zwei treppenartige Schwellen aus großen Steinplatten. In sie sind riesige Fußabdrücke eingemeißelt. Möglicherweise sollen sie sagen, daß die Gottheit in den Tempel eingetreten und nun dort gegenwärtig ist.

Auch ein Phantasieloser kann sich vorstellen, wie diese Zeichen numinoser Anwesenheit auf das Gemüt der Gläubigen gewirkt haben müssen, können doch selbst wir Spätlinge uns kaum ihrer Suggestivkraft entziehen.

Antiochia am Orontes

Wir haben auf unserer imaginären Reise immer wieder über die Staatsgrenzen des heutigen Syrien hinausgeblickt, weil Städte und Stätten jenseits dieser Linien ganz einfach zum Kulturbegriff Syrien dazugehören.

Der Sandschak von Alexandrette, den Syrien für sich beansprucht, wurde im Juni 1939 durch die Franzosen an die Türkei abgetreten. Er umfaßt nicht nur Iskenderun, das frühere Alexandrette (wie der Name sagt, eine Alexandergründung), eine heute nicht weiter sehenswerte, sommers mückenwimmelnde Stadt, sondern auch andere welthistorische Stätten. Was man erlebt, wenn man in diesem Winkel reist, ist wie ein verkürzter Querschnitt durch syrische Vergangenheit, aber was man sieht, ist so wenig spektakulär wie die Stadt **Antakya,** welche die Nachfolge des antiken Antiochia am Orontes angetreten hat. Das war einmal eine Weltstadt, Hauptort des hellenistischen und römischen Syrien. Von Seleukos I. im Jahre 300 v. Chr. gegründet und nach seinem Vater benannt, stieg diese Stadt zur bedeutendsten des Nahen Ostens auf und war, als Rom über den mittelmeerischen Erdkreis gebot, die drittgrößte dieser Welt. Hier kamen die Handelsrouten des Ostens zusammen: die westlichen Ausläufer der ›Seidenstraße‹ wie die Karawanenwege aus dem Yemen, die durch Petra und das Jordantal nordwärts führten, um sich mit den vom Persischen Golf euphrataufwärts ziehenden Straßen zu vereinigen. Keine Tagesreise war es von da aus über den Paß, der später die ›syrische Pforte‹ genannt wurde, zur Küste, wo die Waren auf Schiffe geladen wurden. Es war in dieser Weltstadt, daß die Jünger Jesu von Nazareth erstmals mit dem Namen Christen bezeichnet wurden. So jedenfalls sagt die Apostelgeschichte 11, 26. Von hier brach Paulus zu seiner ersten Missionsreise auf, hier hatte St. Petrus sein erstes Bistum begründet.

Wie im Handel Antiochia mit Alexandria in Ägypten rivalisierte, so auch in der christlichen Theologie. Einig waren sich die beiden Patriarchen nur in der Ablehnung der Ansprüche ihres Amtsbruders in Konstantinopel, den sie als Emporkömmling betrachteten. Die Theologen von Antiochia betonten besonders das Menschtum Christi. Zu Beginn des 5. Jahrhunderts verkündete Nestorius, der aus Syrien stammende Patriarch von Konstantinopel, seine Lehre, daß Christus in erster Linie Mensch gewesen sei, in dem die Gottheit nur Wohnung genommen habe »wie in einem Tempel« und Jesu Mutter folglich nur den Menschen geboren habe. Das ökumenische Konzil von 431 – war es Zufall, daß es gerade in Ephesos, dem alten Kultort der jungfräulichen Muttergöttin, zusammentrat? – verurteilte diese ›syrische‹ Lehre und erklärte Maria ausdrücklich zur Mutter Gottes, zur Gottesgebärerin. Daraufhin trennten sich zahlreiche syrische Gemeinden von der offiziellen Kirche. Da die Lehre des Nestorius im Kaiserreich geächtet war, wandten sich ihre Anhänger ins Gebiet des Perserkönigs und verbreiteten ihre Version des Christentums (oft die ›persische‹ genannt) nach Turkestan, Indien, China.

Die Theologen von Alexandria, hocherfreut durch den Doppelsieg über die antiochenischen Lehren und den Patriarchen von Konstaninopel, überspannten nun den Bogen in entgegengesetzter Richtung, indem sie die Menschennatur Christi beinahe negierten und nur die göttliche gelten ließen. Auch diese ›eutychianische‹ oder monophysitische Lehre wurde als irrgläubig verurteilt: auf dem vierten ökumenischen Konzil, das 451 zu Chalkedon zusammentrat. Ihr blieb aber die Mehrzahl der Christen Ägyptens, blieben einige Gemeinden Syriens sowie die gregorianische Kirche Armeniens treu. Nestorianer wie Monophysiten galten der orthodoxen Kirche fortan als Irrgläubige, und alle Versuche der Kaiser, eine Einigungsformel zu finden, blieben erfolglos – wenn sie nicht gar zu neuen Abspaltungen führten. Genug der christologischen Haarspaltereien, die heute wohl nur noch Spezialisten unter den Kirchenhistorikern interessieren, die aber ihrerzeit fast auf ebenso breites Interesse stießen wie die Ergebnisse der Rennen im Zirkus.

Jedenfalls war Antiochia nicht nur eine Welt- und Handelsstadt, sondern auch eine der großen Stätten der frühen Christenheit. Heute begegnet sie uns als türkisches Provinznest am kanalartig in ein Betonbett begradigten Orontes, umzogen von einem Halbrund charaktervoll geformter Berge. Die Bazare sind bunt durch die Typen, die hier ihre Ware feilbieten oder um sie feilschen, die künstlerisch bescheidenen Moscheen haben ihren malerischen Reiz. In der Neustadt rollen die Benzinkutschen, ohne sich an Regeln zu halten, herrscht Beton und Reklameschrillheit. Aber man geht gerne spazieren in den von Weinlaub überspannten engen Gassen. Auf Zeugnisse aus der großen hellenistisch-römischen Vergangenheit stößt man auf solchen Wegen nicht. Sie ist wie ausradiert. Im Herzen der Stadt zeugt von Rang und Reichtum des antiken Antiochia einzig das *Museum*, und in ihm sind es in erster Linie die Mosaike, welche den künstlerischen Hochstand der antiken Handelsmetropole bezeugen. Sie können sich mit jenen messen, die im ägyptischen Alexandria geschaffen wurden und stellen, was Erfindungsreichtum und handwerkliche Qualität anbelangt, fast alles in den Schatten, was im größten Museum römischer Bodenmosaike, in dem so überaus sehenswerten Bardo-Museum von Tunis, zu betrachten ist und in all den anderen Museen des Maghrib. Die Werke, die in diesen westlichen afrikanischen Provinzen entstanden, sie alle bezeugen in Entwurf und Ausführung die Überlegenheit des hellenistischen Ostens. Aus diesem Osten stammt ja schließlich die Technik dieses steinernen Fußbodendekors – nicht anders als später die der geknüpften Teppiche, die Boden und Wände des Nomadenzelts zu schmücken bestimmt waren.

Ein beträchtlicher Teil der Mosaike im Museum stammt aus dem Villenvorort *Daphne*, der nicht nur ein nobler Vorort gewesen sein mag, sondern auch eine Stätte des Vergnügens: Schwabing, Tivoli und Reeperbahn in einem. Dort, etliche sechstausend Meter außerhalb des heutigen Stadtzentrums gibt es auch noch ein paar antike Steine und Mauern, die sich in diskretes Schweigen hüllen und nichts ausplaudern von den Vergnügungen und ›Lastern‹ einer Stadt des internationalen Handels, des Luxus, des derben

Lebensgenusses und des ein Heil suchenden Elends. Vergebens träumt man von den breiten Säulenstraßen, den Tempeln und stattlichen Basiliken von einstmals. Selbst von den nachantiken Stadtmauern blieben kaum ein paar Steinlagen: zu blutig-bunt waren die Geschicke der Stadt in den nachantiken Zeitläuften.

Kaiser Herakleios (610-641), mit genauer Not absoluter Sieger in dem weltzerstörenden Duell der beiden Großmächte jener Zeit, zwischen Byzanz und Persien, hielt sich in Antiochia auf, als ihn die Nachricht erreichte, seine Truppen hätten – es war am 20. August 636 nach unserer Rechnung – am Yarmuk eine schwere Niederlage gegen die arabischen Beduinen erlitten. Ob der Kaiser die Gefahr richtig einschätzte? Wußte er, daß ein Gottgesandter, einer, der sich als letzten und endgültigen in der Reihe der Propheten zu verstehen gelernt hatte, die armen Wüstenbewohner aus ihren verhakten Zwistigkeiten zu einer großen gemeinsamen Aktion geeint hatte? Im Jahre 632 war der Prophet dahingegangen, schon drei Jahre später hatten die Truppen seines zweiten Stellvertreters (Khalifa) Damaskus besetzt. Der ›römische‹ Kaiser besaß weder Geld noch Truppen zur Verteidigung, er mußte die Provinz preisgeben. Nach einem feierlichen Bittgottesdienst in der Kathedrale begab sich die Majestät hinab zum Meer und schiffte sich nach Konstantinopel ein. Als die kaiserliche Yacht ablegte, rief Herakleios unter bitteren Tränen »Lebe wohl, Syrien, lebe wohl auf lange!« Es war ein Adieu für immer. Die Araber überrannten das Land bis zum Taurus. Nur Jerusalem und Caesarea leisteten noch Widerstand, die Heilige Stadt bis 637, Caesarea drei Jahre länger.

Inzwischen hatten die Siege von Qadisiya (637) und Nihawend (638) den Irak und das iranische Hochland den Arabern unterworfen. Im Jahre 651 fand der letzte Sassanide, Yezdegerd III., den Tod. Das Reich der Araber erstreckte sich im Osten bis an den Oxus und die Gebirge Afghanistans. 639 hatten die Moslems mit der Eroberung Ägyptens begonnen, im folgenden Jahr war es bereits fest in ihrer Hand. Antiochia, die Metropole des Ostens, war ihnen schon 638 anheimgefallen. Von den Persern gebrandschatzt, durch ein gräßliches Erdbeben verheert, hatte sie viel von ihrem einstigen Glanz eingebüßt und verlor in den folgenden Jahren weiterhin an Bedeutung zugunsten der landeinwärts gelegenen Nebenbuhlerin Aleppo. Hauptstadt Syriens aber war seit den Omayyaden Damaskus. Erst die Rückeroberung durch die Byzantiner 969 gab Antiochia etwas von seiner einstigen Bedeutung zurück. Die Stadt wurde zum wichtigsten Umschlagplatz des byzantinisch-arabischen Handels und zugleich eine der stärksten Grenzfestungen des Kaiserreichs. Die Seldschuken unter Sulaiman ibn Kutulmusch bemächtigten sich ihrer durch Verrat im Jahre 1085, aber behielten sie nicht lange, denn schon nahten die Ritter des Ersten Kreuzzuges, die aufgebrochen waren, um das Heilige Grab den Händen der Ungläubigen zu entreißen, die unter mancherlei Gefährdungen die Balkanhalbinsel und Kleinasien durchquert und bereits das syrische Edessa erobert hatten. Im Jahr 1098 erschienen sie vor Antiochia.

»Der Anblick der großen Stadt erfüllte die Kreuzfahrer mit ehrfürchtigem Staunen. Die Häuser und Bazare Antiochias erstreckten sich zwischen dem Orontes und dem Silpiosberg über eine weite Ebene von nahezu drei Meilen Länge und einer Meile Tiefe; und der Berghang war übersät mit den Villen und Palästen der Reichen. Das Ganze war von gewaltigen Befestigungen umschlossen, die Justinian angelegt und die Byzantiner vor einem Jahrhundert mit den neuesten Hilfsmitteln ihres technischen Geschicks wieder instand gesetzt hatten. Im Norden erhoben sich die Mauern aus den sumpfigen Niederungen längs des Flusses, aber im Osten und Westen kletterten sie steil den Berghang hinauf, im Süden verliefen sie entlang des Gebirgskammes; hier führten sie kühn über die tiefe Schlucht hinweg, durch welche der reißende Gebirgsstrom Onopnikles sich seinen Weg in die Ebene bahnte, und über eine enge Ausfallpforte, genannt das Eiserne Tor, um ihren Abschluß in der großartigen Zitadelle dreihundert Meter oberhalb der Stadt zu finden. Die Wälle waren mit vierhundert Wachtürmen besetzt, und zwar in solchen Abständen, daß jeder Fußbreit der Mauern in Reichweite der Bogenschützen lag ...« (Runciman) Die

Kreuzfahrer begannen die Belagerung, aber bald brachen Streitigkeiten unter ihren Führern aus. Bohemund von Tarent, Sohn Robert Guiscards, war entschlossen, die Stadt für sich zu gewinnen. Nachdem zwei türkische Entsatzheere zurückgeschlagen worden waren, führte er – nachdem er Verräter unter den Verteidigern gefunden hatte – am Abend des 3. Juni die Ritter zum Sturm auf die Stadt und nahm sie. Alle Moslems wurden niedergemacht, Antiochia war wieder christlich – bis auf die Zitadelle. Bald sahen sich die Eroberer in einer verzweifelten Lage, da sich ein türkisches Heer um die Mauern legte und Hilfe von seiten der Byzantiner ausblieb. Der Fund einer heiligen Lanze – deren Echtheit schon manche der Zeitgenossen bezweifelten – und durch sie gewirkte ›Wunder‹ gaben dem christlichen Heer wieder Mut. Am 28. Juni führte Bohemund – sein Rivale Raimund von Toulouse lag krank darnieder – die belagerten Kreuzfahrer zum Ausfall. Das türkische Heer wurde in die Flucht geschlagen, worauf die Zitadelle sich Bohemund ergab. Ein unerwarteter, aber vollständiger Sieg. Man kam überein, daß Bohemund ›von Antiochia‹ die Zitadelle und drei Viertel der Stadt behalten solle, denn das Heer drängte, der ehrgeizigen Intrigen seiner Anführer müde, darauf, die heilige Stadt Jerusalem zu erreichen.

Unter der Führung Raimunds von Toulouse brachen die Kreuzfahrer am 13. Januar 1099 nach Süden auf. Am 7. Juni dieses Jahres schlugen sie ihr Lager vor den Mauern Jerusalems auf, am 14. Juli erstürmten sie die Stadt, aus der alle Christen als unzuverlässige Elemente ausgewiesen worden waren, und metzelten alles, was lebte, bis zum quäkenden Säugling nieder – waren das doch alles ›Ungläubige‹ und ›Feinde Christi‹, nämlich Moslems und Juden. Bis zu den Knöcheln im vergossenen Blute watend, bestellten sie Gottfried von Bouillon zum ›Advocatus sancti sepulchri‹. Ihm folgte sein Bruder Balduin von Le Bourg, der bisher Graf von Edessa gewesen war und nun keine Bedenken trug, den Titel eines Königs von Jerusalem anzunehmen. Die ›Belehnung‹ Bohemunds mit Antiochien und Gottfrieds mit Jerusalem durch den Patriarchen hatte eine neue Rechtsgrundlage geschaffen. Als Bohemund beim Angriff auf Malatya/Melitene in Gefangenschaft geriet, übernahm Balduin in Antiochia die Herrschaft. Nachdem er König von Jerusalem geworden war, setzte er dort Bohemunds Neffen Tancred von Galiläa zum Regenten ein. Das Fürstentum »umfaßte kein großes Gebiet; es bestand aus dem Tal des unteren Orontes, der Ebene von Antiochia und dem Amanos-Gebirge sowie den beiden Seehäfen Alexandretta und St. Symeon. Antiochia selbst war aber trotz der jüngsten Wechselfälle seines Schicksals eine sehr reiche Stadt. Seine Werkstätten erzeugten Seidenstoffe und Teppiche, Glaswaren, Töpfereien und Seife. Die Karawanen aus Aleppo und Mesopotamien nahmen den Krieg zwischen Islam und Christentum einfach nicht zur Kenntnis und zogen auf ihrem Weg zur Küste kurzerhand durch die Tore der Stadt. Die Bevölkerung des Fürstentums war fast durchweg christlich: Griechen, rechtgläubige Syrer, syrische Jacobiten und einige wenige Nestorianer und Armenier, allesamt so von Argwohn aufeinander erfüllt, daß es den Normannen leichtfiel, sie im Zaum zu halten.« (Runciman)

Weder König Balduin noch Tancred hatten ein Interesse daran, Bohemund zu bald aus seiner Gefangenschaft zu erlösen. Tancred war – von normannischem Ehrgeiz beseelt – ein tadelloser Regent. Als Bohemund endlich 1103 aus seinem Kerker freigekauft wurde – Tancred steuerte nicht einen roten Heller dazu bei –, dankte er dem Neffen zwar öffentlich für seine Mühewaltung, aber Reibereien zwischen den Verwandten blieben nicht aus. Bohemund drang – zusammen mit Jocelin von Courtenay – mehrfach auf das Gebiet von Aleppo vor. Als Balduin II. von Edessa vor Harran in Gefangenschaft geriet, übernahm Tancred in Edessa die Regentschaft und hielt die Festung gegen Angriffe der Moslems. Daß deren Emire untereinander genauso zerstritten waren wie die Fürsten der Christen, bot diesen eine Chance. Während sich Bohemund im heimischen Apulien aufhielt, um seine dortigen Angelegenheiten zu regeln, und dann nach Frankreich reiste, um Verbündete gegen Byzanz zu werben, übernahm erneut Tancred die Verwaltung von Antiochien und setzte als seinen Vertreter in Edessa Reinhard von Salerno ein: Es eilte ihm nicht, den Grafen Balduin auszulösen. Bohemund, der für sich die Hand der französischen Königstochter Constance und für seinen Neffen die ihrer jüngeren Schwester gewann, kehrte 1106 nach Apulien zurück und bereitete einen Angriff aufs byzantinische Reich vor, der durch die Landung an der epirotischen Küste im Oktober 1107 eingeleitet wurde. Aber seine Kräfte reichten nicht aus. Im folgenden Jahr mußte er sich dem Kaiser unterwerfen und diesen im Vertrag von Devol ausdrücklich als seinen Lehnsherrn anerkennen. Bohemunds Herrschaftsgebiet sollte auf Antiochien, seinen Hafen St. Symeon und all jene Gebiete beschränkt bleiben, die er den Moslems künftighin entreißen würde. Der Vertrag, der auch Tancreds Mitwirkung verlangt hätte, blieb ein Stück Papier, aber »er zerbrach Bohemund, der sich nie wieder im Osten zu zeigen wagte. Er zog sich gedemütigt und entehrt in seine apulischen Länder zurück und starb dort im Jahr 1111 als ein bedeutungsloser italienischer Kleinfürst, der aus seiner französischen Ehe zwei kleine Söhne hinterließ, die seine Rechte in Antiochien erbten«. (Runciman)

Tancred, der das Ausscheiden seines Oheims aus den Angelegenheiten des Ostens kaum sonderlich bedauerte, hegte keinerlei Absicht, des Kaisers Lehnsmann zu werden. Er hatte ein Ziel: ein starkes und unabhängiges Fürstentum zu erraffen. So ging er zu Angriffen auf seine islamischen Nachbarn über (Artah, Aleppo, Apameia), um seine Grenzen im Osten und Süden zu sichern und sich dann dem gehaßten Byzanz entgegenzustellen. Manistra, Adana, Tarsos fielen in seine Hand wie die Hafenstadt Lattakia, die 1108 dem Fürstentum Antiochien einverleibt wurde. Zur Zeit, da Bohemund sich dem Kaiser unterwarf, fand sich sein Neffe Tancred auf der Höhe seiner Macht, wenn auch nur als ›Regent‹ von Antiochien und Edessa, dessen Graf in türkischer Gefangenschaft schmachtete. Als byzantinische Abgesandte ihn an die von seinem Oheim eingegangenen Verpflichtungen mahnten, wies er sie hochmütig ab. Aber aller Anmaßung sind Grenzen gesetzt.

Die moslemischen Kleinfürsten fochten ihre Zwistigkeiten aus und brauchten Geld. Die Herren, in deren Hand sich Balduin von Le Bourg und Jocelin von Courtenay befanden, ließen ihre Gefangenen gegen das ritterliche Versprechen auf Lösegeld frei. Als Balduin in Edessa erschien, wo schon seit vier Jahren Reinhard von Salerno hart und erpresserisch als Stellvertreter Tancreds regierte, fand sich niemand bereit, die benötigten 30000 Dinare zu beschaffen. Vielmehr verlangte Tancred, Balduin solle ihm Lehenstreue schwören. Der war dazu nicht bereit, suchte vielmehr Verbündete bei den Fürsten des kilikischen Kleinarmenien, gewann mit ihrer Hilfe Edessa zurück, wo er mit Jubel empfangen wurde. Tancred mußte sich endlich dem Schiedsspruch des Königs von Jerusalem unterwerfen – womit er diesen zugleich als seinen Oberherren anerkannte – und sich mit Balduin und Jocelin versöhnen.

Gegen Ridwan von Aleppo, gegen die Emire von Scheizar, Hama und Homs war Tancred erfolgreich, denn die Zwistigkeiten der Seldschukenfürsten untereinander und mit dem Kaiser deckten ihm den Rücken. Als er seine Vormachtstellung auch unter den christlichen Herren Nordsyriens gesichert hatte, starb er im Dezember 1112 – nicht einmal 36 Jahre alt, aber kaum beklagt. »Er war ein unendlich tatkräftiger und fähiger Mann, ein gewandter Diplomat und ein glänzender Feldherr; er gewann, indes er älter wurde, an Klugheit und Einsicht. Aber er erwarb nie den strahlenden Glanz, der seinen Onkel Bohemund umgab ... Er war hart, selbstsüchtig und bedenkenlos, korrekt und dennoch unredlich im Verhältnis zu Bohemund, und Balduin von Edessa gegenüber ein treuloser Genosse ... Die lange Geschichte des Fürstenhauses von Antiochia war die Frucht seiner unermüdlichen Tatkraft.« (Runciman)

Sein Nachfolger als Herr von Antiochien war Roger von Salerno, der Sohn Richards, der geschworen hatte, die Macht an Bohemunds jungen Sohn abzutreten, falls der Knabe nach Osten kommen sollte.

Gleichwohl nahm er den Fürstentitel an. Nach seinem Tode auf dem ›Blutfeld‹ (28.6.1119) 15 Meilen vor Aleppo hatte Balduin von Le Bourg – inzwischen als Balduin II. König von Jerusalem – die Regentschaft des Fürstentums übernommen, und er war recht erleichtert, als 1126 der achtzehnjährige Bohemund II. aus Apulien eintraf, um sein väterliches Erbe zu übernehmen. »Er besaß seines Vaters prachtvolle Erscheinung, den hohen Wuchs, das blonde Haar, die edlen Züge, und legte ein hochgeborenes Gehaben an den Tag, das er von seiner Mutter Konstanze, der Tochter König Philipps I. von Frankreich, hatte.« (Runciman) Vom Ehrgeiz erfüllt, dem väterlichen Fürstentum alle Länder zurückzugewinnen, die es je umfaßt hatte, machte sich Bohemund II. alle seine Nachbarn – Franken, Armenier wie Türken – zu Feinden. Im Februar 1130 fand er im Kampf gegen seine Widersacher den Tod. Sein frühes Ende bedeutete für Antiochia eine Katastrophe. Seine Erbin aus der Ehe mit Alice, der Tochter König Balduins II. von Jerusalem, war das zweijährige Töchterlein Konstanze. Für sie übernahm die Mutter die Regentschaft, während in Jerusalem Fulko von Anjou, der Gatte der Königstochter Melisende, zum König gekrönt wurde. Seine Thronbesteigung warf die verwickeltsten vertrags- und lehnsrechtlichen Probleme auf, vor allem die Frage, ob der König von Jerusalem als Oberherr Antiochiens zu betrachten sei. Eine Frage, die in der zweiten Generation durch eheliche Querverbindungen und unerwartete Sterbefälle ins schier Unlösbare kompliziert wurde. Die Fürstin-Mutter Alice, die ihre Macht mit dem Patriarchen Radulph teilte, trug die Hand ihrer Tochter dem Sohn des Kaisers an. König Fulko dagegen berief heimlich Raimund von Poitiers (einen Sohn Wilhelms IX. von Aquitanien) nach Palästina und ließ ihn ebenso heimlich mit der siebenjährigen Konstanze vermählen (1136). Im folgenden Jahr erschien der Kaiser Johannes Komnenos mit einem Heer vor den Mauern Antiochias, und Raimund mußte ihn als seinen Oberherren anerkennen. 1138, nach einem wenig erfolgreichen Unternehmen gegen Aleppo hielt der Kaiser seinen feierlichen Einzug in Antiochia.

1144 eroberten die Moslems Edessa, worauf Raimund Hilfe beim neuen Kaiser Manuel I. suchte. Im März 1148 erschien das französische Königspaar: Ludwig VII. mit seiner Gattin Eleonora von Aquitanien, einer Nichte Raimunds, in Antiochia, und zwischen der temperamentvollen Königin und ihrem Onkel entspannen sich jene Beziehungen, die König Ludwig nicht nur ärgerten, sondern ihm das Recht gaben, sich vor Gott und aller Welt von seiner Gattin zu scheiden. Sie heiratete später Heinrich II. von England, der nicht so zimperlich war, und dem sie ihr gesamtes südfranzösisches Erbe als Mitgift zubrachte. Aber das würde uns in die europäische Geschichte und bis in Shakespeares Königsdramen hineinführen. Genug: der zu liebevolle Oheim Raimund fiel 1149 in einer Schlacht gegen Nur ed-Din, der seinen Schädel, in Silber gefaßt, dem Kalifen als Geschenk nach Bagdad sandte. König Balduin III. von Jerusalem rettete das herrenlose Antiochien, dessen Machtbereich auf die umliegende Ebene und den Küstenstreifen zwischen Alexandrette und Lattakia geschrumpft war. Die Fürstin Konstanze hatte vier Kinder geboren. Ihr ältester Sohn Bohemund III. war damals aber erst fünf Jahre alt. So amtete als Regent vorläufig ihr Vetter König Balduin, bis Konstanze sich 1153 mit Rainald von Chatillon vermählte. Dieser suchte zunächst Anlehnung an den Kaiser, fiel aber auch plündernd über das byzantinische Zypern her und sah sich dann doch gezwungen, mit dem Kaiser Frieden zu machen. Im Jahre 1159 weilte Manuel volle acht Tage als Gast in Antiochia. Nach seinem Sturz verstieß Bohemund III. von Antiochien seine byzantinische Gemahlin, um eine Dame namens Sybilla, eine von Saladin besoldete Spionin, zu ehelichen. Der Patriarch belegte daraufhin den Fürsten mit dem Kirchenbann und seine Stadt mit dem Interdikt. Viele Adlige zogen es vor, sich an den Hof des armenischen Fürsten Ruben von Kilikien zu begeben, an den Bohemund die Stadt Tarsos verkauft hatte.

Das kleinliche Gerangel um Besitz und Rechte, an dem Isaak Angelos genauso beteiligt war wie die Tempelritter und die Hethumier von Lampron, kam Saladin sehr gelegen. Bei den Hörnern von Hittim schlug er 1187 die Truppen des Königreiches Jerusalem. Als die Kunde von dieser Katastrophe das Abendland erreichte, rief der Papst zum Dritten Kreuzzug auf. Kaiser Friedrich Barbarossa, König Philipp August II. von Frankreich, Richard Löwenherz von England, zahlreiche Fürsten, Grafen und Barone waren mit von der Partie. Aber der Kaiser ertrank im Kalykadnos. Sein Leichnam wurde in Essig eingelegt nach Antiochia mitgenommen und dort – völlig zersetzt – in der Peterskathedrale bestattet: bis auf einige Knochen, die im zu erobernden Jerusalem beigesetzt werden sollten, um vor Gott zu bezeugen, der Kaiser habe sein Kreuzfahrergelübde erfüllt.

Bohemund III. hatte seinen Sohn Raimund mit der armenischen Prinzessin Alice verheiratet. Als Raimund 1197 starb, war der Sohn Raimund-Ruben rechtlicher Erbe. Auf ihn ließ der Kardinal Konrad von Wittelsbach (gest. 1201) die Barone vereidigen. Aber es gelang Bohemunds III. zweitem Sohn, Bohemund IV. von Tripolis, sich die Thronfolge in Antiochia zu sichern. Für Raimund-Rubens Rechte setzte sich dagegen dessen Großonkel Leo von Armenien ein. Gegen ihn rief Bohemund von Tripolis-Antiochia die Seldschuken zu Hilfe. Verwickelte Rechtsfragen, in die sich auch Papst, Patriarch und Tempelritter einmischten, chaotische, beinahe bürgerkriegsähnliche Verhältnisse, obwohl sich kein ›Bürger‹ dafür interessierte, sondern es allein eine Sache der Feudalherren war. 1220 eroberte Bohemund IV. die Zitadelle von Antiochia zurück. Sein Nachfolger war sein Sohn Bohemund V. – aber der war nie Herr im eigenen Haus, und nur die Tatsache, daß die moslemischen Herren nicht weniger untereinander zerstritten waren als die Kreuzritter der dritten Generation, verschaffte Antiochien wie dem Königreich Jerusalem eine Galgenfrist.

Bohemund V. starb im Januar des Jahres 1252. Seine Tochter Plaisance vermählte sich mit dem König Heinrich von Zypern, wurde 1253 bereits Witwe und vererbte ihre Rechte auf ihren Sohn Hugo II., während ihr Bruder Bohemund VI. als 15jähriger Knabe als Fürst von Antiochien eingesetzt wurde. Nicht für lange.

1278 eroberte der Mamlukensultan Qalawun von Ägypten Antiochien und machte dem von den Franken gegründeten Fürstentum, das immerhin 171 Jahre gewährt hatte, ein Ende. Lattakia, der letzte Rest des einstigen Kreuzfahrerstaates, mußte sich im März 1287 den Truppen des Sultans ergeben. Bohemund VII. starb am 19. Oktober des gleichen Jahres kinder- und erbenlos. Seine Schwester Lucia, mit dem einstigen Admiral Karls von Anjou vermählt, die Edlen und Bürger von Tripolis erklärten die Dynastie für abgesetzt, errichteten eine Kommune, die sich unter den Schutz der

Republik Genua stellte. Qalawun nutzte die Spannungen und Rivalitäten, um 1289 Tripolis zu erobern. 1291 nahm sein Nachfolger al-Aschraf Akkon ein. Damit brach die Stellung der Franken zusammen: Tyros, Sidon, Beirut, Haifa, Tortosa, Athlit fielen oder ergaben sich. Nur die Inselfestung Ruad vor Tortosa hielten die Templer noch bis 1303.

Selbst wenn wir den Ausflug über die türkische Grenze bleiben lassen, die Geschichte Antiochias, das einst Syriens Hauptstadt war, gehört zu den Geschicken des Landes wie die des Fürstentums; sie ist beispielhaft für jene Verwirrungen, die der Einfall der Kreuzritter dem syrischen Raum bescherte. Die etwas eingehender erzählten Verwicklungen um Antiochia können uns einen Begriff vermitteln von dem Durcheinander, denn überall ging es damals ähnlich turbulent zu. Wir ersparen es uns, die Rivalitäten der Emire von Aleppo, Hama und Homs und der anderen islamischen Feudalherren nachzuzeichnen: Sie sind nicht weniger kleinlich und perfide.

Wer von Aleppo aus weiteren Erinnerungen an die gar nicht lobesame Zeit der Kreuzritter und zugleich syrischer Vergangenheit nachgehen wollte, müßte noch einmal die Grenze zur Türkei überschreiten, nach Gaziantep fahren und von dort aus in östlicher Richtung nach **Urfa,** dem alten Edessa. Der Weg dahin führt über Nizip zum Euphrat, den man bei Birecık überquert, dem einstigen Brückenkopf des Fürstentums Edessa, dessen Hauptstadt heute Handels- und Wirtschaftszentrum für ein weites Umland ist. Ihre Zitadelle – von einem antiken Säulenpaar gekrönt – könnte uns eine Geschichte erzählen, die nicht weniger intrigenverwickelt als die Antiochias ist, und zugleich Legenden wachrufen aus Tagen, da hier der Gottesfreund Abraham – so weiß es die fromme Mär – in einer Höhle geboren und von einer Hirschkuh gesäugt wurde und wo er später wunderbar vom Feuertod, den König Nimrod über ihn verhängt hatte, gerettet wurde. Hier, jenseits der syrischen Nordgrenze, sind wir auf biblischem Boden und bei Geschichten, die durchaus nach Syrien gehören.

Wenn wir von Urfa aus eine halbe Stunde nach Süden fahren, der Grenze entgegen, könnten wir nach **Harran** abzweigen, das vor viertausend Jahren die Tempelstadt des Mondgottes Sin gewesen war, wohin die biblische Ur-Kunde den Erzvater Jakob zu seinem Mutterbruder Laban fliehen läßt und wo er zweimal sieben Jahre diente um Rahel, die Liebliche. Hier am Jakobsbrunnen trafen sie sich zum ersten Male, und Dichter und Maler haben seither die Szene immer wieder geschildert.

In Harran stand einst der Tempel des Mondgottes Sin, aber von ihm ist kein Stein geblieben. Die Mondstadt dürfte einmal eine ähnliche Rolle gespielt haben wie heute Genf: als ein neutrales Zentrum für zwischenstaatliche Verhandlungen. Was nicht hinderte, daß in ihrer Nähe die Schlacht von Carrhae (53 v. Chr.) stattfand, in der der reiche Triumvir Crassus – und mit ihm ungezählte arme Legionäre – in der Schlacht gegen die Parther umkamen. Banner aus chinesischer Seide, welche die Parther »wie bunte Wolken« entfalteten, sollen die Römer in tödliche Panik gestürzt haben. Eine Nachricht, die plötzlich ein Licht wirft auf die Rolle Syriens als Durchgangsland für den Ostasien-Europa-Handel.

Wenn man im Heim des Ruinenwärters Tee getrunken hat, sich durch die arabische Festung und zu den Resten der Großen Moschee hat führen lassen, steht man wieder einmal vor der Qual der Wahl: Soll man nicht gleich weiterfahren in südlicher Richtung zum Euphrat? Aber nein, da entginge einem doch zu vieles. Zudem ist der Abstecher nach Urfa und Harran im Rahmen einer Syrienreise doch eher eine theoretische Möglichkeit. Aleppo bleibt für uns Ausgangspunkt für weitere Umschau.

Am Euphrat abwärts

Ein Abstecher nach Edessa und Harran, obwohl beide Stätten ›zur Sache‹ gehören, soll bloßes Gedankenspiel bleiben. Wir wollen uns eben nur daran erinnern, daß auch hier Syrien als Kulturlandschaft größer ist als das heutige syrische Staatsgebiet, auf dessen Boden wir bleiben, wenn wir von Aleppo aus stracks dem Euphrat zustreben, an dem bedeutende Kulturstätten liegen.

Die Strecke von Aleppo zum Assad-Stausee zeichnet sich nicht durch landschaftliche Reize aus, eher im Gegenteil. Es ist eine heiße, flache, dürre Steppenwüste, durch die wir fahren, mehr Wüste schon als Steppe, in der ab und zu fern ein paar schwarze Nomadenzelte stehen oder seitab des Weges ärmliche Lehmhütten. Wo sich zwei oder drei von ihnen zu einer Art von Weiler zusammengefunden haben, da bilden sie eine winzige Kolonie von bienenkorbförmigen Spitzkegeln. Hier in der nordsyrischen Wüste gibt es tatsächlich Pendants zu den Trullo-Gehöften Apuliens, nur aus anderem Material: Lehmbauten, die sich aber wie die steinernen Trulli als sehr praktisch erwiesen haben. In der Bruthitze des Sommers sind sie relativ kühl: Die Sonnenstrahlen fallen nirgends auf eine ebene Fläche, die sie stark aufheizen könnten, und die ›falsche‹ Wölbung ermöglicht im Inneren sacht kühlende Luftzirkulation. Auch bei Harran hätten wir solche

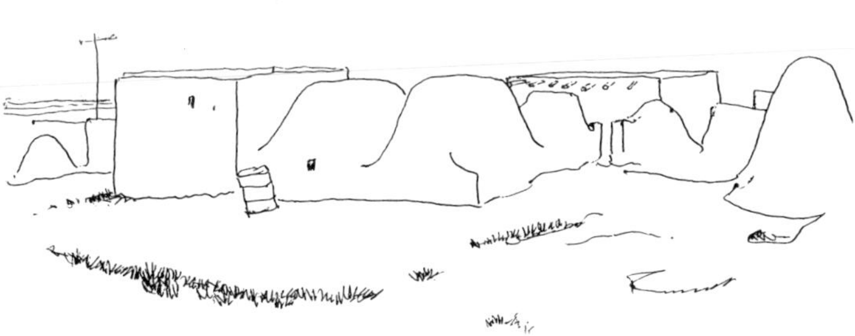

Gehöfte sehen können, nur ist diese herkömmliche, billige und praktische Bauweise in der Türkei unerwünscht. Von Amts wegen ist verboten, neue derartige Konusbauten zu errichten und verfallende auszubessern. Man kann sich ausrechnen, wie bald sich dort überall der häßliche und heiße Beton durchgesetzt haben wird. Hier in Syrien dürfen die Bienenkorbhäuser – meist Vorratsspeicher – weiterbestehen, hier sind sie niemandem im Weg, und niemand kümmert sich um sie. Auch die spärlichen Touristen nicht. Wir sind wohl die ersten Fremden, die einen dieser Weiler etwas abseits der Straße betreten. Hundegekläff empfängt uns, das ein Mann im gewürfelten Kopftuch beschwichtigt. Er schaut uns mit unverhohlenem Mißtrauen entgegen, als wären wir Wüstenräuber. Dem Seßhaften sitzt das Mißtrauen gegen die Unsteten tief in den Knochen. Nur zögernd erhellen sich seine Züge. Gruß und Händeschütteln, aber keine Verständigung durchs Wort. Wir scheinen wirklich die ersten zu sein, die sich hierher verirrt haben und dürfen – nur nicht die Menschen – fotografieren und die Bauwerke zeichnen so lange wir mögen. Das Dankeschön-Päckchen Zigaretten, das wir hinterlassen, zaubert ein breites Lächeln auf die hageren Gesichter des Vaters und seiner beiden Söhne und wird sofort angebrochen.

Noch und wieder verlocken Trullo-Gehöfte in der grünlichgrauen Endlosigkeit zu einem Halt, den wir uns verkneifen, weil wir endlich doch den Euphrat erreichen wollen. Vorher aber, bevor wir uns mit dem Staudamm einlassen und ihn überqueren, fahren wir weiter bis al-Mansourah, um von dort aus nach **Rusafa** abzuzweigen, das etwa fünfzig Kilometer in genau südlicher Richtung in der Wüste liegt, etwa siebzig Meter über dem Euphrattal: eine der sehenswertesten Ruinenstätte der syrischen Wüstensteppe. Sie wird schon im 2. Buch der Könige (19, 12) genannt, hat aber mehrfach den Namen gewechselt – nicht nur, daß die heutige Umschrift zwischen Resafe und Rosapha oder R'safe und ähnlich variiert. Nach dem Sieg des Christentums hieß sie **Sergiopolis** zum Andenken an Sergios, einen der großen Soldatenheiligen der Ostkirche, der meist zusammen mit dem heiligen Bakchos verehrt wird und der hier enthauptet wurde. Wir erinnern uns seiner aus dem Mar Sarkis-Kloster von Maaloula. Sein Kultus breitete sich schnell aus, das Grab an der Stelle seines Martyriums zog viele Pilger an, deren Opfergaben die Stätte reich machten. Sie wurde 434 Bischofssitz und Ende des 5. Jahrhunderts sogar Sitz eines Metropoliten. Zu Ehren des Kaisers Anastasios (491-518), der hier als Bauherr tätig war, nannte sich die Siedlung vorübergehend Anastasiopolis. Kaiser Justinian (527-565), der sich den Heiligen Sergios und Bakchos zu besonderem Dank verpflichtet fühlte, hat die Stadtmauern und die großen Zisternen errichten lassen – so berichtet Prokop. Bereits vor der islamischen Invasion hatten die arabischen Ghassaniden – im Sold von Byzanz – die Stadt besetzt, und einer ihrer Fürsten ließ sein Praetorium, sein Stabsquartier, außerhalb des Mauerzingels errichten. Die Stadt war schon eine starke Garnison, als der Perserschah Chosrau I. (531-579) sie vergeblich belagerte. Erst seinem dritten Nachfolger Chosrau II. (591-628) gelang 616 die Einnahme der befestigten Stadt. Der Kalif Hischam (724-743) ließ Zisternen und Mauern der verwüsteten Stätte wiederherstellen und sich außerhalb einen prächtigen Palast errichten, in dem er zeitweise residierte, von dem aber nur ein paar Trümmer geblieben sind. Nach dem Sturz der Omayyaden wurde die Stadt von den Anhängern der Abbasiden erneut geplündert. Im 11. Jahrhundert besaß sie immer noch eine Kirche. Erst nachdem Sultan Baibars die Einwohner in die Gegend von Hama verpflanzt hatte, war Sergiopolis verlassen – bis die Archäologen mit ihren Forschungsarbeiten begannen.

Sergiopolis war nicht nur ein im ganzen östlichen Mittelmeerbereich bekanntes Pilgerziel, sondern spielte auch im System der römischen und byzantinischen Grenzfestungen eine militärisch bedeutende Rolle als Verbindungsposten im Euphratknie unweit wichtiger Straßenübergänge über den Fluß.

Die Gunst der Lage soll schon die Assyrer angezogen haben, aber von ihnen blieben keine sichtbaren Spuren an dem Ort, der, wie er sich uns darbietet, ganz und gar byzantinisch ist. Ihr eindrucksvollstes und von ferne schon sich als dunkle Linie abzeichnendes Denkmal ist die *Befestigungs-*

mauer, die ein unregelmäßiges Rechteck von etwa 550 mal 400 Meter umfängt mit runden Eck- und eckigen Verstärkungstürmen, die in unregelmäßigen Abständen stehen, mit je einem befestigten Tor in jeder der Seiten. Ost- und Westtor liegen sich genau gegenüber und zeugen wohl von einer einst durchlaufenden Straßenachse, von der keine Spur mehr blieb. Die schematische Regelmäßigkeit römischer Legionslager fehlt. Die Tore öffnen sich – bis auf das Osttor – nicht genau in der Mitte der Mauern. Trotzdem spricht alles dafür, daß die Befestigung nach einem einheitlichen Plan und in einem Zuge errichtet wurde. Nur war eben für die byzantinischen Festungsbauer die strenge römische Achsensymmetrie keine erstrebenswerte Norm mehr, paßten sie sich vielmehr den Gegebenheiten des Geländes an. Stadtseitig konnte die Mauer von zwei übereinander gelegenen Wehrgängen mit Schießscharten verteidigt werden. Die Türme an den Ecken wie die des Westtores sind sparsam dekoriert. Eigenartig reich scheint der Schmuck des Nordtores gewesen zu sein, dessen drei Durchgängen eine Bogenarchitektur vorgeblendet war und vor dem feldseitig ein zwingerartiger fester Vorhof lag.

Die Bienenkorbhäuser der mittelalterlichen Stadt sind vergangen (sie bestanden aus ungebrannten Lehmziegeln) und haben nur kraterartige Vertiefungen hinterlassen. Aus dieser Ödnis ragen die Reste der großen Sakralbauten eindrucksvoll heraus.

Knapp hundert Meter südlich des Nordtores finden wir einen west-östlich orientierten *Zentralbau*, dessen wohlerhaltene Ostpartie noch zweigeschossig aufrecht steht. Der Erhaltungszustand gestattete die Rekonstruktion eines inneren Stützensystems, das eine äußere Mauer konzentrisch umfaßt, wobei der Bau in östlicher wie westlicher Richtung durch Einschub eines Joches gelängt wird. Dadurch erhält das Werk, das im Prinzip der Georgskirche von Ezraa oder der Kathedrale von Bosra ebenso ähnelt wie dem justinianischen S. Vitale von Ravenna oder der Kirche der Heiligen Sergios und Bakchos in Konstantinopel (heute: Küçük Aya Sofya Camii) eine Richtungstendenz ähnlich der gleichfalls justinianischen großen Hagia Sophia. Doch wirkt er weniger hauptstädtisch als in syrischen Traditionen verhaftet. Der einst seinem kirchlichen Rang entsprechend reich dekorierte Bau wird in die 20er Jahre des 6. Jahrhunderts datiert, also in die Frühzeit Justinians.

Etwa hundert Meter südsüdwestlich stoßen wir auf die stark verschütteten Reste eines zum Teil aus Backstein errichteten Bauwerks, bei dem es sich mit großer Wahrscheinlichkeit um einen städtischen *Khan* gehandelt hat, eine Unterkunft also für die reisenden Kaufleute und ihre Waren, einen frühbyzantinischen Vorläufer islamischer Karawansereien, wie wir sie in Resten noch heute in Damaskus und Aleppo kennenlernen konnten, wenn auch ihrem ursprünglichen Zweck entfremdet.

Im Südwesten des Stadtareals befinden sich eindrucksvolle *Zisternen*, die gleichfalls aus justinianischer Zeit stammen. Prokop nennt sie ausdrücklich unter den Bauwerken des Kaisers. Wiederum gut hundert Meter in östlicher Richtung quer durchs Gelände stapfend, finden wir den als *Basilika B* bezeichneten Komplex, von dem ein die Stadt im 8. Jahr-

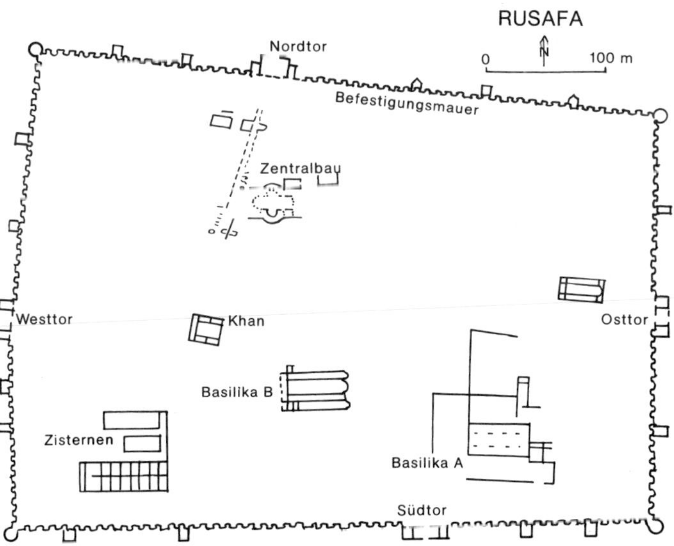

hundert verheerendes Erdbeben nur allzuwenig übriggelassen hat. Genug immerhin, um festzustellen, daß es sich um eine dreischiffige Säulenbasilika gehandelt hat, der später im Westen und Süden offene Hallen angesetzt wurden. Nördlich der Apsis lag einst ein Kuppelraum mit zwei Apsiden, wohl eine Märtyrerkapelle. Aber daß es sich dabei um die des heiligen Sergios gehandelt hat, läßt sich nicht belegen.

Etwa so weit wie von den Zisternen zur ›Basilika B‹ ist es von dieser zur *Basilika A*, dem besterhaltenen und eindrucksvollsten Sakralbau Rusafas, inschriftlich ins Jahr 559, also auch in justinianische Zeit datiert. Es handelt sich dabei um einen Bau des syrischen ›Weitarkaden‹-Typus, wie wir ihn in Qalb Lozeh erstmals kennengelernt haben. Drei weite Arkaden überbrücken den etwa vierzig Meter langen Raum zwischen östlicher Chorpartie und westlicher Eingangshalle. »Ein über den Arkaden geführtes Kranzgesims markiert den Ansatz der Seitenschiffdächer auch an der Mittelschiffwand. Über diesem Gesims beginnt der Obergaden. Trotz der starken Zerstörung ist auch heute noch die ursprünglich alternierende Anordnung von Fenstern und Säulchen auf Konsolen zu rekonstruieren.« (Odentahl) Wiederholt machten Erdbeben Restaurierungsarbeiten nötig. Im Verlauf solcher Maßnahmen wurden in die weiten Schiffsarkaden Doppelarkaden auf Säulen eingestellt. Das Ergebnis ähnelte einem romanischen Stützenwechsel.

Im Norden der Kirche finden sich weite Hofkomplexe (die Moslems errichteten dort eine Moschee). Spätestens im 8. Jahrhundert übernahm die Basilika A die Rolle einer Metropolitankathedrale. So verwundert es nicht, daß nördlich der Kirche kostbare Bauglieder zutage kamen. Sie dürften zu einem bischöflichen Repräsentationsbau gehört haben.

Die beiden Basiliken zeigen engverwandte Züge im recht sparsamen Baudekor, so daß sich vermuten läßt, daß beide einer über mehrere Jahrzehnte am Ort tätigen Bauhütte entstammen, die auch am Bau der Stadtmauer mitwirkte.

Bereits 1911 hat Herzfeld vor der Nordmauer ein Bauwerk aufgenommen, das in die Zeit zwischen 569 und 582 zu datieren ist, ohne daß man sicher weiß, ob es sich um das ghassanidische ›Praetorium‹ handelt.

Rusafa, Basilika A

Südlich der Stadtanlage sind die Grundmauern des *Palastes Hischams* – einer Anlage auf Kastellgrundriß – ergraben worden, eines der Wüstenschlösser der Omayyaden also, die an strategisch bedeutsamen oder wirtschaftlich ergiebigen Stellen angelegt wurden. Was es davon noch zu sehen gibt, lohnt keinesfalls die Mühe des Weges.

Wir fahren noch einmal außen um die Stadtmauern herum, bevor wir auf der Straße, die uns hergeführt hat, zum Euphrattal zurückkehren. Wo wir zum erstenmal das blasse Blau des Flusses erblicken, ist er schon kein Fluß mehr, sondern ein See, aufgestaut durch den **Assad-Damm,** das ehrgeizigste technische Projekt, welches das moderne Syrien verwirklicht hat, in der trügerischen Hoffnung, damit auf einen Streich alle seine Bewässerungs- und Energieprobleme zu lösen. 640 000 Hektar bisher öden Landes sollen bewässert und nutzbar gemacht und darüber hinaus mehr als eine Million Kilowattstunden Strom produziert werden.

Der Damm hat das Tal des Euphrat entscheidend verändert. Ähnlich dem Nasser-Stausee südlich von Assuan hat der See vor dem Assad-Damm ungezählte frühgeschichtliche Stätten unwiederbringlich ersäuft. Archäologische Teams aus verschiedenen Nationen haben versucht, in letzter Stunde an Funden und Erkenntnissen zu retten, was noch zu retten war – wir sahen einen Teil der materiellen Ausbeute im Oberstock des aleppiner Museums –, aber es kann kein Zweifel sein, daß unzählige unschätzbare Zeugnisse früher syrischer Geschichte für immer untergegangen sind. Emar ist eines dieser Fürstentümer, die nur noch als bloße Schemen in den Historien weiterleben werden.

Nur wenige aufrechtstehende Monumente – meist aus späterer Zeit – konnten ans sichere höhere Ufer gerettet werden, wie das *Ziegelminarett* der mittelalterlichen Stadt *Balis,* das sich über einem quadratischen Sockel erhebt. Ein Bauwerk der Eyyubidenzeit, das nunmehr inmitten der Festung Qalaat al-Djabar steht. Die antike Stadt Barbalissos, auf deren Areal es sich einst erhob, war ein Verkehrsknotenpunkt zwischen Syrien und Mesopotamien. Um der Menschen willen hofft man, daß der Damm wirklich Fortschritt und Segen bringen wird und hofft, er werde sich nicht eines Tages als ein so gigantischer Fehlschlag erweisen wie der ägyptische Nasser-Damm oder die meisten der frevelhaften Eingriffe des technik-besessenen Menschen in die Natur, die sich dann doch gegen ihren Herrn und Meister wendet.

Wir haben den Damm bestaunt, mit gebührender Aufmerksamkeit den technischen Daten gelauscht, die serviert

Hallabiye zu besuchen. Sie wurde zwischen 266 und 270 von der Königin Zenobia gegründet und trug lange ihren Namen. Die einst zwei- und dreistöckigen Grabtürme (heute nur Reststümpfe) sind denen von Palmyra vergleichbar. Justinian hat die *Befestigungsanlagen* wiederherstellen lassen und richtete hier eine Garnison als Grenzposten gegen die Perser ein. Mit der Planung der Anlage beauftragte er Isidoros von Milet, einen der Architekten der Hagia Sophia. Die Festung, dem Gelände angepaßt, bildet ein Dreieck mit der Basis am Fluß, dem sich hier einst eine feste Mauer entgegenstellte mit zwei Schenkeln, die sich an der höchsten Stelle in der Zitadelle treffen. Diese Mauerzüge sind gut erhalten, mit Türmen mit Innentreppen besetzt, die sowohl stadt- wie feldseitig vorspringen. Die beiden Tore sind durch zwei solche näher aneinandergerückte Türme geschützt. Auch das sogenannte ›Praetorium‹ unweit der Zitadelle ist nichts anderes als die vergrößerte Fassung eines solchen Turmes. Innerhalb der Befestigung finden wir Spuren einer Säulenstraße, eines Forums und die Ruinen zweier Basiliken. Man nimmt sich Zeit für einen Gang durch das Stadtgebiet von Tor zu Tor, sucht sich einen günstigen Standpunkt, von dem aus die Mauer ein ›Bild‹ gibt, dann fährt man weiter, um möglichst noch vor Einbruch der Dunkelheit in Deir ez-Zor Quartier machen zu können.

Der Tag war windig gewesen, und während wir auf der guten Teerstraße rechtsufrig dem Euphrat abwärts folgen, kommt ein kleiner Staubsturm auf und hüllt die Welt in einen ganz hellen, aber dichten Nebel. Man ist froh, daß sich wenigstens das Band der Straße dunkel abzeichnet. Die Luft ist ganz trocken, die Schleimhäute melden sich – aber bevor der Spuk wirklich lästig werden könnte, ist er schon wieder vorbei.

An grünem Land zieht die Straße entlang. Die Felder sind vom Fluß her so gut bewässert, daß hier sogar – einzigartig in Syrien – Reis angebaut werden kann, dazu Baumwolle, Bohnen und anderes Gemüse. Zehn Minuten später haben wir **Deir ez-Zor** erreicht.

Diese Kleinstadt, von den Franzosen 1921 besetzt und ihrem Mandatsgebiet einverleibt, ist die einzige bedeutendere Siedlung am mittleren Euphrat und besitzt eine Brücke über den Fluß. Nicht daß der Ort sehr sehenswert wäre (die Moscheen sind allesamt neueren Datums), aber im *Bazar* – Markt für ein weites Hinterland – herrscht tagsüber immer geschäftiges Treiben, und man schaut sich als Fremder gern hier um, wohlgelitten von den Männern im arabischen Kopftuch, als Wundertier bestaunt. Der Herr Apotheker, der mit Freunden gerade den neuesten Klatsch austauscht, bittet uns, auf eine Tasse Tee näherzutreten und Platz zu nehmen, fragt nach Wohin und Woher. Der Oberlehrer und der Leiter der Bankfiliale beteiligen sich am Frage-Gespräch. Als wir schließlich aufbrechen wollen, müssen wir versprechen, am nächsten Tag oder am übernächsten wieder vorbeizukommen. Das Hotel etwas außerhalb des Weichbildes soll für ein paar Nächte unser Standquartier werden. Von hier aus kann man die Djezira in Richtung Qamichliye erkunden, von hier aus wollen wir den Ausflug nach Dura-Europos und Mari unternehmen, und von hier aus werden wir endlich auch die Straße nach Palmyra einschlagen. Wir werden also Zeit finden, unsere neuen Freunde nicht zu enttäuschen, und dazu auch noch Gelegenheit, in dem kleinen *Museum* die Funde aus *Tell Buqras* zu besehen – sie gehören zu den ältesten Artefakten, die auf syrischem Boden zutage kamen (S. 229).

Als wir den Bazar durchstreifen, entdecken wir in einem Laden verblüfft Wurst- und Fischkonserven heimatlicher Herkunft und decken uns mit solchem Proviant für die nächsten Tage ein, an denen wir wohl kaum ein Restaurant für den Mittagsimbiß finden dürften.

Die Djezira

Der Landesteil östlich des Euphrat, der Dreieckszipfel, den der Staat Syrien zwischen seine Nachbarn Türkei und Irak bis an den Tigris vorschiebt, heißt – übersetzt – die ›Insel‹. Das ist, politisch zwar zum syrischen Staat gehörig, nicht mehr ›Syrien‹, wenn wir dies als Kulturbegriff nehmen, sondern ist ohne Zweifel – nicht nur geographisch – ein Teil des Landes zwischen den Strömen, der Insel Mesopotamien also. Die bewohnte und erschlossene Hälfte dieses Gebietes entfällt auf den Lauf und Einzugsbereich des Khabur (Kabur, Chabour), dessen Nebenflüsse fast alle in den Dur-Abdin-Bergen, auf heute türkischem Staatsgebiet also, entspringen. Den Entenschnabel, mit dem Syrien bis an den Tigris stößt, verdankt es der französischen Politik während der Mandatszeit. Frankreich suchte damals, den Ölfeldern von Mossul möglichst nahezurücken, und erhielt 1930 von der Türkei einige Landstriche, die heute die Türken gerne wieder zurückbekämen.

Syrien hat diese Gebietserwerbungen geerbt, zugleich auch eine nicht unbedeutende völkische Minorität: die der Kurden, deren Anzahl seit den Verfolgungen in der kemalistischen Türkei durch Flüchtlinge beträchtlich angewachsen ist, ohne daß sie in der Djezira-Region die Mehrheit erringen konnten. Nur der Zipfel nördlich von Hassetche (El Haseke, Hassake) darf man als Kurdenland ansprechen. Die Kurden – kühne Nomaden, die iranisch-›arische‹ Dialekte reden – sind eines der tragisch betrogenen Völker. Untereinander stets durch Stammesfehden gespalten, konnten sie es nie zum Rang eines Staatsvolkes bringen. Keine Rede in ihrem Fall von ›Selbstbestimmungsrecht‹ eines Volkes. Ihr Gebiet ist unter mehrere Staaten aufgeteilt (die Türkei, den Irak, den Iran und eben Syrien), von denen keiner gewillt ist, seine Kurdengebiete herzuschenken. So haben selbst Utopisten unter den Kurden den Traum von einem Kurdenstaat aufgegeben. Was sie wollen: Anerkennung als jeweils eigene völkische Minderheit mit eigener Sprache und eigenem kulturellen Herkommen. Aber auch dazu sind die Staaten, in denen Kurden leben, nicht bereit. Überall, wo Kurden die kulturelle Autonomie fordern, sind sie Verfolgungen ausgesetzt. Die Türkei negiert ihre Existenz überhaupt und spricht von ihnen als ›Bergtürken‹. Der Irak unterdrückt seine Kurden, vor allem, wenn sie die ihnen zustehenden Anteile an den Ölfeldern von Mossul und Kirkuk fordern, und der schiitische Iran ist keineswegs bereit, den sunnitischen Kurden irgendwie entgegenzukommen, denn das wäre ein Zeichen auch für andere völkische Minoritäten in diesem Land, Gleiches zu fordern. Am relativ freiesten sind die Kurden noch in Syrien, wo ihnen sogar höchste Ämter offenstehen, allerdings um den Preis der Arabisierung. Wenn sich so etwas wie kurdischer Nationalismus regt, dann versteht man auch in Damaskus keinen Spaß. Das lehrt das Schicksal der 1958 von Nur ed-Din az-Zaza gegründeten Kurdisch-demokratischen Partei. Binnen kurzem war ihr Gründer mit seinen Mitarbeitern hinter Gittern, und als er 1961 auf freien Fuß gesetzt wurde und es wagte, für das Parlament zu kandidieren, da drang ein Gendarmeriekommando in das Wahllokal von Qamishliyah ein, leerte die Urnen und füllte sie mit der Regierung genehmen Stimmzetteln ...

Das mesopotamische Dreieck Syriens ist arm an ›großen Sehenswürdigkeiten‹, liegt abseits der großen Touristenrouten – wenn man von solchen in Syrien überhaupt sprechen kann –, mag unerschlossen und kulturfern erscheinen, verlangt jedenfalls Bescheidung und selbst Entbehrungen von dem, der es sich in den Kopf gesetzt hat, das Land seiner Reiseneugier nach allen Seiten und bis in den letzten Winkel zu durchforschen. Ein solcher Tourist unterläßt es nicht, von Deir ez-Zor aus in östlicher Richtung bis in die Nähe des Khabur zu fahren, um – in einiger Entfernung vom grünen Flußlauf – die etwa 200 Kilometer nach Norden, bis Hassetche (Haseke) zurückzulegen, der Verwaltungshauptstadt des Gebietes. Aber diese Stadt ist kein echtes ›Ziel‹. Von hier gehen zwar Straßen weiter zu den Grenzübergängen in die Türkei und in den nördlichen Irak, aber sie sind aus politi-

Nordsyrisches Lehmhüttendorf (Trulli)

schen und grenzpolizeilichen Gründen für einen europäischen Reisenden praktisch unpassierbar. Wer schon in diesen abgelegenen Zipfel Syriens fährt, der tut es wegen der Ausgrabungsstätten, welche die Epochen der Vor- und Frühgeschichte bezeichnen. Namen, die der Archäologe beinahe mit solcher Ehrfurcht nennt wie der Philatelist den Schwarzen Einser oder die blaue Mauritius.

Dem Nicht-Fachmann sind diese Stätten als solche ganz uninteressant, eben nur Geröll und Brocken. Das liegt in der Natur des Landes und an dem Material, das die Menschen der Frühe dort vorfanden. Das liegt aber auch an der modernen Grabungstechnik, die sich nicht damit begnügt, ein paar Schätze und einige spektakuläre Kunstwerke zu gewinnen, sondern die mühselig und fruchtbar im Dienst der Frage steht, wie es denn eigentlich gewesen war, wie die Menschen vor Jahrtausenden gelebt haben. Daß sie mit beinahe kriminalistischem Scharfsinn aus ›nebensächlichen‹ Indizien Hinweise zu gewinnen versteht und aus einem Tisch voller Tonscherben, Bruchstücken von Steingeräten und ein paar Siegeln Aufschlüsse gewinnen kann, das erfüllt einen mit Hochachtung vor dem wissenschaftlichen Ingenium. Auch und gerade, wenn man sich der Tatsache bewußt bleibt, daß alle Erkenntnisse nur Scheinhalte sind auf dem Wege, zu »menschlichen Geschlechten in des Ursprungs Tiefe« zu dringen. Oder um mit Thomas Mann zu reden: »Da denn nun gerade geschieht es, daß, je tiefer man schürft, je weiter hinab in die Unterwelt des Vergangenen man dringt und tastet, die Anfangsgründe des Menschlichen, seiner Geschichte, seiner Gesittung, sich als gänzlich unerlotbar erweisen und vor unserem Senkblei, zu welcher abenteuerlichen Zeitenlänge wir seine Schnur auch abspulen, immer wieder und weiter ins Bodenlose zurückweichen. Zutreffend aber heißt es hier ›wieder und weiter‹; denn mit unserer Forscherangelegentlichkeit treibt das Unerforschliche eine Art von foppendem Spiel: es bietet ihr Scheinhalte und Wegesziele, hinter denen, wenn sie erreicht sind, neue Vergangenheitsstrecken sich auftun, wie es dem Küstengänger ergeht, der des Wanderns kein Ende findet, weil hinter jeder lehmigen Dünenkulisse, die er erstrebte, neue Weiten zu neuen Vorgebirgen vorwärtslocken.« Vorgebirge und neue Weiten, die erlebt auch der nicht in die Künste der Archäologen eingeweihte Laie, wenn er sich darauf einläßt, ein Land in seiner ganzen Erstreckung zu bereisen. Da locken ihn immer neue Namen in menschenleere Wüstenödnis und in weitere Fernen. Er erlebt dann aber auch die generöse Offenheit von Menschen, die in der Einsamkeit noch näher an des Ursprungs Tiefe wohnen, fast wie damals,

»Wo sie noch von Gott empfingen
Himmelslehr' in Erdesprachen
Und sich nicht den Kopf zerbrachen.«

›Hegire‹ überschrieb Goethe das Eingangsgedicht seines Diwan – aus dem diese Zeilen stammen – Hedschra. Heute ist eine Fahrt in den ›reinen Osten‹ keine romantische Flucht aus einer Welt, in der

»Nord und West und Süd zersplittern,
Throne bersten, Reiche zittern,«

denn gerade der Osten ist heute eine Region, die bebt. Wer eine Morgenlandfahrt als ›Flucht‹ aus der Gegenwart unternimmt, wird bald an die Wirklichkeit von heute erinnert, zumindest durch die Gendarmeriekontrollen, die man in diesem zwischen unbefreundete Nachbarn eingesprengten Landesteil Syriens über sich ergehen lassen muß. Wer sich dahin verirrt, der muß doch irgendwie verdächtig sein.

Daß es vor 5000 Jahren an Khabur und Jarh Jarh viel lebhafter zugegangen sein mag als heute, das lehren die vielen flachen oder steileren Erhebungen im Gelände. Es sind meist keine natürlichen Hügel, sondern in Jahrhunderten dadurch aufgewachsene künstliche Berge, daß sich eine Schicht menschlicher Ansiedlung über die andere gelegt hat – bis die Stelle schließlich verlassen wurde. ›Tell‹ ist der Ausdruck für solche Hügelstätten (und er bildet häufig den Bestandteil eines Ortsnamens), der korrekte arabische Plural wäre ›Tullul‹, aber der klänge uns doch überkorrekt-manieriert. Sagen wir schlichter Tells. Ob ein solcher Tell bis auf frühgeschichtliche Zeit zurückgeht und schon vor dem Erscheinen der Römer verlassen wurde, oder ob er ›spät‹ ins Leben trat und noch bis in die islamische Zeit bewohnt war, das müßte jeweils eine Untersuchung klären, und die kostet Zeit und Geld.

Tell Halaf jedenfalls, am Khabur heute nahe der türkischen Grenze gelegen, genießt unter Fachleuten hohen Ruf. Die Stätte hat zwei bedeutende Perioden erlebt: eine ›junge‹ im 9. Jahrhundert v. Chr. und eine frühere im 6. Jahrtausend. Aus der jüngeren Periode stammt der Palast, den Baron Oppenheim ausgrub, mit seinen späthethitischen Orthostatenreliefs und den klotzigen, wie von dämonischer Macht erfüllten Götterfiguren auf Löwen, die uns schon im Museum von Aleppo begegnet sind. Weniger nachtmahrhaft für unsere Vorstellung von der frühen Vergangenheit, jedoch noch bedeutsamer sind die aus dem 6. Jahrtausend stammenden keramischen Erzeugnisse. Sie sind als ›Tell-Halaf-Ware‹ geradezu zu Leitfossilien frühgeschichtlicher Archäologie geworden.

Kaum geringer an wissenschaftlicher Bedeutung waren die Resultate der seit 1934 wiederholten Grabungskampagnen in **Chagar Bazar,** etwa 55 Kilometer nordöstlich von Hassetche, und vor allem am **Tell Braq** (Brak), etwa 40 Kilometer in der gleichen Richtung. Hier stieß der erste Ausgräber auf Gegenstände, die aufs Haar jenen glichen, welche tief drunten im mesopotamischen Süden, im Land Ur, gefunden worden waren. Hatte bisher der sumerische Süden des Zweistromlandes als Ursprung und Heimat der frühdynastischen Kultur gegolten, so trat ihm nun der Norden – weniger üppig freilich – an die Seite. Die sumerische Kultur war also nicht auf den Süden begrenzt. Schon vor Jahrtausenden war die Welt viel weniger beengt und eingeschränkt, als wir hochmütig-bornierten Spätlinge vermeinen. Am Tell Braq gruben immer wieder britische Archäologen. Ausfindig gemacht und angestochen hat den Hügel Sir Max Mallowan um die Mitte der 30er Jahre. Von den ersten Grabungen, den Mühen eines Grabungsteams, den täglichen Strapazen und kleinen Widrigkeiten, von komischen und ernsten Zwischenfällen und von der Befriedigung durch den Erfolg erzählt in ›Erinnerung an glückliche Tage‹ jemand, der dabei war, nämlich die Gattin des leitenden Archäologen. Sie ist vielen bekannter als der Name ihres Mannes und der des Tell Braq – denn wer hat noch nie einen Roman von Agatha Christie gelesen?

Ihr Bericht sitzt uns lächelnd im Gedächtnis bei der Umschau hier am Khabur und Jarh Jarh (Wed er-Radd), weil er so viel menschlicher und sprachlich lesbarer ist als die in ihrer Art natürlich unersetzlichen wissenschaftlichen Grabungsberichte, die in dicken Faszikeln die Fachbibliotheken füllen. Hören wir ihr zu: »Ausgraben ist wie Roulette: Wer kann schon unter siebzig Tullul – und alle waren im selben Zeitraum bewohnt – jenes Tell bestimmen, das Gebäudereste enthält oder Tontafeln oder besonders interessante Objekte? Ein kleines Tell mag ebensoviel bieten wie ein großes, da die wichtigeren Städte mit hoher Wahrscheinlichkeit schon sehr früh geplündert und zerstört wurden. Alles hängt von Fortunas Laune ab. Wie oft grub man an einem Platz Jahr für Jahr gewissenhaft und gründlich mit guten, doch nicht spektakulären Ergebnissen, und dann wurde plötzlich ein oder zwei Meter daneben ein ganz besonderer Fund freigelegt. Unser einziger Trost besteht in dem Wissen, daß wir, egal welchen Tell wir wählen, doch irgend etwas finden müssen.

An einem Tag sind wir noch einmal auf dem gegenüberliegenden Ufer des Khabour zum Tell Halaf gefahren, dann widmeten wir zwei Tage dem Jarh Jarh – einem maßlos überschätzten Fluß, was die Ästhetik angeht: braunes, schmutziges Wasser strömt zwischen hohen Böschungen dahin – und merkten uns allein Tell Brak als vielversprechend. Dieses Tell ist ein großer Hügel mit Siedlungsspuren aus früher prähistorischer Zeit bis zu den Assyrern. Es liegt etwa dreieinhalb Kilometer von einer armenischen Siedlung am Jarh Jarh entfernt; und weitere Dörfer sind in der nächsten Umgebung verstreut. Nach Hassetche fährt man nur eine Stunde ... So behalten wir Tell Brak als Möglichkeit im Auge ... Da wir unmöglich am selben Tag alle Tulul entlang des Weges besichtigen und nach Hassetche zurückkehren können, beschließen wir, die Rückfahrt auf den nächsten Tag zu verschieben und in Qamichliye zu übernachten. Die Ansichten über unsere Unterkunft gehen weit auseinander. Der französische Offizier findet das ›Hotel‹ unter allem Hund und ganz indiskutabel: ›C'est infecte, Madame!‹ Hamoudi und Aristide nennen es eine Nobelherberge, die, im europäischen Stil, sogar Betten besitzt. Erstklassig, fürwahr!« (Übers. v. Claudia Mertz-Rychner)

Betten haben heute alle Unterkünfte, aber sonst scheint sich im letzten halben Jahrhundert hier im entlegensten Winkel Syriens nicht gar viel verändert zu haben. Fremde sind hier immer noch mit ein wenig Mißtrauen beäugte Wundertiere. Viele verirren sich nicht hierher.

Statuette einer Frau
mit Polos (Kopfbedeckung)
aus Mari, Alabaster,
um 2645-2460 v. Chr.
Aleppo, Nationalmuseum

Dura und Mari

Es ist nicht Befriedigung bloßer Neugier, wenn man eine Stätte aufsucht, deren Name für einen Brennpunkt westöstlicher Beziehungen aus frühen Tagen steht. Wem war Mari zum Beispiel nicht ein Name, wenn auch wenig mehr, seitdem ihm im Louvre zum erstenmal der bronzene Wächterlöwe aus einem der dortigen Tempel geduckt entgegengefaucht hatte? Und die Fresken aus der Synagoge von Dura, die wir im Museum von Damaskus sahen: hatten sie nicht Licht auf ein ganzes Geflecht künstlerischer und geschichtlicher Beziehungen geworfen, das bis Ktesiphon und Bagdad, nach Antiochia, Byzanz und Rom reichte? Die Standbilder und Wandmalereien sind in den Museen geborgen, die Ziegelmauern – einmal freigelegt – zerbröckeln rasch und unaufhaltsam. Wer sich eindrucksvoll aufragende Mauern als Hintergrund für ein Urlaubsfoto verspricht, wird vielleicht ein wenig enttäuscht sein, wenn er sich dem Ausflug anschließt, den wir am rechten Euphratufer entlang nach Dura-Europos (Sailihiye) und Mari (Tell Hariri) unternehmen wollen. Und doch möchte man dann letztlich diesen Tag nicht missen. Nicht nur, weil man Land und Leuten begegnet, sondern weil sich beim Betreten einer solchen Stätte die ferne Vergangenheit plötzlich konkretisiert. Freilich muß man seine Vorstellungskraft mobilisieren und die Dinge, die man in den großen Museen sah, sollte man nicht vergessen, sondern vor dem inneren Auge parat haben.

Aber auch Museen ohne bekannte Namen sind hilf- und lehrreich. Hätten wir nicht im Museum von Deir ez-Zor Umschau gehalten – ohne große Erwartungen zunächst, sondern eher im Gegenteil –, uns wären die Dinge entgangen, die archäologischer Spürsinn und Sachverstand bei **Tell Buqras** ans Licht brachte: Menschen- und Tierfigürchen, Gefäßkeramik, Reste von Wandbemalung aus einer städtischen Siedlung des Neolithikums, zu datieren zwischen 6400 und 5900 v. Chr. Die Menschen, die dort lebten, waren – nach den Abfällen, die sie hinterließen (Knochen von Schafen, Ziegen, Rindern) – in erster Linie Viehzüchter, bei denen der Ackerbau, wenn überhaupt, eine nur untergeordnete Rolle gespielt zu haben scheint. Ihr kleinwüchsiges Vieh mag in den weiten Steppen und Savannen ringsum Futter genug gefunden haben. Bislang ist aus der Euphratregion noch nichts Vergleichbares bekannt, und Hunderte von Kilometern trennen diese einstige Siedlung mit ihren schmalen Straßen, den nach einheitlichem Plan angelegten Häusern – drei längliche Wohnräume neben ein oder zwei Reihen kleinerer Gelasse, die als Vorratslager oder Küche dienten – von den frühesten städtischen Siedlungen in Anatolien (Catal Hüyük) oder in Westsyrien (Jericho, Ugarit) und an den Rändern des iranischen Hochlandes (Susa, Tepesiyalk). Ohne nennenswerte Umwege könnte man – mit einem einheimischen Führer – die Fundstelle erreichen, aber das Unternehmen lohnt nicht. Wenn die Wissenschaft ihre Erkenntnisse, ihre Pläne, ihre Fundstücke dahin hat, dann ist bald an einer solchen Stelle wirklich nichts mehr zu sehen.

Die Burg **Qalaat er-Rahbar** macht sich, während wir in der Euphratebene südwärts fahren, schon von ferne bemerkbar. Der Umweg dahin ist unbeträchtlich, lohnt die paar holprigen Kilometer zu einer einigermaßen romantischen Ruine einer *arabischen Festung* aus dem 13. Jahrhundert auf einem Felssporn mit einem weiten, in Trümmern liegenden Hof.

Aber wir müssen unsere Zeit zu Rate ziehen. Viel Feldergrün begleitet uns, wir sehen sumpfig-schilfige Teiche und kommen durch Dörfer, die gar nicht armselig wirken, sondern im Vergleich mit solchen in der Wüstensteppe schon beinahe wohlhabend. Nach einer reichlichen Stunde – die Straße ist aus dem fruchtbaren Euphrattal hinaufgeschnürt auf die Hochfläche – erreichen wir unser erstes Ziel: **Dura-Europos.**

Linker Hand steht über dem Wüstenhorizont eine dunkle Linie, die sich beim Abzweigen von der Hauptstraße als ein von Menschenhand errichteter Wall zu erkennen gibt. Es ist der Rest der *Stadtmauer* mit dem noch immer überwölbten

Tunnel des Haupttores, eines langen, schmalen, zweimal sich verengenden Durchganges zwischen den Stümpfen zweier mächtiger Türme. Das also ist Dura, benannt nach dem altassyrischen Wort duru, das Mauer, Festung bedeutete.

Die Stadt wurde unter Seleukos I. Nikator angelegt und bekam den Beinamen Europos nach dem makedonischen Geburtsort des Königs. Ihre frühen Schicksale liegen noch im Dunkeln. Eines ist sicher: Die Stelle, wo das Wüstenplateau bis an den Euphrat heranreicht, war von der Natur gleichermaßen zum Vorposten wie zum Übergang geschaffen. Hier mußten sich Ost und West begegnen. Als die Parther 128 v. Chr. Seleukia am Tigris eroberten, wurde auch Dura-Europos parthisch. Aber die Oberhoheit der Parther war kein ›Joch‹, waren doch diese nomadischen Iraner weniger an straffer Verwaltung als am Florieren des einträglichen Handels interessiert. Die römische Besetzung Syriens reichte dann gerade so weit, daß Dura als Grenzgarnison eine Pufferzone beherrschte, in der sich Ost und West begegneten und durchdrangen. Die Militärstadt erwuchs auch zur Etappenstation und zum Umschlagplatz des Handels zwischen Ost und West, zwischen dem mittelmeerischen Syrien und dem Land zwischen Euphrat und Tigris, von wo aus die Handelswege nach dem Iran, nach Indien und China führten. Den mißtrauischen Römern war dieser Grenzposten des Ostens stets ein Dorn im Auge.

Zu den Farbtafeln

20 Ruine der ›Weitarkadenbasilika‹ von Qalb Lozeh

21 In der Zitadelle von Aleppo

Palmyra:

22 Blick durch den Hadriansbogen in die Säulenstraße

23 Die Säulenstraße mit dem Tetrapylon

24 Die Oase um das ›Bad der Zenobia‹

25 Der Bel Schamin-Tempel vor dem Bergkegel mit der arabischen Festung

Seit dem Augustusfrieden mit den Parthern – in mythischen Bildern gefeiert auf dem Brustpanzer der Augustusstatue aus Primaporta im Vatikanischen Museum – blieb es einige Jahre ruhig. Unter dem Schutz Palmyras konnte sich der Ost-West-Handel am Euphrat friedlich abspielen. Die ganze römische Ostpolitik bis zur Machtergreifung der Sassaniden (224 n. Chr.) scheint im Rückblick wie eine einzige Kette von Irrtümern, weil die von der hellenistischen Kultur faszinierten Parther, die nichts wollten als die Anerkennung ihrer lockeren Oberhoheit, und die nach Unterwerfung der Feinde trachtenden Römer einander nicht begriffen. Das »tu regere imperio ... Du aber, Römer, gedenke die Völker der Welt zu beherrschen ... und schaffe Gesittung und Frieden« war den Parthern kein Programm, sondern eine Drohung. Und als Bedrohung empfand Rom seinerseits die Parther, die sich eben nicht beherrschen lassen wollten.

Erst die achämenidische Weltreichsideeen erneuernde Politik der seit 224 in Persien herrschenden Sassaniden sprach eine den Römern verständliche Sprache. An seiner Nordgrenze von den Germanen gepiesakt, mußte sich das Imperium mit dem Gegner aus dem Osten auseinandersetzen. Schließlich sind beide Kampfhähne daran verblutet. Auch Dura ging dabei zugrunde. Es hatte die Blüte Palmyras geteilt, war wenige Jahre vor dessen Zerstörung durch Aurelian an die Sassaniden gefallen. Nur ein paar Jahrzehnte später war die einst blühende und volkreiche Grenzstadt verlassen. Als Kaiser Julian der Abtrünnige 363 gegen Ktesiphon zog, da fand er nur noch »Reste von etwas, das einmal eine Stadt gewesen war«.

Aber zwischendurch hatte die Stadt als Militärlager ganz gut gelebt, hatte sich Thermen, ein Amphitheater zugelegt und waren in der Garnison, die ein zumindest regionales Handelszentrum blieb, neue Kulte heimisch geworden: der des Mithras, der des Jupiter Dolichenus. Es kamen auch die Christen und richteten in einem Haus eine Kirche ein, und die Juden, die schon früher zur Stelle waren, schmückten ihre Synagoge mit einzigartigen Malereien, die wir im Museum von Damaskus gesehen haben. Daß sie so gut erhalten blieben, verdanken sie dem Umstand, daß das Kulthaus in schlechter Lage, nämlich hart an der Stadtmauer errichtet werden mußte und in ihrem Windschatten konserviert wurde: begraben unter einer etwa zwölf Meter breiten Aufschüttung von Schutt und Ziegeln, welche das Verteidigungswerk stadtseitig verstärken sollte. Vergebens.

Die Stelle blieb verlassen, um der archäologischen Neugier reiche Ernten zu schenken. Schon im Jahr 1872 hat der k.u.k. Ingenieur Tschernik die Stätte gesehen und von ihr kurze Notiz gegeben. Sarre und Herzfeld besuchten sie 1898 und 1912, aber auch sie kannten den Namen der antiken Stadt noch nicht. Erst seit dem Jahr 1921 ist er wieder bekannt. Damals hielten die Briten das Gebiet besetzt, und der Hauptmann Murphy, der eine kleine Truppe befehligte, mußte sie gegen einen Angriff der Einheimischen schützen. Bei den Schanzarbeiten stieß er auf die Reste und Fresken des *Tempels der palmyrenischen Götter*. Miss Gertrude Bell in Bagdad erkannte sofort die Bedeutung des Fundes. Prof. H. Breasted, Chef des Oriental Institute of Chicago, der mit einem Team im südlichen Mesopotamien unterwegs war, wurde schleunigst hinbeordert. Nur ein Tag blieb ihm und seinen Mitarbeitern, zu fotografieren, zu vermessen, zu kopieren. Im

DURA-EUROPOS

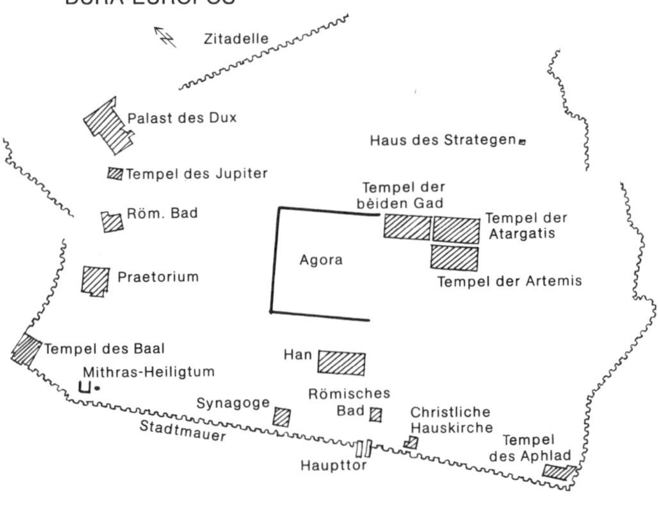

Herbst der Jahre 1922 und 1923 konnte die Wissenschaft unter dem Schutz einer bewaffneten Truppe sich eingehender mit den Funden beschäftigen, bedeutsame Bauten, wenn nicht freilegen, so doch wenigstens orten und aufschlußreiches Fundmaterial heimbringen. Die Malereien aus dem Tempel der palmyrenischen Götter, der Synagoge und der christlichen Hauskirche konnten allerdings erst später nach Damaskus beziehungsweise Philadelphia verbracht werden.

Dura war kein aktives geistig-künstlerisches Zentrum (das war viel eher das große Palmyra), ist auch seinem Erhaltungszustand nach kein Pompeji an der Euphratgrenze, sondern eher das Gegenteil. Es war nur eine für ein paar Jahrhunderte als Grenzposten florierende Mittelstadt, in der vieles zu vielem kam und durch die Gunst ungünstiger Geschicke Dinge erhalten blieben, die es andernorts auch gegeben haben mag, die aber dort vergingen.

Der hellenistische Stadtplan konnte archäologisch gesichert werden und liefert einen Anhaltspunkt für die hypothetische Erschließung der Pläne der Seleukidenstädte Apameia, Laodikeia (Lattakia), Antiochia.

Die Wandmalereien aus parthischer Zeit haben ebenso wie Kultreliefs das Bild der parthischen Kunst wesentlich erweitert und präzisiert, und die Fresken der christlichen Hauskirche und der Synagoge erzwangen eine Revision der bis dahin geltenden Vorstellungen vom Entwicklungsgang der frühchristlichen Kunst. Aber diese Dinge sind heute ja fern von hier verwahrt; an Ort und Stelle sieht man eigentlich nur die Spuren der ergrabenen Komplexe und die eindrucksvollen Reste der Stadtmauer, welche feldseitig, das heißt an der Südwestseite turmverstärkt in gerader Linie verläuft, sich an den anderen Seiten der Geländeform fügt, dem Abfall der beiden Täler folgt, die sich in Richtung Euphrat ziehen, und dann über dem Steilufer des Flusses, gegen dessen Lauf – eindrucksvoll vorgeschoben und durch einen Geländeeinschnitt geschieden, von den anprallenden Wassern zur Hälfte weggespült – die Zitadelle sich erhebt. Es ist diese Lage, angesichts derer man sagen möchte, sie mußte eine Stadt herlocken, die sich der Erinnerung einschreibt und die leibhaft erlebbar macht, warum an dieser

Stelle der Austausch zwischen Orient und Okzident so folgen- und erfolgreich verlaufen konnte. Das hier ist die letzte vorgeschobene Bastion des syrischen Wüstenplateaus – und jenseits des Flusses erstreckt sich das nordmesopotamische Flachland, zur frühen Jahreszeit grün so weit das Auge reicht.

Vom Haupttor aus führt eine gerade Straße in Richtung Euphrat. Noch teilweise kenntlich ist das Raster der hellenistischen Insulae. An der Ecke der ersten hinter dem Tor rechts zeugen römische Backsteine von einer Badeanlage. Die übernächste Insula linker Hand nahm ein Han, eine Karawanenherberge ein. Einen Hausblock weiter tat sich in hellenistischer Zeit die *Agora* auf, der Markt, heute durch Überbauung in parthischer Zeit kaum mehr kenntlich. Das Areal der Insulae, die dann folgen, war einst von Tempeln besetzt: vom Heiligtum der beiden Gad (2. Jahrhundert ?), das mehreren Gottheiten aus dem Kreis des palmyrenischen Bel Schamin geweiht war – von ihm blieb ein durch Nischen gegliedertes Mauerstück. In der südlich anschließenden Insula lag der Tempel der Atargatis neben einer Priesterwohnung, nach ähnlichem Plan angelegt wie der benachbarte, noch einigermaßen kenntliche *der Artemis*. Dessen hellenistischer Vorgängerbau wurde in der zweiten Hälfte des 1. Jahrhunderts v. Chr. durch einen Hoftempel parthischer Art ersetzt mit Eingangshalle, Altar und dreiteiligem Portikus, an den später unter anderem ein theaterartiger Raum für kultische Versammlungen angebaut wurde, mit einem halbrunden kryptenartigen Gang, der unter den Sitzreihen umläuft.

Über dem zum Euphrat abfallenden Gelände thronte südlich einst das Haus des Strategen, des Statthalters der seleukidischen, dann der parthischen Könige. Von ihm aus könnte der Besucher, etwa dem Verlauf der südöstlichen Stadtmauer folgend – mit leichten Schwindel erregenden Blicken in die Taltiefe –, die Südecke des Mauerzingels erreichen, wo ein Ruinenkomplex als Tempel des Aphlad identifiziert wurde.

Die Feldseite der gerade verlaufenden Südwestmauer ist durch Trümmerwerk und Sandverwehungen um ihre Imposanz gebracht. Ihre Stadtseite, an der einst jene Heiligtümer lagen, welche der mauerverstärkenden Anschüttung zum

Opfer fielen und – durch sie bewahrt – Dura zu spätem Nachruhm verhalfen, ist zur Gänze, das heißt bis zum einstigen Straßenniveau freigelegt und liefert der rekonstruierenden Phantasie Anhalt, wenn sie sich bemüht, das Bild von einst vors innere Auge zu stellen. Geblieben ist vom Mauerwerk der Bauten, die so schätzbare Dokumente jüdischer und frühchristlicher Malerei geliefert haben, nur wenig. Die Reste der christlichen Hauskirche findet man eigentlich nur mit Hilfe eines eingeweihten Führers – aber am Ort wird man vergebens nach einem solchen suchen – und die der Synagoge nur, wenn man in zwei Ziegelstümpfen die Reste der beiden Rundpfeiler erkennt, welche die Rekonstruktion im damaszener Museum auszeichnen.

Wenn wir der Innenseite der Stadtmauer weiter folgen, stoßen wir bald auf die Reste eines Mauerzuges, der in rechtem Winkel abzweigend das einstige Nordwestviertel der Stadt als römisches Militärlager von der Zivilsiedlung sonderte. Hier fand man Heiligtümer der bei den Soldaten beliebten Gottheiten: des Mithras, des Jupiter Dolichenus, des Baal-Zeus (in der Westecke der Stadtbefestigung). Nach dem Zeugnis der hier gefundenen Wandbilder war der Gott als ein siegreicher und also siegverheißender Heerführer aufgefaßt. Hier fanden sich auch Bäder, die Arena eines Amphitheaters, ein Praetorium, endlich der Palast des Dux, des römischen Befehlshabers der Euphratgrenze. Von all dem blieb bitter wenig. Wir lassen bald die zeitraubenden Versuche, die im Gelände verstreuten Baureste zu identifizieren und wenden unser Interesse dem Verlauf der Mauer zu und den instruktiven Blicken auf die landschaftliche Umgebung.

Da der Besuch der Zitadelle mit einiger Kletterei verbunden ist, begnügen wir uns mit dem Bild-Eindruck und verzichten darauf, nach den Spuren eines parthischen Palastes zu suchen (angeblich mit Drei-Iwan-Front und einem Feueraltar im dahintergelegenen Säulenhof), zumal mehr als die Hälfte des Areals, vom Euphrat unterspült, in die Tiefe gestürzt ist.

Es war vor allem das Bild der landschaftlichen Situation, das uns bei der Begegnung mit Dura fasziniert und beschäftigt hat. Wenn wir im Schatten des Stadttordurchgangs von einem langen Spaziergang unter dem Geprassel der mittäglichen Sonne ausrasten und – das Gelände der alten Stadt noch im Blick – dem Erlebnis nachsinnen, wird uns plötzlich die mächtige Beharrungskraft des Ostens – lang schon vor der kristallenen Unanfechtbarkeit des Islam – bewußt. Ein makedonischer Eroberer und seine Diadochen mochten den Orient vorübergehend und oberflächlich hellenisieren, ihn mit zivilisatorischen Errungenschaften beglücken, die ohne die Erkenntnisse und Kenntnisse dieses Ostens nie möglich gewesen wären, sein Wesen haben sie nicht verändert. Als die griechisch-bewegliche Zivilisation den Osten überschwemmte, antwortete dieser mit einer Orientalisierung des Hellenentums. Das von griechischer Art schon so stark bestimmte Rom der Zeitenwende und der bereits östlich-hellenistisch geprägten Kaiserzeit hatte sich mit dem Osten auseinanderzusetzen. Je stärker es sich dort engagierte, desto mehr orientalisierte es sich selbst.

Auf! Es ist schon Nachmittag – und wir wollen doch unbedingt noch heute Umschau halten auch in **Mari** (Tell Hariri), selbst wenn unser Guide vorsorglich bemerkt, daß die Ruinen, weil aus nicht sehr widerstandsfähigem Material errichtet, sehr schlecht erhalten sind. Wir fahren, einen letzten Blick auf Duras Mauern zurückwerfend, abwärts in die Euphratebene und finden uns nach weiteren zwanzig Kilometern am Ziel.

Beim Gehöft, das sich um das Haus der einstigen französischen Ausgräber angesiedelt hat, dürfen wir unser Fahrzeug abstellen. Der Herr des Hofes ist gleichzeitig Hüter der Ausgrabung. Er wird uns auch zeigen, was es zu sehen gibt – aber seine Erläuterungen erweisen sich als wenig hilfreich. Ein Teil der neuen Ausgrabungen – es dauert einige Zeit, bis wir merken, daß es sich dabei nicht um den Thronsaal, sondern das im Plan unter 7 eingezeichnete Heiligtum handelt – ist überdacht, damit die jahrtausendealten Lehmmauern nicht von den nächsten Regen abgetragen werden und mit etwas Glück noch ein paar Jahrzehnte überdauern. Sie vermitteln dem Besucher nicht nur Grundrißspuren, sondern eine Ahnung auch der Höhendimension.

Mari, obwohl auf syrischem Staatsgebiet gelegen, gehört zu Alt-Mesopotamien und Stadt wie Tempel und Palast waren aus sonnengetrockneten Lehmziegeln errichtet. Wie in Lagasch und Uruk, in Babylon, Ninive, Assur oder Chorsabad ist das meiste nur noch in Spuren erhalten, die nicht so einfach lesbar sind wie die Pläne, die auf dem Papier die Ergebnisse archäologischer Genauigkeit übersichtlich zusammenfassen. Wir begegnen hier – in Syrien – einer ganz anderen Welt als der syrischen, nämlich der sumerischen. Aber das macht ja den besonderen Reiz einer Syrienreise aus: die Begegnung mit so vielen Welten und Kulturen. Mari, am uralten Weg vom südlichen Zweistromland zum Mittelmeer gelegen, war vielleicht schon in der Uruk-Zeit, zumindest seit der Djemdet-Nasr-Epoche (3100-2900 v. Chr.) besiedelt und entwickelte sich zu einem bedeutenden politischen und wirtschaftlichen Zentrum. Als sich vor 5000 Jahren die ersten Stadtstaaten der Sumerer im südlichen Mesopotamien formierten, wuchs auch das semitische Mari am mittleren Euphrat zu einer Stadt heran, deren Oberschicht die sumerische Keilschrift übernahm und deren Handwerker sich am sumerischen Vorbild orientierten. Mari lag an einem Kreuzungspunkt der Handelsstraßen zwischen Anatolien und dem Persischen Golf, zwischen Westsyrien und den Bergländern im Norden und Osten. Solche Bedeutung gewann dieser Außenposten sumerischer Kultur, daß die Namen von sechs seiner Herrscher in die sumerischen Königslisten Eingang fanden. Immer wieder war diese Stadt Ziel kriegerischer Angreifer aus Syrien sowohl wie aus dem Zweistromland. Einmal konnte der Herr des syrischen Ebla den König von Mari, Ibul-Il, besiegen, die Euphratstadt unterwerfen und damit den syrischen Handel kontrollieren, dann wieder war zeitweilig ein Priesterkönig von Lagasch Herr über Mari, das damals vermutlich von semitischen Akkadern bewohnt war. Als Scharukkin (Sargon) d. Gr. – nach der ›kurzen‹ Chronologie 2340-2284 v. Chr. – das akkadische, das erste Großreich im Nahen Osten, gründete, mußte sich ihm die bis dahin unabhängige Dynastie von Mari bald unterwerfen. Im Lauf eines Feldzuges, der ihn bis zum Zedernwald – das heißt in den Libanon – und an die Küste des Mittelmeeres führte, nahm der Großkönig Mari ein. Sein Enkel Naramsin mußte den unbotmäßigen Vasallenfürsten von Mari seine Autorität spüren lassen. Ein Königsverwandter wurde als Gouverneur eingesetzt.

Seit dem Ende des akkadischen Reiches (etwa 2300 v. Chr.) geriet Mari unter den Einfluß der III. Dynastie von Ur. Im ausgehenden 3. Jahrtausend v. Chr. haben die Amurru, westsemitische Nomaden aus der syrischen Wüste, die politische Welt des Nahen Ostens erschüttert und verwandelt. In Mari gründeten sie eine Dynastie, unter der die Stadt ihre höchste Blüte erlebte, und ihr König Jachdun-Lim dehnte seinen Einfluß bis ans Zederngebirge und ans Mittelmeer aus. Doch schon drei Jahre nach seinem Tod eroberte (um 2000 v. Chr.) Schamsi-Adad von Assur die Handelsmetropole und setzte seinen Sohn dort als Statthalter ein, während der legitime Kronprinz Zimri-Lim nach Jamchad ins Exil ging und erst nach Schamsi-Adads Ende in seine Heimat zurückkehren konnte. Der Palast, den er sich nach seiner Thronbesteigung errichten ließ, galt schon zu seinen Lebzeiten als ein Weltwunder, das bestaunen zu dürfen andere Herrscher als besondere Gunst empfanden. Der Herr dieses Proto-Versailles beherrschte ein Gebiet, das vom unteren Khabur bis weit in den heutigen Irak hineinreichte und er kontrollierte den Handel mit Zinn und Kupfer, Holz, Öl und Wein zwischen Anatolien und dem Persischen Golf, zwischen Mittelmeer und Iran, der ihm die Mittel zu solcher Macht- und Prachtentfaltung lieferte. Sie fand ein jähes Ende, als Hammurabi von Babylon Mari eroberte und ausradierte. Der Assyrer Tukulti Ninurta fand die Stätte noch wichtig genug, um hier eine Garnison zu unterhalten, welche den mittleren Euphrat überwachen sollte, dann aber hört man nichts mehr von Mari. Einzig ein paar Gräber inmitten der Trümmerstätte bezeugen, daß auch unter den Seleukiden, den Parthern und Sassaniden hier noch Leute lebten. Dann senkt sich Vergessenheit über einen verlassenen Ort. Der Warenaustausch hatte sich andere Wege gesucht.

Das Jahr, in dem Maris Glanz blutig erlosch, läßt sich nicht genau fixieren, solange die Forscher noch die absolute Chronologie diskutieren und die Regierungsdaten Hammurabis noch nicht exakt festzulegen sind. Der große König ist uns zwar durch seine basaltene Gesetzesstele – sie wurde aus Babylon nach Elam verschleppt und befindet sich heute im Louvre – und durch Votivstatuetten von Angesicht bekannt, aber seine Regierungsdaten schwanken zwischen 1930-1888 v. Chr. (so die ›lange‹ Chronologie), 1792-1750 und 1728-1686 v. Chr.

Die Totenstille, die über Tell Hariri lag, wurde erst wieder unterbrochen, als 1933 – also nach zweieinhalb Jahrtausenden – eine zufällig ans Licht gekommene Statue die Aufmerksamkeit der Altertumsforscher auf diese Stätte lenkte. Seit dem Dezember 1933 hat – mit Unterbrechungen – ein französisches Team unter André Parrot hier gegraben und Erstaunliches zutage gefördert. (Die letzten Kampagnen standen schon unter der Regie der Generaldirektion der syrischen Altertümer.) Da kamen, vergraben unter dem Hof des Ischtar-Tempels aus frühdynastischer Zeit, jene ›Beter‹ aus Gipsstein ans Licht, die – mit fromm verschränkten Händen überm plumpen Zottenrock – mit ihren aus Muschelschalen und Lapislazuli eingelegten weitoffenen Mandelaugen wie verwundert schauen und zugleich durch die Welt hindurchsehen. Wenn man ihnen begegnet, dann ist es, als wäre man Zeuge, wie Adam zum erstenmal das Auge auftat. Aber diese Bilder von Männern und Frauen stammen ja nicht aus Urzeiten, sondern aus der Mitte des 3. Jahrtausends v. Chr., sind also die Porträts von Zeitgenossen jenes Pharao, der bei Gizeh am Nil seine riesige Pyramide auftürmen ließ. Cheops hat eine Pyramide seines Namens hinterlassen, aber nur ein winziges Figürchen (in Kopenhagen) bewahrt ein Abbild seiner irdischen Gestalt. Seine mesopotamischen Zeitgenossen waren nicht so prominent, doch ihre Namen leben zugleich mit ihren Bildern weiter: der Tempelintendant Abichil (Ebih-Il, Louvre), der Gesangskünstler Ur-Nansche (Damaskus). Diese Bilder – achsensymmetrisch und streng frontal – dürften einst als geweihte Votive in die Tempel gekommen sein, standen dort auf niedrigen Bänken innerhalb des Heiligtums. Wenn wir uns an den auf den Grabungsplänen bezeichneten Stellen umsehen, dann finden wir nichts mehr. Es ist fast wie in Babylon, wo im Schlamm einer tiefen

Grube einzig ein paar Ziegellagen die Stelle jenes Turms markieren, der einst bis zum Himmel reichen sollte. Nein, ganz so deprimierend ist die Begegnung mit dem *Palast von Mari* nun nicht, doch sind das Augenfälligste die Ausmaße der Anlage. Aber man hat es hier schwer. Selbst die beiden Höfe, welche das Herz des Palastes waren, zeigen sich dem Besucher von heute nicht als ebene Flächen, sondern sind durchzogen von archäologischen Suchgräben und Resten späteren Mauerwerks. Der Palast entstand nicht aufgrund einer einheitlichen Planung, sondern wuchs in langer, etwas wirrer Baugeschichte allmählich zu jenem Komplex heran, der zur Zeit des Zimri-Lim die Bewunderung und den Neid anderer Könige herausforderte.

Unser Führer hat uns zunächst in das überdeckte und eindrucksvoll erhaltene Heiligtum (7) geführt. Von dort aus erreichen wir den nördlichen Hof (3), den der Palastbesucher von einst von der Nordseite her durch das Hauptportal (1), einen dahinter gelegenen Querraum, einen Vorhof (2) und einen zweiten korridorähnlichen Quersaal betrat. An der Südseite dieses Hofes, den Wirtschafts- und Verwaltungsräume umgaben, öffnete sich über einer Freitreppe ein als Audienzsaal (4) gedeuteter Raum. In den westlich davon gelegenen Haupthof (10), den Wohngemächern benachbart, intimer zugleich und repräsentativer, gelangte man nur durch einen Korridor (9), der um die Nordecke dieses Hofes herumführte. Die Tür, die den Besucher in den Hof entließ, öffnete sich genau in der Mitte seiner Nordseite. Gegenüber, an der Südseite, tat sich ein zweites hohes Tor auf, hinter dem im Halbschatten die königliche Majestät auf einem hohen Podest (11) thronte, umgeben wohl von seinen Garden und Großen. Wer vor den Herrscher treten wollte, um die Erde vor seinen Füßen zu küssen, hatte, aus dem Halbdunkel des langen Korridors in die blendende Gegenlicht-Helle des Hofes entlassen, nicht weniger als 45 Meter zurückzulegen, um dann im Schatten des *Thronsaales* (11) das königliche Antlitz mehr über sich zu ahnen als zu erblicken. Man verstand sich schon zu Zimri-Lims Zeiten auf eindrucksvolle Repräsentationsregie, nicht anders als später die Könige der Perser, die Kaiser von Byzanz mit ihren Theater-

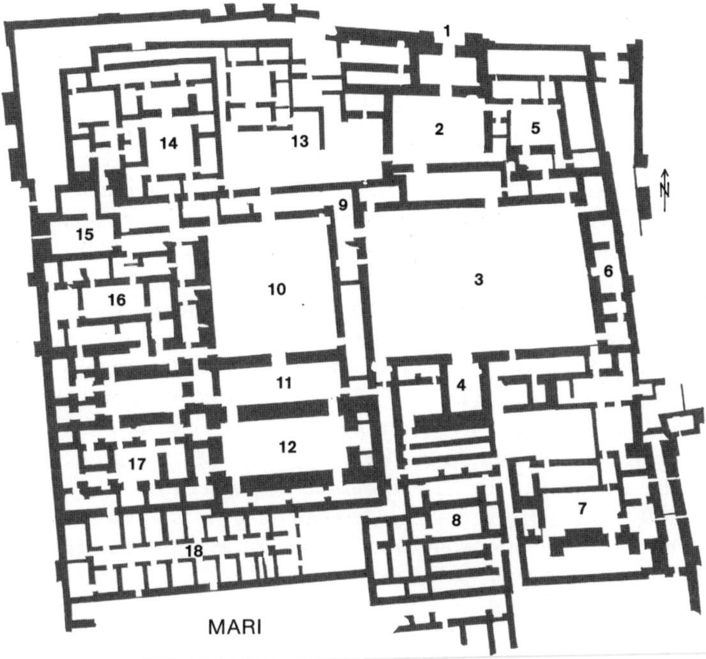

Mari, Palast des Zimri-Lim

1 Hauptportal
2 Vorhof
3 Osthof
4 Audienzsaal
5 Wirtschaftsbereich u. Palastküche
6 Verwaltungsbereich
7 Heiligtum
8 Raum mit Wandmalereien
9 Korridor
10 Haupthof
11 Thronsaal
12 Sakralraum
13 Bäder mit kleinem Heiligtum
14 Königlicher Wohnbereich
15 Schatzkammer
16 Wohnräume
17 Wirtschaftsbereich
18 Speicher (Magazine)

maschinen und Vorhängen, als die spanischen Könige, die Päpste und die osmanischen Sultane. Lange Wege und eine Vielzahl von Zwischenhalten schaffen nicht nur lokale Distanz, welche den Abstand zwischen Untertan und gottähnlichem Herrscher symbolisch ausdrückt, sondern machen den, der vor das erhabene Angesicht treten will, auch psychologisch weich. Der Gesandte eines anderen Hofes mußte schon sehr viel Selbstvertrauen mitbringen, wenn er seines Herren Sache vor dem fremden Throne nachdrücklich vertreten wollte. Der König, der auf dem Thron von Mari saß, wußte die Gottheit hinter sich. An den Enden des Thronsaales führten zwei Durchgänge in einen ihm parallelen, gleichfalls quergelagerten Sakralraum (12).

Halten wir hier inne. Beschreibend durch die ganze Palastanlage, ein zerrissenes Grabungsfeld, zu führen, wäre ein sinnlos-unmögliches Unterfangen.

Der Palast ist sicherlich das sehenswerteste Denkmal von Mari. Doch schon seine unmittelbare Umgebung ist heute eher gesichtslos und sagt uns Laien, die wir nicht die Ausgrabungsberichte vor Augen haben, recht wenig. Die Anhöhe, die den Dreifuß für die trigonometrische Vermessung trägt, soll – so unser Führer – der Rest einer Ziggurat, eines gestuften Tempelturmes, sein, eines Bautypus, den einst der ›Turm von Babel‹ beispielhaft repräsentierte, den die Ziggurats von Ur und Aqarquf bei Bagdad (beide Irak) und die von Tschoga Tambil (Iran) noch heute vor Augen führen könnten. Noch weniger Sichtbares blieb in Mari von den Heiligtümern aus der frühdynastischen Zeit (3000-2650 v. Chr.), dem Tempel der Ischtar an der westlichen Stadtmauer und dem aufwendigen Ninni-Zaza-Tempel (1700 v. Chr.), einer Anlage um einen Zentralhof, in dessen Mitte ein Baetylus, ein steinernes Malzeichen aus Basalt, die Gegenwart des Gottes symbolisch kundtat. Die Mauern dieses Hofes sind ebenso vergangen und eingeebnet wie die dahinterliegende Quercella.

In den Tempeln fanden die Ausgräber eine Anzahl faszinierender Bildwerke. Die ›Göttin von Mari‹, die in geringer Tiefe ans Licht kam und den Anstoß für die Erforschung der Stätte gab, ist heute eine besondere Kostbarkeit des Museums von Aleppo. Eine ganze Gruppe von Statuetten in strenger Frontalität wird als ›Beterbilder‹ (Abb. S. 51) angesprochen. Sie standen in frühdynastischer Zeit auf bankartigen Podien, die sich an den Wänden der Tempelcellen entlangzogen und

Mari, Teil der Palastanlage

vermutlich den Stifter in dauernder Verehrung der Gottheit vor Augen stellen sollten. In der Mitte des Mari-Saales im Louvre sitzt lächelnd, mit großen Augen in die Jahrhunderte hineinschauend, das Alabasterbild des Herren Ebih-Il, Intendant des Ischtar-Tempels von Mari, das in aller Welt wohl bekannteste Bildwerk aus dieser Stadt. Dort in Paris finden wir auch die – stark ergänzten – Fresken aus dem Raum (8) des Zimri-Lim-Palastes und den schon erwähnten Löwen, der mit seinem Gegenstück (in Aleppo) das Tor des Dagān-Tempels gegen feindliche Dämonen bewachte.

In der Zeit, da der Herr Ebih-Il die wirtschaftlichen und kultischen Aufgaben des Tempels der Ischtar offenbar recht erfolgreich managte, entstand auch das Sitzbild des Sängers Ur-Nansche (Abb. S. 53), auch wieder ein in seiner geometrisch abstrahierten und zugleich differenzierten Haltung besonders eindrucksvolles frühes Menschenbild. Trotz des für die Männertracht bezeichnenden Zottenrockes bei nacktem Oberkörper wird der Dargestellte der Bartlosigkeit und seiner schwammigen, an weibliche Formen erinnernden Brustpartie wegen oft auch als ›Sängerin‹ angesprochen. Stimmbegabte Knaben vor dem Eintritt der Pubertät zu entmannen, das war auch im christlichen Europa ja noch bis ins 18. Jahrhundert üblich. Die geistliche Musik der päpstlichen Hofkapelle seit Palestrinas Zeit wie noch die Opern Händels und die des Reformators Gluck rechnen mit Kastratensopranen. Und Mari war – das belegen Keilschrifttäfelchen – nicht nur ein Zentrum der bildenden Kunst im Dienste der Gottheit und ihrer Verehrer, sondern war auch seiner Musikanten wegen weitum berühmt. Selbst feindliche Könige bemühten sich, in Mari ausgebildete Sänger und Sängerinnen für ihren Hof- und Tempeldienst zu gewinnen. Schamsi-Adad von Assur, der seinen Sohn zum Gouverneur von Mari eingesetzt hatte, wies diesen an, ihm so bald als möglich Sänger und Instrumentalisten zu überstellen.

Führen wir von Mari (Tell Hariri) weiter nach Südosten, nach **Abu Kemal,** so könnten wir dort den Euphrat überqueren, um am anderen Ufer, da wo Wüstenplateau und Euphratebene einander berühren, die *Grabtürme von Baghuz* zu besehen, noch in ansehnlichen Resten erhaltene Varianten der Grabtürme von Palmyra. Sie gehören irgendwo in den Zeitraum zwischen dem 1. vor- und dem 2. nachchristlichen Jahrhundert, ohne daß sie sich genauer datieren ließen. Keinerlei Diskussion, ob wir diese Fahrt unternehmen sollen. Die Zeit, die dieser Abstecher kosten würde, sie wollen wir lieber an Palmyra wenden. Zu stark ist die Anziehungskraft dieser Ruinenstadt beinahe im Zentrum des Dreiecks, das Mittelmeerküste, Euphratlauf und Südostgrenze des heutigen Syrien umschreiben. Sie leuchtet als Stern erster Ordnung im Siebengestirn jener Stätten, die jede für sich allein schon beinahe alle Mühen einer Reise nach Syrien lohnen würden.

Palmyra

Wie hat der Name klangreich bezaubert, seit er zum erstenmal ans Ohr des Kindes drang: Palmen vors Auge gaukelnd, die sich im warmen Winde wiegen, von Ägypten-gleichem Geheimnis erfüllt durch das griechische y, ausgehend aufs lieblich-volltönige a wie der Name der klugen, kühnen und schönen Königin Zenobia, deren Andenken für immer mit der Oasenstadt an der Grenze zwischen Osten und Westen verbunden bleibt. Des Knaben Phantasie sog Nahrung aus den Stahlstichen in den Bänden von ›Meyers Universum‹, die seit dem Tod des aufrecht-liberalen Urgroßvaters auf dem Dachspeicher lagen. Wer sich endlich aufmacht, um seine Jugendträume an der Wirklichkeit zu messen, kalkuliert weislich Enttäuschungen ein. Unnötiges Bedenken in diesem Falle. Schon der erste Blick von den Höhen, welche

Palmyra im Westen abschirmen, ist von erschütternder Weite. Das Auge rafft fast bestürzt dieses Bild ein. Vor dem lichten Horizont stehen die Türme der Südwestnekropole, auf einem ebenmäßigen Bergkegel thront die unglaubliche arabische Festung, ein feierlicher Zug von Säulen skandiert die Ebene bis zum breiten Geviert des Baal-Tempels, hinter das sich das nicht genau zu benennende Grün des Oasenhaines legt, das dann in der gelbbraunen Unendlichkeit der syrischen Wüste verschwimmt. Palmyra übertrifft alle hochgespannten Erwartungen, selbst wenn einem beim Wiedersehen das neue Méridien-Hotel in der Nähe der Efla-Quelle einen Schlag versetzt.

Vorsichtshalber haben wir unser Quartier im alten Hotel Zenobia telefonisch vorbestellt, werden freundlich empfangen und fühlen uns bald wie daheim. Leicht läßt sich auf den ›internationalen Standard‹ verzichten. Hier sitzen wir wie die Maus im Speck. Der Bel Schamin-Tempel liegt vor der Haustür, zum Museum sind es nur fünf, zum Baal-Tempel nur zehn Minuten, nicht weiter als es ein Palmyrener vor 1600 Jahren zum Stadtzentrum, zu Theater und Thermen

Blick auf Palmyra, im Vordergrund die Südwestnekropole

hatte und zur Agora. Fast hätte ich geschrieben: zum Rialto. Ist es wirklich so absurd, wie es auf den ersten Blick scheint, hier in der Wüstenstadt, die »auf allen Seiten von weiten Strecken trockenen Sandes umgeben, wie von der Natur von der umliegenden Welt getrennt« (Plinius, Naturalis historia), an Venedig in seiner Lagune zu denken, die es von der umliegenden Welt trennt – in der Karawanenstadt »zwischen den beiden Imperien der Römer und der Parther« (a.a.O.) an die orientalischste Stadt des Westens, die zwischen den beiden Imperien des byzantinischen Ostens und des römisch-germanischen Abendlandes ihren eigenen Weg ging wie einst Palmyra, die wie diese vom Handel lebte und fast ausschließlich von ihm, deren Politik dahin ging, sich die Handelswege offenzuhalten und zu diesem Zweck ein eigenes Imperium aufbaute?

Wir wollen die Parallelen – es ließen sich noch einige ziehen – nicht strapazieren. Doch vielleicht ist die Erinnerung an die Serenissima in ihrer großen Zeit hilfreich, wenn wir versuchen, dem Phänomen Palmyra gerecht zu werden. Als Arbeitsfeld der archäologischen Wissenschaft steht die syrische Wüstenstadt immer ein wenig in der Gefahr, als bloße Summe diverser Einflüsse, östlicher, westlicher, das heißt babylonischer, griechisch-parthischer, griechisch-römischer verstanden oder eher mißverstanden zu werden. Im Falle Venedigs hat man längst begriffen, daß ein solches Phänomen eben nicht als bloße Addition verschiedener ›Einflüsse‹ zu verstehen ist, sondern mehr bedeutet, nämlich ein aus vielerlei gegensätzlichen Zuströmen geborenes Eigenwesen, das nur mit sich selbst zu vergleichen ist, eine eigene Welt zwischen zwei Kulturbereichen. Die Erinnerung an byzantinischen Ikonenglanz hilft wohl, die Eigenart der venezianischen Malerei zu erfassen, aber erklärt so wenig ihre triumphale Entfaltung wie eine säuberliche Scheidung parthischer und römischer Elemente das Phänomen Palmyra und der palmyrenischen Kunst erhellt. Die Gedankenverbindung Palmyra–Venedig ist nicht willkürlich. Der große Venezianer G. B. Tiepolo hat ein Sujet aus der palmyrenischen Geschichte gestaltet: Zenobia im Triumphzug des Aurelian.

Die palmyrenische Geschichte, wann beginnt sie? Im weiteren Umkreis der Oasenstadt konnten aus einer Zeit, in der die Wüsten von heute noch wildreiche Savannen mit bewaldeten Bergzügen waren – also vor ca. 75 000 Jahren – Spuren menschlicher Anwesenheit nachgewiesen werden. Tadmor, der semitische, noch heute bei den Arabern gebräuchliche Name Palmyras, taucht zum erstenmal auf einer Keilschrifttafel auf, die in der assyrischen Handelsniederlassung Karum Kanisch in Zentralanatolien gefunden wurde. Da fungiert ein Puzur-Ishtar aus Tadmor als Zeuge. Der Tadmor-Name taucht im 18. Jahrhundert v. Chr. auf Täfelchen in Mari auf, ein Jahrhundert später auch auf solchen aus Emar am Euphrat. Im frühen 11. Jahrhundert v. Chr. erwähnen die Annalen des Assyrerkönigs Tiglat-Pilesar I. die Stadt Tadmor im Amurru-Land.

Von der Siedlung des 3. und 2. Jahrtausends v. Chr. blieb nichts Sichtbares. Ein paar Scherben, die man vier Meter unter der Terrasse des Baal-Tempels fand, gestatten die Vermutung, dieses Heiligtum sei eben über dem Tell der ältesten Siedlung errichtet worden. In der Zeit des Niedergangs unter osmanischer Herrschaft vegetierte das armselige Dorf Tadmor genau wieder an dieser Stätte in diesem Bezirk – die Cella des Tempels war schon im 12. Jahrhundert zur Moschee verwandelt worden – und wurde erst in unserem Jahrhundert an der heutigen Stelle auf langweiligem Schachbrettplan neuerrichtet. Inzwischen ist es zu einer nicht gerade reizvollen, aber beachtlichen Stadt herangewachsen mit über 30 000 Einwohnern, mehreren Grund- und zwei höheren Schulen, mit Krankenhaus, Sportanlagen, kulturellen Einrichtungen und mit modernen Bewässerungsanlagen für die Oasengärten, von deren Erträgnissen die Bevölkerung lebt.

Als Alexander der Große in Babylon starb, als sein General Seleukos ihm in der Herrschaft über den Iran, Babylonien und Syrien nachfolgte, da dürfte Palmyra schon eine blühende Stadt gewesen sein, aber ihre Geschichte und bauliche Entwicklung läßt sich erst seit dem ersten vorchristlichen Jahrhundert einigermaßen nachzeichnen, aus römischer Sicht und nach römischen Quellen. Appian (V, 9) berichtet von dem Versuch des Marcus Antonius, aus Palmyra Beute zu holen. Aber die Bewohner der Stadt hatten ihre bewegliche Habe schon über den Euphrat gerettet, und die römischen Reiter kehrten mit leeren Händen zurück. Aus des Plinius' Bemerkung über die privilegierte Lage Palmyras zwischen den Reichen der Römer und Parther kann man schließen, daß die Siedlung nicht zu der von Pompejus 64 v. Chr. gegründeten syrischen Provinz gehörte, doch dürfte sie in der ersten Hälfte des 1. Jahrhunderts n. Chr. von Rom, das heißt dem in Antiochia residierenden Legaten abhängig geworden sein. Sichtbar gibt sich das kund in der architektonisch-urbanistischen Ausrichtung auf die griechisch-römischen Kunstformen, welche die von Babylon und Seleukia am Tigris ausstrahlenden griechisch-parthischen Vorbilder ablösten.

In Palmyra liefen die Straßen von Emesa, von Damaskus, von Bosra her zusammen und führten von hier aus weiter zum Euphrat, nach Mesopotamien und Persien. Mochten Römer und Parther auch immer wieder in Konflikt geraten, so hatten beide doch ein vitales Interesse daran, die internationalen Straßen funktionsfähig zu erhalten, folglich war das große Emporium zwischen den Machtblöcken relativ geschützt. Die berühmten Bogenschützen genügten als Garanten für die Sicherheit der Stadt, sie dienten aber auch als Auxilia (Hilfstruppen) im römischen Heer. Trajan, der das Nabatäerreich dem Imperium einverleibte und seine Grenzen bis zum Tigris vorschob, richtete die ala prima dromedariorum Palmyrenarum (also das erste Meharistenregiment) ein. Der Reisekaiser Hadrian (117-138) besuchte Palmyra, verlieh ihr den Status einer freien Stadt mit dem Recht, ihre Steuern durch Senat und Volk selbst festzusetzen und einzuziehen. Ein Legat des Kaisers amtierte fortan als Kontrollinstanz. Hadriana Palmyra, wie die Stadt sich nun nannte, nahm zwar eine römische Garnison auf – ihr Lager befand sich auf dem Gelände nördlich gegenüber dem heutigen Museum –, erlebte aber als Erbin des nabatäischen Petra nun ihr goldenes Zeitalter. Ihre Handelsherren schickten Karawanen und Schiffe nach Britannien, Gallien, Italien sowie bis Indien und China. Damals wurden die großen Heiligtümer der Stadt umgebaut, bekam die Stadt ihre große Achse, wie sie das Rückgrat jeder hellenistisch-syrischen Stadt bildete.

Caracalla, Enkel des Hohenpriesters von Emesa-Homs, erhob Palmyra zur Colonia, begabte sie mit dem ius italicum, das heißt der Steuerfreiheit. Die Oasenstadt wuchs zu einer der Großstädte des Ostens heran. Zwar nur halb so volkreich wie die Millionenstadt Alexandria, aber nicht minder lebhaft. Damals ging das Baal-Heiligtum seiner Vollendung entgegen und verband man es durch die breite Pilgerstraße und das Monumentaltor mit dem Stadtzentrum. Den Grabtürmen und Hypogäen wurden reiche Tempelfassaden vorgeblendet.

Man liest und hört oft von der ›Romanisierung des Ostens‹. Nicht minder bedeutend aber – und augenfälliger – war die gleichzeitige Orientalisierung Roms. Schon der Hofbaumeister Trajans war ein Syrer: Apollodor von Damaskus. Syrisch-parthische Frontalität – wie bei den Bildern der palmyrenischen Gottheiten – tritt erstmals an der Marcus-Säule in Rom auf, wo der Imperator zwischen zwei Adjutanten steht wie der palmyrenische Baal zwischen seinen Begleitern Jarhibōl und Aglibōl: ein hieratisches Schema, das sich über die christliche Spätantike der byzantinischen

Palmyra, Hadriansbogen, im Hintergrund die arabische Festung

Kunst und der von ihr inspirierten des Abendlandes vererben sollte. Nicht daß einzig Palmyra zwischen Ost und West vermittelt hätte, aber hier läßt sich eben die Kontinuität des westöstlichen Dialoges so augenfällig wie kaum irgendwo sonst erleben.

Es war ein weltgeschichtlicher Zufall, daß gleichzeitig mit dem Ende der halb syrischen Severer-Dynastie auch die Ablösung der parthischen Arsakiden durch die Sassaniden erfolgte, deren Weltreichträume das Gleichgewicht zwischen West und Ost über den Haufen warfen – und Palmyra von den Routen zum Persischen Golf abschnitten. Die Handelsstadt suchte folglich Rückhalt am Römerreich, das freilich damals in jenen inneren Auflösungsprozeß eingetreten war, den spätere Historiker als die ›Zeit der Soldatenkaiser‹ bezeichnen. Palmyra fand an diesem Reich nicht Stab noch Stütze, mußte ihm vielmehr selbst als Halt dienen. So begann die abenteuerliche Episode des palmyrenischen Weltreiches, die – widersprüchlich überliefert – hier nur kurz referiert sei.

Wie immer sich die Verhältnisse gestaltet haben mögen: um 250 n. Chr. war ein gewisser Hairan ibn Odainat ›Rāsh Tadmor‹, das heißt Fürst von Palmyra. Ein paar Jahre später findet man einen anderen Odainat – zweifellos einen engen Verwandten und mit dem Titel eines ›consularis clarissimus‹ ausgezeichnet – als Statthalter der syrisch-phönikischen Provinz. Nachdem 260 Kaiser Valerian in die Hände König Shapurs I. gefallen war, versuchte Odeinat von Palmyra den Truppen des siegreichen Sassaniden den Rückzug abzuschneiden und verfolgte sie bis Ktesiphon. Von Gallienus, dem Sohn und Nachfolger des kriegsgefangenen Valerian, wurde er zum ›Dux Romanorum‹ und ›Corrector totius orientis‹, zum Oberbefehlshaber der Armeen an der Ostgrenze des Imperium Romanum, befördert, und nur daß er nicht auch den Augustus-Titel führen durfte, stellte ihn eine Stufe tiefer als den Kaiser. Odeinat entschädigte sich dafür, indem er sich selbst den sassanidischen Titel eines Königs der Könige verlieh.

Während Gallienus 261 seinen Rivalen Macrinus in Illyrien schlug, warf Odainat einen anderen Gegenkaiser namens Quintus und seinen Vater Callistus bei Emesa nieder, sicherte in wiederholten Zügen gegen Persien die Ostflanke des Römischen Reiches und war Herr eines so gut wie unabhängigen Königtums. Unterwegs, das von den Goten bedrohte Kappadokien zu sichern, wurde er zusammen mit seinem Sohn Herodianus von einem Verwandten ermordet, der selbst bald darauf ein gewaltsames Ende fand. Seine Witwe Zenobia übernahm die Regierung für ihren noch unmündigen Sohn Wahballat (Vallabatus), mit vollem Namen L. Julius Aurelius Septimius Vallabathos Athenodoros, der mit der ganzen stolzen Titulatur seines Vaters bekleidet wurde.

Zu Lebzeiten ihres Gatten war diese Frau noch nicht hervorgetreten, man weiß nicht, ob sie eine und welche politische Rolle sie spielte. Eine spätere Quelle, die Historia Augusta (um 400) nennt sie als die Anstifterin des Anschlags, dem ihr Gatte und sein Sohn aus erster Ehe zum Opfer fielen. Jedenfalls war sie eine ungewöhnliche Frau, berühmt wegen ihrer Schönheit. Königinnen schmeichelt man gerne, indem man ihre Schönheit preist, auch wenn sie so aussahen wie die große erste Elizabeth von England. Die Dame Zenobia aber muß wirklich – wenn nicht auch die Münzbilder schmeicheln – von außerordentlichem Reiz gewesen sein. Sie war eine ausdauernde und furchtlose Reiterin, dazu hochgebildet. Außer dem Aramäischen von Palmyra soll sie Griechisch und Ägyptisch gesprochen haben (betrachtete sie doch die fatale Kleopatra VII., die Freundin Caesars und Marc Antons, als ihre Ahnfrau) und stand in Gedankenaustausch mit Paulus von Samosata, dem ›häretischen‹ Bischof von Antiochia. Den Neuplatoniker Longinos machte sie zu ihrem Ratgeber – nicht gerade zu ihrem Heil. Sie muß hinreißend gewesen sein, wenn sie – große dunkle Augen im blassen Gesicht, angetan mit kaiserlichem Purpur und einen Helm auf dem Haupt – vor Volk und Senat Palmyras auftrat. Da das sassanidische Persien den Handelsweg zum Persischen Golf und damit den nach Indien sperrte, suchte Zenobia Ägypten als Ausgangspunkt des Indienweges zu sichern. Vor 270 ließ sie das Nilland, die Kornkammer Roms, durch ihren General Zabdas erobern. Gleichzeitig besetzten palmyrenische Truppen Kleinasien bis Ankara und erreichten den Bosporus bei Chalkedon (Kadiköy), also die zweite große Wasserstraße des damaligen Welthandels. Die Hauptstadt in der Wüste war damit zum Zentrum eines Weltreiches geworden.

Im Jahr 270 kam Aurelian, dem die Stadt Rom ihren Mauergürtel verdankt, an die Spitze des Reiches. Um dessen Nordgrenze sichern zu können, deckte er sich den Rücken nach Osten durch einen Vertrag, der bloßer Papyrus blieb. Der Kaiser Roms anerkannte darin, unter Wahrung seines Ehrenvorranges, Wallahbat von Palmyra als Mitregenten – es gibt Münzen von 270/71, die beider Porträts zeigen –, wofür dieser Ägypten zu räumen versprach. Aber innere Schwierigkeiten, die Wirren in Gallien, wo ein Teilreich sich selbständig zu machen suchte, die Einfälle der Alemannen und der Goten, welche zur Räumung Dakiens zwangen, hielten Aurelian in Atem. Bei dieser Lage der Dinge dachte Zenobia nicht daran (wenn sie es je getan hat), die palmyrenische Stellung am Nil aufzugeben. Im Gegenteil. Im Sommer 271 verlieh sie ihrem Sohn den Augustus-Titel und sich selbst den einer Augusta. Damit proklamierte sich der Osten als

Palmyra, Säulenstraße

ein selbständiges Gebilde zwischen dem Persien des senil gewordenen Schapur II. und dem von Germanen bedrohten römischen Westen. Das war freilich keine ›Revolution‹, denn Wirtschafts- und Finanzwesen, Münzprägung, Sprache der Inschriften bewegten sich weiter in den herkömmlich-eingefahrenen Bahnen. Aber wenn die Einheit des Imperium Romanum, das heißt die Einheit der Mittelmeerwelt, gewahrt bleiben sollte – sie zerbrach schließlich doch durch die theodosianische Teilung in ein Ost- und ein Westreich –, dann mußte der Kaiser rasch handeln.

Während sein General Probus, der selbst später (276) den kaiserlichen Purpur tragen sollte, Ägypten den Palmyrenern entriß und dem Kaiser damit Flankendeckung verschaffte, brach Aurelian, Gallien sich selbst überlassend, Ende 271 nach Osten auf, brachte auf dem Balkan wie im Vorübergehen den Goten eine neuerliche Niederlage bei, überschritt den Bosporus, besetzte Bithynien, zog in Ankyra ein und ge-

Palmyra, Peristyl und Säulenstraße

langte in einem Winterfeldzug bis zum Taurus, an dessen Pässen sich der Widerstand der Palmyrener konzentrierte. Im Frühjahr 272 zog er triumphal in Antiochia ein. Wenig später brachten seine Infanteristen und leichten Reiter den schwer gerüsteten Kavallerieregimentern von Palmyra in der Ebene von Emesa eine entscheidende Niederlage bei. Der Kaiser schrieb diesen Sieg dem Sonnenbaal von Emesa zu und rückte diese Gottheit als Sol invictus ins Zentrum des römischen Staatskultes. In einer strapaziösen Woche führte er sein Heer durch die sommerheiße Wüste vor die Mauern von Palmyra, das Zenobia in aller Eile hatte befestigen und mit Kriegsmaschinen bestücken lassen. Es folgte eine Belagerung, die mit Schimpfreden im Wechsel mit Pfeilsalven beiden, Angreifern wie Verteidigern, zur Folter wurde. Vielleicht in der Hoffnung, die längst erwartete persische Hilfe doch noch mobilisieren zu können, verließ Zenobia auf einem schnellen weißen Dromedar, nur von ganz wenigen

Getreuen begleitet, heimlich die Stadt. Aber gerade als sie das Boot besteigen wollte, das sie über den Euphrat setzen sollte, wurde sie von einem römischen Detachement eingeholt und gefangengenommen.

Die Königin war die Seele des Widerstandes gewesen. Während ihrer Abwesenheit hatte in Palmyra eine Friedenspartei die Oberhand gewonnen und kapituliert. Unter der glühenden Augustsonne des Jahres 272 zog Aurelian als Sieger in Palmyra ein, ließ die Festungsmauern schleifen, aber schonte die Stadt und das Privateigentum ihrer Bewohner. Nur die Tempelschätze, das heißt die Bankreserven, ließ er beschlagnahmen. Zur Sicherheit legte er eine Garnison von 600 römischen Bogenschützen in die Stadt. Seiner königlichen Gefangenen ließ er in Emesa einen Prozeß machen, in dem sie unköniglich alle Schuld auf ihre Berater und Mitarbeiter geschoben haben soll, von denen einige – wie Cassius Longinus – auch zum Tode verurteilt wurden. Über das weitere Schicksal der faszinierenden Augusta der Wüste gibt es mehrere verschiedene Versionen. Nach der einen soll sie auf dem Weg nach Rom gestorben sein: an einer Krankheit oder als Opfer eines stolzen Hungerstreiks. Die Historia Augusta dagegen berichtet, sie sei zusammen mit dem gallischen Gegenkaiser Tetricus 274 beim Triumph des Aurelian in Rom zur Schau gestellt worden. Danach soll sie nach Tivoli verbannt worden sein und nach Aurelians Tod als Gattin eines Senators in Rom das Leben einer Grande Dame geführt haben. Ihre Nachkommen teilten das süße Leben der römischen Stadt- und Landadligen. Nur eine späte und ferne Quelle will wissen, sie sei nach dem Triumph des Aurelian hingerichtet worden. Doch die Gefangenen im Verlies des Tullianums zu schlachten, während oben auf dem Kapitol der Triumphator dem Jupiter das Opfer darbrachte, das gehörte damals nicht mehr zum guten Ton.

Über das weitere Schicksal der Stadt Palmyra ist man besser unterrichtet als über das seiner verhängnisvoll-großen Königin. Die Nachricht, daß eine ›Unabhängigkeitspartei‹ unter Führung eines gewissen Prostetes und eines Antiochos einen Verwandten Zenobias namens Apsaeus (er war vermutlich ihr Vater) zum König und Augustus proklamiert und die Besatzungstruppen massakriert habe, bewog Aurelian zu einem zweiten Blitzfeldzug in den Osten. Zum zweitenmal eroberte er Palmyra. Diesmal gab er (Frühjahr 273) die Stadt zur Plünderung frei und ließ sie durch seine Soldaten verwüsten. Soweit ihre Elite diese Tage überstanden hatte, wurde sie ausgesiedelt. Palmyra bezahlte für seinen kometengleichen Aufstieg mit einem tiefen Fall. Niemals mehr hat es sich von dieser Katastrophe erholt, die das Geschick des ganzen syrischen Ostens in neue Bahnen lenkte.

Nachdem Diokletian 297 im Vertrag von Nisibis Khabur und Euphrat als östliche Grenze des Imperiums anerkannt hatte, war die Bedeutung von Palmyra als Zentrum eines ausgebauten Straßennetzes und des östlichen Limes in erster Linie eine strategische. Im Auftrag des Kaisers gründete der römische Statthalter Sosianus Hierocles im westlichen Teil der ummauerten Stadt eine römische Militärsiedlung, das ›Diokletianslager‹ – irgendwann in den Jahren zwischen der Etablierung der diokletianischen Vierherrschaft und der Beförderung des Sossianus zum Statthalter von Bithynien (303).

Unter den Vätern des Konzils von Nicaea (325) befand sich auch Mainus, der Bischof von Palmyra. Die Oasenstadt muß damals also schon eine beträchtliche christliche Gemeinde besessen haben. Aber sie war mehr Garnisons- als Handelsstadt. Prokop berichtet, daß Justinian (527-565) die Befestigungen der Militärsiedlung verstärkte, indem er jeden vierten Turm in eine halbrunde Bastion verwandeln ließ. Zugleich befahl er, die zehn Kilometer lange Wasserleitung von den Quellen von Abu'l Fawares zu renovieren. Damals waren Glanz und Reichtum von einst schon eine ferne Legende. Die arabischen Ghassaniden – christianisierte Beduinen –, welche als Verbündete von Byzanz die syrische Wüste als Vorfeld gegen die persischen Sassaniden (und deren arabische Bundesgenossen, die Lakhmiden) verteidigten, betrachteten die verfallenen Bauten Palmyras als Geisterwerk, von Dschinnen auf Salomons Befehl erbaut für Balkis, die Königin von Saba. Die Moslems fanden keinen Widerstand, als sie unter Khalid ibn al-Walid 634 Palmyra besetzten. Unter den Omayyaden konnte der Ort noch einige Bedeutung wahren, lag er doch an der Raststation halbwegs zwischen den Schlössern Qasr al-Hair asch-Scharqi und al-Gharbi am östlichen und am westlichen Wildgehege, die sich der Kalif Hischam ibn al-Walid (724-743) hatte erbauen lassen. Palmyra-Tadmor fand sogar den Mut zu einem Aufstand gegen Merwan II., den letzten Omayyaden, der zur Strafe die justinianischen Befestigungen schleifen ließ. Die Abbasiden von Bagdad kümmerten sich nicht mehr um die einstige Herrin des Ostens. Erst wieder in der Kreuzfahrerzeit erinnerte man sich ihrer. Der Baal-Tempel wurde unter den Eyyubiden (oder erst durch die Mamluken ?) zur Festung umgestaltet. Damals wohl auch entstand auf dem Gipfel, den heute die Burg des Emirs Ibn Maan Fakhr ed-Din (1595-1634) krönt, ein erstes Fort. Im 14. Jahrhundert soll Tadmor doch wieder so bedeutend gewesen sein, daß Timur Lenk es für nötig hielt, ein Detachement seiner Würgengel in die Oasen zu senden (1401). Unter der osmanischen Herrschaft aber kam der Ort zu einem unansehnlichen Flecken herab, dessen seßhafte Bewohner von der Gnade und Willkür stolzer Nomaden abhingen. Im Jahre 1678 wurden die Ruinen durch Kaufleute aus Aleppo regelrecht wiederentdeckt. Seither war Palmyra auch in der westlichen Welt bekannt, doch begann die archäologische Erschließung erst unter der französischen Mandatsregierung. Seit der Unabhängigkeit setzt die syrische Altertümerverwaltung das Werk der Freilegung und Instandsetzung fort und haben polnische Archäologen hier eine Grabungslizenz.

Zwar bietet der syrische Touristikdienst Ein-Tages-Fahrten von Damaskus nach Palmyra an (frühmorgens hin, fünf Stunden Umschau, dann Rückfahrt oder -flug), doch wer nicht nur einen flüchtigen Eindruck davontragen, sondern sich genauer umschauen möchte, den Wechsel der Farben und des Lichtes genießen, den die Sonne hervorzaubert, während sie ihren Tagesbogen durchläuft, der sollte sich für Palmyra mindestens einen vollen Tag gönnen, das heißt zwei Übernachtungen einplanen. Und auch dann noch muß er seine Zeit überlegt einteilen, denn obwohl das Ruinenfeld stets frei zugänglich ist, für den Baal-Tempel und das Museum (gemeinsame Eintrittskarte) wie für die dem Touristen-

Palmyra, Baal-Tempel

besuch offenen Gräber (ein einheimischer Führer leistet da gute Dienste) gelten feste Öffnungszeiten: vom 1. Mai bis 30. September täglich 8-13 und 16-19 Uhr, sonst (und im Ramadanmonat) von 8-16 Uhr. Da solche Regelungen veränderlich sind, erkundige man sich an der Hotelrezeption oder im Museum.

Wer sich lange Wege sparen will, wird vielleicht die Vormittagsstunden dem Baal-Tempel, dem Museum und dem

Stadtzentrum, die nachmittäglichen dem Westteil der Stadt (Diokletianslager) und den Gräbern der Südwest-Nekropole (Tal der Gräber) widmen. Wir haben schon am Tag unserer Ankunft eine erste Umschau im Museum gehalten, wollen also unseren Rundgang mit dem Besuch des Baal-Tempels beginnen, der großen Säulenstraße durchs Stadtzentrum in den nordwestlichen Bereich zum Diokletianslager folgen und von dort aus zu den Totentürmen und den zugänglichen Gräbern wandern.

Der **Baal-Tempel** war das Hauptheiligtum der Stadt und ersetzte seit dem 1. vorchristlichen Jahrhundert einen hellenistischen Tempel, der bereits auf der Höhe eines künstlichen Tells errichtet war. Was wir in eindrucksvollen Resten sehen, ist ein charakteristisch orientalisches Heiligtum für einen Gott, der niemand anders ist als der semitische Baal, der ›Herr‹, der hier als Herr des Kosmos – gleichgesetzt mit Zeus/Jupiter – erscheint, begleitet von Yarhibōl und Aglibōl, den Gottheiten von Sonne und Mond, in deren Namen noch die alt-palmyrenische Aussprache des ›Herren‹-Namens als Bōl erhalten ist.

Eine erhöhte Terrasse trägt einen *Hof* von nahezu quadratischer Gestalt (210 mal 205 Meter), von einer einstmals mehr als elf Meter hohen gebälkgekrönten Mauer umschlossen, die nach außen zu durch Pilaster gegliedert und mit Fenstern versehen, nach innen von Säulenhallen eingefaßt war, die an der Nord-, Ost- und Südseite zweischiffig, an der Westseite, wo sich das monumentale Eingangstor befindet, aber als besonders stattliche einschiffige Kolonnade gestaltet waren. An diesen Hallen wurde bis in die Mitte des 2. Jahrhunderts gebaut, während die Tempelcella schon 32 n. Chr. eingeweiht werden konnte.

Da wir uns Zeit lassen dürfen, zügeln wir unsere Neugier und wandern erst einmal außen um die Tempelterrasse herum: man muß einen solchen ausgedehnten Baukomplex nicht nur ›besichtigen‹, sondern sich auch erlaufen, um seinen Rang in die Füße zu bekommen. Dabei zeigt sich nicht nur die Mächtigkeit des Werkes, sondern wird auch die Unerbittlichkeit erlebbar, mit welcher die Zeit im Verein mit menschlicher Zerstörungslust ein Werk menschlicher

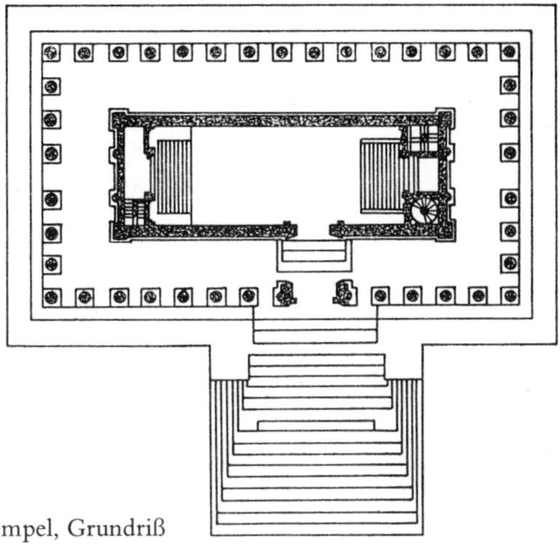

Palmyra, Baal-Tempel, Grundriß

Frömmigkeit und stolzer Kunst abgebaut hat. Kaum einem Beobachter wird auffallen, daß das große Propylon der Westseite nicht genau in der Mitte der Front sitzt, sondern um einen Pilasterabstand nach rechts verschoben. Wer über die breite Freitreppe – empfangen von acht Säulen, die in der Mitte etwas auseinanderrücken – und durch ein Tor (einst mit vergoldeten Bronzeflügeln) die Weststoa betrat, sollte – gerahmt von zwei kreuzförmigen Pfeilern statt korinthischer Säulen – den Eingang zum Tempelhaus genau vor sich sehen. Ihn zu durchschreiten war freilich nur den Priestern gestattet.

Dieser eigentliche *Tempel* in der Mitte des Hofes ist ein für die Komplexität palmyrenischen Wesens höchst bezeichnendes Gebilde, was der heutige ruinöse und zum Teil rekonstruierte Zustand zunächst eher verschleiert. Dem Grundriß nach ist es ein Pseudodipteros (fünfzehn zu acht Säulen außen), also ein Tempelhaus mit einer umlaufenden Säulenstellung, während die innere Säulenstellung fehlt, das mithin einen zwei Joche breiten Umgang besitzt. Plan und Proportionen des Aufbaues halten sich bis in Details (wie den größeren Säulenabstand in der Mitte der Schmalseiten und die Halbpilastergliederung an den kurzen Seiten der Cella) an das Vorbild des Artemis Leukophryene-Tempels von Magnesia am

Mäander (Manisa, heute Türkei), mit dem der Architekt Hermogenes ein kanonisches Vorbild des hellenistischen und griechisch-römischen Tempels geschaffen hatte. In fast verwirrender Art hat Palmyra aber diesen Kanon nach östlichen Traditionen verändert. Manches davon wird auch noch im ruinösen Zustand augenfällig. Zunächst ist seltsam, daß der Tempel nicht nach Osten schaut, dem Aufgang entgegen wie die Tempel Griechenlands, sondern nord-südlich ausgerichtet ist. Dann, daß sich der Eingang in die Tempelcella nicht an einer der Schmalseiten befindet, sondern über eine Treppenrampe durch die westliche Langseite zu erreichen war. Dem inneren Heiligtum fehlt die klassisch-hellenistische Dreiteilung in Pronaos, Naos und Opisthodom, welche des Hermogenes Vorbild-Bau so vorbildlich klar artikuliert hatte. Das Portal mit Pfeilern, Volutenkonsolen und reichem Gebälk wirkt heute, da die Säulen von einst zu Stümpfen reduziert sind (und auch der Betrachter den ›klassischen‹ Regeln ferngerückt ist), nicht mehr als ein so provokanter Schlag ins Gesicht des hellenistisch-römischen Kanons, und daß dieses Tor sich an der Stelle der, von Süden, das heißt von rechts gezählt, siebenten Säule öffnet, also aus der Mitte der 15säuligen Westhalle verschoben ist, auch das wird den wenigsten auffallen.

Wieder einmal wollen wir unserer Neugier Zügel anlegen und – bevor wir das Portal durchschreiten (was einstens dem profanen Sterblichen verwehrt war) – um den Bau herumgehen. Die Südseite der *Cella* stellt sich ohne den Schleier einer vorgesetzten Säulenhalle in ihrer dem Hermogenes-Kanon entsprechenden, aber ganz wandhaften Geschlossenheit dar. Die Ostseite, an der noch acht Meter hohe kannelierte Säulen ein Gebälk und ein Gesimsstück tragen, läßt wiederum stutzen. Die Kapitelle scheinen dem Auge zu flach, zu schmal, zu dürftig. Bis man sich erinnert, irgendwo gelesen zu haben, daß das ja nur die Kerne sind für einst üppige korinthische Akanthusformen aus Bronze mit reicher Vergoldung, die der Raubgier späterer Geschlechter zum Opfer fielen. Sie hat auch die häßlichen Löcher in die aus schön gefügten Blöcken bestehende Cellawand geschlagen: Metallräuber haben die ehernen Klammern herausgerissen, die einst fester als Mörtel binden sollten. Die ganz orientalischen Stufenzinnen – sie finden Parallelen von Persepolis bis Petra – sind zwar materiell moderne Ergänzungen, aber entsprechen genau dem einstigen Bestand, der sich dem griechisch-römisch geschulten Auge noch seltsamer darstellen würde, wenn die Dachregion erhalten wäre und nicht nur auf dem Papier rekonstruierbar. Hinter den klassischen Giebeln der Schmal- und den Stufenzinnen der Langseiten, dem Auge des Betrachters von einst fast verborgen, erhob sich über dem klassisch-einheitlichen Giebeldach der Cella eine Terrasse und an ihren Ecken je ein turmartiger Zugang zu diesem Areal zwischen Cella und Caelus, zwischen Tempelhaus und Himmelsgewölbe.

Wenn wir mit profanem Fuß nun endlich diese Cella betreten, dann finden wir sie schon gründlich profaniert. Die Festival-Mode unserer Jahrzehnte hat ein paar Kabel und billig-unbequeme Stühle ins Allerheiligste gespült. Ob ein heiseres Geröhr zur gestampften Klampfe oder ein mittelmäßig gekratzter Haydn oder Ravel hier Publikum finden, das soll nicht unsere Sorge sein. Aber auch wenn wir Geröhr und Gestühl übersehen, finden wir uns etwas verwirrt. Hätten wir einen ›klassischen‹ Tempel betreten, dann stünden wir im Naos dem Götterbild gegenüber. Hier aber knickt die Achse ab wie in einem babylonischen oder assyrischen Tempel (die man auch von der Langseite aus betrat). An den beiden schmalen Enden der Cella tun sich ›Bühnen‹, *Thalamoi,* auf: sakrale Theater für die Erscheinungs-Anwesenheit der Gottheit, Brautgemächer für die heilige Vereinigung des Himmelsherrn Baal-Bel mit der weiblichen Gottheit der Erde.

Die nördliche Kultnische war dem Tempelherren in seiner Eigenschaft als Herrscher über den Kosmos geweiht. Ihre Decke – aus einer Monolithplatte bestehend – entwirft in einem rosettengefüllten Kassettenwerk ein kosmisches Bild. In der Mitte umgeben in einem Sechseckrahmen die Büsten der anderen sechs Planetengötter das Bild des Bel-Jupiter, umzogen von einem Reif mit den zwölf Tierkreiszeichen. In den Zwickeln – kaum mehr erkennbar – Adler, die Vögel des höchsten Himmelsgottes. In den Nischen der Rückwand hatten einst wohl die Standbilder der palmyrenischen Gottheiten ihren Platz: Baal und seine Sonne und Mond zugeordneten Begleiter.

Das am besten erhaltene und durch seine hieratische Strenge überzeugendste Bild dieser Göttertrias in parthischer Rüstung bewahrt der Louvre. Ein etwas weniger gut erhaltenes *Relief* ähnlichen Themas hätten wir schon beim Betreten der Cella sehen können. Aber wir hatten es ja zu eilig. Nehmen wir uns nun die Zeit, auch die südliche Thalamos-Nische zu besehen, bühnenartig umrahmt durch eine vorgeblendete viersäulige Tempelfassade. Eine Treppe führt hinauf zum Blick auf eine ähnliche Monolith-Decke und dann zwei Treppenwindungen auf die *Dachterrasse*, wo vielleicht einst Weihrauch geopfert wurde, um den Gott zur ›Erscheinung‹ zu bringen, seine Epiphanie zu ermöglichen. Gestehen wir uns ein, daß wir über den Baal-Kult so gut wie nichts Haltbares wissen, nicht viel mehr als aus den Reliefplatten herauszudeuten ist, die, von der Ecke des Peristyls stammend, vor dem Cella-Eingang aufgestellt sind: die palmyrenische Göttertrias begleitet von einer weiblichen Gottheit (Astarte-Allat ?). Wir sehen parthisch kostümierte Adoranten und eine Prozession (beim Ritual der Tempelgründung ?), der die oft abgebildete Gruppe verschleierter Frauen folgt, und eine Szene aus dem Baal-Mythos. In Gegenwart von sechs göttlichen Zuschauern kämpft ein Gott zu Wagen und zu Fuß gegen ein schlangenbeiniges Wesen: ähnlich wie Marduk-Baal gegen die Weltschlange Tiamat oder der Zeus der Griechen gegen den schlangenfüßigen Typhon oder Apoll gegen den Python-Drachen. Denken wir an die ›barocken‹ Gigantenkämpfe am Großen Altar von Pergamon. Ihnen gegenüber erscheint die palmyrenische Szene von einer hieratischen Unbewegtheit, einer repräsentativen, das heißt einer sich darstellenden oder ›erscheinenden‹ Frontalität. Sie wird uns als ein Charakteristikum der gräko-parthischen Bildkunst Palmyras begegnen. Diese hat sich williger als die Architektur der hellenistisch-römischen Formensprache geöffnet. Die flachen Reliefs, von denen die Rede ist, waren einst kräftig bemalt und dürften von oben eher wie Mal- als wie Bildhauerarbeiten gewirkt haben.

Kaum hatten die Christen keine Verfolgungen mehr zu fürchten, da verwandelten sie das Allerheiligste des Baal zu einer Wohnstatt ihres Gottes, und die Araber machten aus der Kirche im 12. Jahrhundert eine Moschee ...

Erst seit das Dorf Tadmor, das sich im Tempelbezirk eingenistet hatte, unter der französischen Mandatsregierung aus diesem wegverlagert wurde, nahm er den musealen Charakter von heute an. Nachdem die Lehmhütten weggeräumt waren, fand Archäologenspürsinn zwischen Tempel und Westhalle *Zeugnisse des Baal-Kultes:* eine Rampe, die tunnelartig unter der Westhalle hindurchführte, auf welcher die Opfertiere (Kamele, Schafe, Ziegen) in den Hof getrieben werden konnten, damit sie nicht den monumentalen Zugang verunreinigten. Man fand die Reste eines Opferaltars, weiter südlich ein Reinigungsbecken und zwischen Rampe und Altar die Spuren eines Saales für rituelle Mahlzeiten. Aus Modeln geformte Tonplättchen dienten den Teilnehmern solcher Feiern als Berechtigungsausweise – man fand sie massenweise in den Abzugskanälen des Baal-Heiligtums wie der anderen Kultbauten. Im Museum kann man einen Querschnitt durch diese anonyme, aber recht charakteristische Produktion sehen. Wenn sie nur haltbar genug sind, dann werden selbst Theaterbilletts oder Eisenbahnfahrkarten zu Antiquitäten. Und wer würde leugnen, daß sie dem, der sie zu ›lesen‹ versteht, eine ganze Menge schätzbarer Informationen liefern können – auch über den künstlerischen Stil einer Epoche?

Wir wissen es schon: Kennzeichnend für eine hellenistisch-römische Stadt Syriens ist die **Säulenstraße,** die das Siedlungsareal schnurgerade durchläuft. Hier in Palmyra ist sie nicht die Gründungsachse, an die sich rechtwinkelig die rechteckigen Bauareale für öffentliche und private Bauten und die Wohnquartiere als Insulae anlegten, sondern scheint – manche Indizien deuten darauf hin – erst später, in der ›Goldenen Zeit‹ angelegt worden zu sein. Ihr fielen ältere Bauten zum Opfer, manche schon bestehenden Komplexe mußten Einbußen an Gelände und ästhetischer Wirkung hinnehmen. Daß diese große Säulen- und Bazarstraße nicht gerade von Ost nach West dahinschreitet, sondern in ihrem

Verlauf zweimal abknickt, haben die antiken Stadtplaner aufs glänzendste zu kaschieren gewußt.

Ihr erster Abschnitt, eine breite Prachtavenue, als Prozessionsstraße dienend, verband seit der Mitte des 2. Jahrhunderts – allerdings in schräger Richtung und nicht die Achse der Baal-Anlage fortsetzend – die Propyläen dieses Heiligtums mit dem neuen Stadtzentrum. Was davon blieb, fesselt uns nicht lange. Säulenstummel, wiederaufgerichtete Säulen, die Andeutung eines halbrunden, reich dekorierten Nymphaeums – wer achtet dessen schon, wenn ihm doch das Wahrzeichen Palmyras vor Augen steht: der manchmal **Hadriansbogen** genannte (aber erst in der Severerzeit errichtete) dreibogige Torbau. Er ist das von einem hochtalentierten Architekten erdachte Bindeglied zwischen Prozessions- und Handelsstraße, wo deren Verlauf abknickt – und zugleich heute das fotogenste Motiv von Palmyra. Wer den richtigen Standpunkt wählt, kann durch den mittleren Bogen hindurch zugleich den stattlichen Schritt der Säulenreihen und die adlergleich das Bild beschattende arabische Festung festhalten. Schon die Kupferstecher des 19. Jahrhunderts haben das getan. Diese Burg auf steilem Berge ist laut Inschrift ein Bauwerk aus der Zeit um 1600, aber geht – Keramikscherben sind den Forschern immer die verläßlichsten Zeugen – bereits aufs mamlukische 14. Jahrhundert zurück. Der Blick von dort oben umfaßt das gesamte Ruinenfeld und die ganze Oase und prägt sich einem nachdrücklich ein. Wir werden den Aufstieg später unternehmen.

Das *Prunktor*, vor dem wir nun halten, wurde 1930 restauriert. Es schließt die breite Tempelavenue ab, bildet zugleich den Auftakt zum zweiten Abschnitt der Kolonnadenstraße. Der geniale Trick, seinen Grundriß dreieckig zu gestalten, ermöglicht, daß die üppig und zierlich im severischen Stil dekorierten Fassaden jeweils senkrecht zu den beiden Straßenabschnitten stehen. Der mittlere – breitere und höhere – Bogen überfängt die säulenflankierte ›Fahrbahn‹, die beiden seitlichen führen zu etwas erhöhten Gehsteigen, welche gleichzeitig ›Laubengänge‹ waren, überdeckte Galerien, auf die sich die Läden öffneten ebenso wie die Zugänge zu den wichtigsten Gebäuden des öffentlichen Lebens. Dieser

Straßenabschnitt war einst als Souk Zentrum des Handels und zugleich auch die gute Stube der Stadt, aber nicht wie eine solche geschont, sondern stets von pulsierendem Leben erfüllt. Vielleicht hilft der Phantasie eine Erinnerung an den Hamidiye-Souk von Damaskus.

Bereits im Baal-Tempel sind uns die Konsolen aufgefallen, die aus den Säulenschäften vortreten – für ein in die Reinheit griechischer Säulengestalten verliebtes Auge ein befremdlicher Anblick. Alle Säulen der Kolonnadenstraße tragen solche Konsolen. Auf ihnen standen einst – aus heimischem Kalkstein oder kostbarer Bronze gefertigte – Ehrenstatuen von um das palmyrenische Gemeinwesen verdienter Männer. Anders also als auf einer griechischen Agora oder einem römischen Forum standen sie nicht autonom und frei bewegt im Freiraum, sondern waren als ›Säulenheilige‹ in einen übergeordneten architektonischen Zusammenhang eingefügt, waren starr hieratisch ausgerichtet. Nur wenige solcher Steinbilder sind erhalten geblieben (die bronzenen sind ohne Ausnahme dem Metallhunger späterer Zeiten zum Opfer gefallen), aber die Inschriften – in griechischen und palmyrenisch-aramäischen Lettern – bilden für die innere Geschichte Palmyras eine unschätzbare Quelle.

Heute, wo von den einstigen Mauern nur noch ein paar Blocklagen aufrecht stehen, kann man sie leicht übersteigen. Das sollte man vermeiden: nicht, weil es verboten ist und man die Steine beschädigen könnte, sondern weil man, wenn

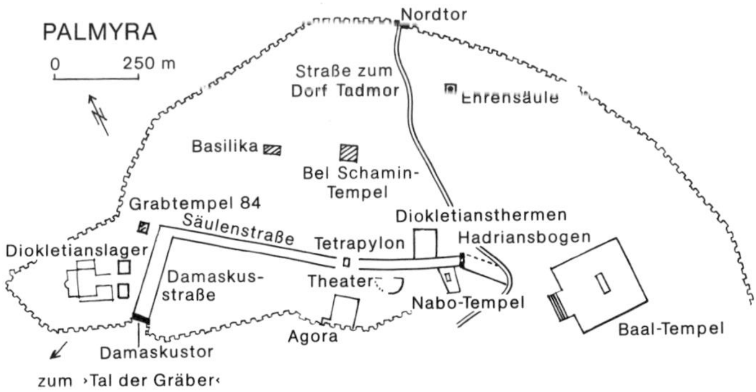

man sich nicht an die Wege hält, welche die Palmyrener von einst wandelten, den passe-murailles spielt, der Phantasie den Zugang zum Palmyra von einst erschwert oder verbaut. Man sieht dann eben bloß Steine. Das gilt übrigens für den Besuch jeder Ruinenstätte, wie der Erfahrene weiß.

Knapp fünfzig Meter, nachdem wir den Torbau passiert haben, öffnet sich links ein Zugang – ein Hintertürchen gewissermaßen – in den **Tempelbezirk des Nabo** (Nabu), welcher erst 1963/64 freigelegt wurde. Nabu, der Sohn Baal-Marduks, der Schreiber der Bildtafeln, wurde in Syrien vielfach verehrt. Die hellenistisch-römische Zeit setzte ihn mit Apollon gleich. Sein palmyrenischer Kultbau, süd-nördlich ausgerichtet (der sechssäulige, von Nebenräumen flankierte Eingangsportikus befand sich an der südlichen Schmalseite), wurde im 1. Jahrhundert erbaut und im 2. vollendet. Die Familie Elahbel – wir werden ihren Grabturm in der Südwestnekropole noch besuchen – stiftete einen beträchtlichen Teil der Baukosten. Der Plan ist der für ein syrisch-orientalisches Heiligtum geläufige: ein mauerumschlossener Hof, in seiner Mitte der eigentliche Tempel. Der Hof – an drei Seiten einst von dorischen Portiken umzogen, die etwa 40 Zentimeter über dem Hofniveau liegen – hat allerdings nicht wie der des Baal-Tempels quadratische, sondern Trapezgestalt. Ob sie durch das vorgegebene Areal bedingt ist, ob künstlerische Gründe maßgebend waren – perspektivische Verlängerung des Hofraumes wie bei Berninis Piazza retta vor St. Peter – sei dahingestellt. Jedenfalls zeugt die die reine Trapezform störende Nordostwand ohne Portikus (als Rückseite der Säulenstraße) dafür, daß diese Straße erst nach der Errichtung des Nabo-Heiligtums durchgebrochen wurde. Der eigentliche Tempel – auf über zwei Meter hohem Podium – war ein korinthischer Peripteros (zu zwölf Säulen), zu dem elf Stufen einer Freitreppe emporführten (auf den beiden unteren ein kleiner Altar). Davor ein Becken für rituelle Waschungen und ein (wiederaufgerichteter) Altar mit zwölf korinthischen Säulen um einen massiven Kubus.

Geblieben sind von all dem nur Säulenstümpfe, und man muß sich schon ein wenig anstrengen, sich das Bild von einst zu rekonstruieren.

Südlich des Südpropylons verlief die diokletianisch-spätantike Stadtmauer. Das nehmen wir nur zur Kenntnis, nicht in Augenschein. Vielmehr kehren wir zur Säulenstraße zurück: Nach ein paar Schritten treten rechter Hand vier Säulen aus ägyptischem Granit aus der Flucht der Kolonnade vor: Sie markieren den Eingang zu einem etwa 85 mal 50 Meter Grundfläche messenden Bauwerk, das eine griechische Inschrift **Bäder des Diokletian** nennt, vollendet durch Sosianus Hierocles (zwischen 293 und 303), den Landpfleger von Phönikisch-Syrien und Bauherren auch des Diokletianslagers. In seinen Grundzügen geht das Gelände auf severische Zeit zurück, doch die ursprüngliche Disposition läßt sich nur vermutungsweise rekonstruieren. Der oktogonale Saal rechts vom Eingang war wohl Auskleide- und Garderobenraum, das große Becken in einem ersten Peristylhof das Frigidarium, das Kaltbad. Ein anderer Peristylhof, von dessen Säulen nur die Basen blieben, wird als Palästra, also als Gymnastikraum, gedeutet. Die im Westteil freigelegten Heizungsanlagen weisen darauf hin, daß sich hier das Tepidarium und das Caldarium, also Warm- und Schwitzbad, befunden haben müssen.

Über den Eingängen der Ladengelasse, die man aus dem nördlichen Portikus betreten konnte, um zu schachern, liest das forschende Auge noch hier und da den Namen des einstigen Inhabers. Aber nach kaum fünfzig weiteren Doppelschritten öffnet ein Bogentor auf der südlichen Straßenseite den Zugang auf eine halbkreisförmig verlaufende Straße – man kann sie kaum einen säulengesäumten Platz nennen –, welche das Halbrund des **Theaters** umzieht. Wieder ist die Einbildungskraft des Ruinenwanderers gefordert, oder eigentlich schon überfordert, denn kein Anhaltspunkt markiert, bis zu welcher Höhe die Bauten aufstiegen, welche einst die Außenlinie des Halbkreises markierten, oder wieviele Stockwerke einst die Außenfront besaß. Nur vermuten läßt sich, daß das Halbrund sich in drei Säulen-Bögen-Stellungen aufbaute, ähnlich dem Marcellustheater oder dem Kolosseum zu Rom, nur östlich-opulenter dekoriert. Vom Zuschauerraum, der Cavea, blieben nur ein Dutzend um die halbrund eingetiefte Orchestra aufsteigende Sitzreihen. Die

Bühne (48 Meter breit, 10,5 Meter tief) besitzt noch Reste einer barock-bewegten Rückwand, die eine dreitorige Palastfassade simulierte. Um uns dieses ›Bühnenbild‹ vors innere Auge zu rufen, erinnern wir uns an das Theater von Bosra. Das Publikum von einst fand seine Plätze durch die überwölbten Parodoi, über die Orchestra oder durch die axial unterm Halbrund verlaufenden Korridore. Die großzügigen Dimensionen zeigen, daß das Theater damals ein Statussymbol für eine Stadt war, wie in Mitteleuropa seit der Mitte des 19. Jahrhunderts. Und das Publikum dürfte jenem geähnelt haben, das sich einfindet, wenn noch heute in antiken Theatern gespielt wird: gebildet und kulturschleckig, gehoben und ›international‹. Vergebliche Mühe aber, sich den Spielplan von einst vorzustellen. Römisch-lateinische Komödien fanden im aramäisch-griechischen Bereich wohl so wenig ein Publikum wie nostalgische Aufführungen der großen Tragödien klassischer Zeit. Sah man hier nur ›Musicals‹ und Darbietungen wandernder Mimen, oder lag das Theaterrund – ähnlich vielen Theaterbauten des 19. Jahrhunderts in kleineren Städten – den größten Teil des Jahres über leer? Hat es nicht vielmehr in erster Linie als Versammlungsraum für das ›Volk‹ von Palmyra gedient?

Bevor wir des Theaters Halbrund verlassen, um durch einen hohen Bogen auf die große Kolonnadenstraße zurückzukehren, wenden wir uns in südwestlicher Richtung, folgen den Spuren einer Säulenstraße, deren Prunktor später in die diokletianischen Stadtmauern verbaut wurde. Diese begrenzten im Süden auch das händlerische Zentrum der Handelsstadt, die Agora, deren Umfassungsmauern etwa parallel zu der vom Theater ausgehenden ›Südstraße‹ errichtet wurden. Am Ende der Südstraße linker Hand steht ein bescheidener Bau: ein hübsch proportioniertes Vestibül, ein kleiner Säulenhof, ein Saal mit hufeisenförmig ansteigenden Sitzbänken wie im Odeion des Artemis-Heiligtums von Dura-Europos. Er wurde als Amtsgebäude des ›Senats‹ von Palmyra gedeutet. Wenn das richtig ist, dann war dieses *Rathaus* für die reiche Oasenstadt doch etwas kümmerlich.

Den Resten dieses Bauwerks gegenüber erreicht der Besucher nun einen ummauerten Hof (nur ein Teil der Mauer steht noch bis zur ursprünglichen Höhe von etwa 10 Metern aufrecht). Es handelt sich dabei um den ›Annex‹ der Agora, an deren östliche Halle angefügt, mit einem Eingangsportikus an der Südseite. Die Ausgräber fanden Hinweise darauf, daß sich im Mittelalter hier eine Werkstatt für Glas und Keramik eingenistet hatte. Eine Inschrift vom Jahr 137, die in Griechisch und palmyrenischem Aramäisch die Zollsätze für Ein- und Ausfuhrwaren senatsamtlich festlegte (1881 vom Fürsten Lazarev entdeckt, seit 1901 in der Leningrader Eremitage), erlaubt den Schluß, daß in diesem Nebenhof der Agora die Kamelladungen taxiert wurden. Weil die Lasttiere ihn betraten, blieb er ungepflastert und ohne ringsumlaufende Säulenhallen.

Solche zieren die **Agora** selbst (römisch gesprochen: das Forum, den Markt- und Schauplatz öffentlicher Diskussionen). Als ein Rechteck von 84 mal 71 Meter folgt sie dem ›jonischen‹ Typus. Man braucht seine Phantasie nicht zu strapazieren, um – Erinnerungen an südliche und orientalische Märkte im Gedächtnis – sich das Bild von einst vorzu-

Palmyra, Theater

stellen: die würdevollen olivblassen schwarzlockigen Handelsherren in ihren römischen Togen ähnlichen Gewändern, die in wollene Haiks gehüllten Kameltreiber, dunkle Beduinen der Wüste, Männer in Parthertracht mit bunten Hosen. Das Interesse des spezialisierten Historikers gilt vorzüglich den Inschriften der Konsolensockel an Wandpilastern und Säulen. (Die Statuen, auf die sie sich beziehen, sind sämtlich verloren.) Senat und Volk oder auch dankbare einzelne haben verdienten Männern hier Denkmäler gestiftet: im Nordportikus vor allem hohen palmyrenischen und römischen Beamten, im Westportikus verdienten Militärs, im Süden Großkaufleuten und Karawanenführern und im Osten bedeutenden Senatoren. Der Türsturz des Haupttores in diesem östlichen Portikus trägt eine Weihinschrift für Septimius Severus und Caracalla, deren Büsten oder Statuen hier standen zusammen mit der der Julia Domna, der Enkelin des Hohenpriesters von Homs. Das Standbild ihrer Schwester Julia Maesa, der Großmutter der Kaiser Elagabal und Alexander Severus, erhob sich einst auf einer Konsole rechts dieses Tores. Der kundige und geduldige Entzifferer und Kombinierer kann anhand dieser Inschriften zwar kein vollständiges Bild der internen und der Handelsgeschichte Palmyras gewinnen, aber doch inselgleiche Anhaltspunkte. Er lernt gewissermaßen einige der einflußreichen Palmyrener des 2. Jahrhunderts kennen, zum Beispiel den Großkaufmann Marcus Ulpius Yarhai, dessen Verdienste fast ein Dutzend Inschriften aus den Jahren zwischen 155 und 159 festhalten. Seine Karawanen zogen zum Schatt el-Arab und zum Persischen Golf, seine Schiffe fuhren bis Indien. Im Museum von Damaskus haben wir sein Familiengrab gesehen. Wenn wir es bei einem letzten Besuch dort noch einmal betreten, wird es uns nicht mehr nur eine fremdartige Sehenswürdigkeit sein, sondern Erinnerung an einen großen Handelsherren aus fremder Ferne, der einem inzwischen zwar nicht vertraut, doch wenigstens ›bekannt‹ geworden ist.

Dem Leben der Palmyrener von einst auf der Spur, müssen wir an der Südwestecke der Agora nun den Spuren eines rituellen *Bankettsaales* mit Kultnische und umlaufenden Klinen einen Blick schenken, wobei wir uns wie hinter vorge-

Palmyra, Bel Schamin-Tempel

haltener Hand erinnern, daß auch die christliche Messe nichts anderes ist und sein will als ein Opfermahl.

Durch den im Grundriß freigelegten Säulenhof, der an die Nordostecke der Agora anschließt, finden wir wieder auf eine Säulenstraße von einst – entsprechend der östlich des Theaters –, die auf die Große Säulenstraße zurückführt. Gegenüber liegt ein halbrundes *Nymphäum*, das heißt eine öffentliche Brunnenanlage, durch vier auf hohem Sockel stehende Säulen akzentuiert – zwei blieben erhalten, eine dritte wurde wieder aufgerichtet.

Nur ein paar Schritte weiter führt zwischen zwei Ehrensäulen eine seit 1963 freigelegte Straße rechts ab in nördlicher Richtung zum **Tempel des Bel Schamin**, des ›Herren der Himmel‹, der die Gewitter und fruchtbarkeitbringenden Regen sendet, der folglich mit dem griechischen Zeus identifiziert wurde. Das Heiligtum, zwischen 1954 und 1956 durch ein schweizerisches Team freigelegt und erforscht, umfaßt vier Höfe, die Tempelcella und eine ›archaische‹ Familiengrabstätte. Reliefs und inschriftliche Zeugnisse – heute meist im Museum – gestatten, die Etappen der langen Baugeschichte zurückzuverfolgen. Etwa um die Zeitwende besaßen die Beni Ma'ziyan an der Stelle des späteren Tempels eine Kultstätte, der in den 60er Jahren des 1. Jahrhunderts ein Saal für rituelle Mahlzeiten und ein Hof angeschlossen wurden. Die Cella aus der 1. Hälfte des 2. Jahrhunderts ist der einzige wohlerhaltene Rest des Bezirks. Wir verzichten angesichts des etwas verwirrenden Ruinenbestandes darauf, der Entstehungsgeschichte der einzelnen Höfe genauer nachzugehen, kehren vielmehr zur Hauptstraße zurück.

Die sechste Säule der südlichen Säulenreihe, gezählt vom Bogen aus, der den Zugang von Theateresplanade und Agora her überfing, trug einst das Standbild des Odeinathos, corrector totius orientis, errichtet im August 271 von Zenobias Generalen Septimius Zabdas und Septimius Zabbai. Die beiden Offiziere ließen gleichzeitig an der links benachbarten Säule das Bild der Königin anbringen. Das Gebäude dahinter mit einem Portikushof mit kannelierten Säulen, in dem man Statuenbasen mit leider verstümmelten Inschriften fand, wird als das aus einer Weihinschrift des Bel Schamin-Tempels bezeugte *Caesareum* gedeutet, als ein dem Kaiserkult gewidmetes Heiligtum. Im 12. Jahrhundert wurde es in eine Moschee verwandelt.

Der mittlere Abschnitt der Großen Säulenstraße, den wir – mit manchen Abstechern – durchwandert haben, endet auf einem ovalen Platz, der wiederum einen Gelenkpunkt bildet und verhüllt, daß die Hauptachse erneut, diesmal etwa um 10 Grad, abknickt. Zugleich mündete hier eine aus etwa westlicher Richtung kommende Straße, von der noch einige Säulenstümpfe zeugen.

In der Mitte des Platzes erhebt sich – seit 1963 sorgsam restauriert – das **Tetrapylon** auf erhöhter Plattform. Vier quadratische Sockel von 4,30 Meter Seitenlänge tragen je vier Säulen, die, durch einen gemeinsamen Architrav verbunden, je eine Art Baldachin bilden. Auf den Postamenten standen einst Statuen, wohl der königlichen Familie des Odeinathos.

Der etwa 500 Meter lange Abschnitt der Säulenstraße, der vom Tetrapylonplatz in Nordwestrichtung verläuft, wurde im 2. Jahrhundert ausgebaut. Er quert ein *Wohnviertel*, das in hellenistisch-römischer Regelmäßigkeit angelegt war. Die Säulenschäfte, die über die freigelegten Grundmauern hinausragen, sind Zeugnisse für einstige Innenhöfe. Die reichen palmyrenischen Wohnungen – und dieses Westviertel war offenbar eines der Wohlhabenden – folgten dem Plan des griechischen Peristylhauses und waren wie dieses einst und das arabische Haus noch heute nach außen abgeschlossen, bekamen Licht und Luft vom Hof aus. Die Behausungen der reichen Fernhandelskaufleute waren mit Stuck und Mosaikwerk geschmückt wie jenes 1940 freigelegte Haus, dessen Mosaike wir im Museum sehen können. Dem schönsten und größten freilich, den Kassiopeia-Mythos darstellend, begegneten wir bereits in Damaskus. Wir finden, daß es sich nicht sehr lohnt, in den kaum mehr sichtbaren Resten der Wohnhäuser umherzustreifen.

Bleiben wir auf der Hauptstraße. Ein paar Dutzend Säulen auch an diesem Teilstück sind wieder aufgerichtet. An ihrem Ende steht wie ein barocker Point de vue der ›Grabtempel 84‹.

Gönnen wir den Füßen hier Rast und dem Auge geruhigen Rundblick! Ein Hirtenbub lenkt gemächlich seine Schafe und Ziegen durch die Pracht von einst, schaut neugierig und strahlt, daß er fürs Fotografiertwerden auch noch einen Kugelschreiber bekommt. In den Resten der orientalisch-barocken Stadt von einstmals kommen uns die Verse des Andreas Gryphius in den Sinn.

> *»Wo itzund Städte stehn, wird eine Wiese sein,*
> *Auf der ein Schäferskind wird spielen mit den Herden«*

Die Sonne hat den Zenit schon überschritten. Aus der mittagsbleichen Helle beginnt sich ein erklingend Farbenspiel zu entwickeln. Die Mauern, welche die Höhen im Westen überklettern und die Grabtürme der südwestlichen Nekropole zeigen, daß der Ein-Tag-Besucher noch etliche Wegstrecken vor sich hat.

Graugelbe Köter fahren uns kläffend an, als wir den Eingang zum **Grabtempel 84** aus dem frühen 3. Jahrhundert suchen. In Gestalt eines sechssäuligen Tempels erhebt sich dieses Mausoleum über einer unterirdischen Gruft. Die Cella wurde durch die syrische Altertümerverwaltung rekonstruiert. Sehen wir von dem viersäuligen ziboriumsartigen Baldachin über dem Sarkophag des Grabherren ab, dann finden wir hier, wie in den Grabtürmen und Hypogäen, die wir später besuchen wollen, jene im Prinzip an einen italienischen Campo Santo erinnernden Gruftstollen, in welche man den Toten, die Füße voran, hineinschob und die dann durch eine Reliefplatte mit seiner Bildnisbüste verschlossen wurden. Wir kennen das ja schon aus der Yarhai-Grabkammer des Damaszener Museums.

Unser Interesse gilt zunächst dem bedeutendsten Denkmal des Westviertels, dem sogenannten **Diokletianslager**, das man erreicht, wenn man vom Grabtempel 84 aus der in etwa südliche Richtung ziehenden Damaskusstraße folgt, dem innerstädtischen Abschnitt des Karawanenwegs zum Euphrat, im 2. Jahrhundert als Säulenstraße ausgebaut.

Das römische Militärlager wurde etwa 30 Jahre nach der Zerstörung Palmyras durch Aurelian auf Anordnung Diokletians angelegt und ist ein regelmäßig-achsensymmetrischer Komplex, ganz in der Tradition der more etrusco gegründeten Städte und der ihnen nachgebildeten Feldlager mit Cardo und Decumanus, Praetorium und Fahnenheiligtum. Die gleichfalls aus diokletianischer Zeit stammende Stadtmauer, deren Verlauf sich ohne Regel dem Gelände anpassend noch auf dem el-Husainyet-Hügel erkennbar ist, bezieht diesen bei aller Romanitas doch auch charakteristisch palmyrenischen Bereich ins Stadtareal ein.

Ein Festungstor mit drei Durchgängen führt von der Damaskusstraße auf die etwa 100 Meter lange Hauptachse des Lagers, die – wir sind in Syrien – als Säulenstraße gebildet ist, welche von einer zweiten im rechten Winkel geschnitten wird. Am Kreuzungspunkt stand einst ein Tetrapylon. Die Hauptachse führte auf leicht ansteigendem Gelände durch ein Tor aufs ›Forum‹ mit Säulenhalle und kleinen Nebenräumen im Südosten. Eine Freitreppe steigt empor zu einem querrechteckigen Baukomplex, der in einem Apsidensaal endete, dem ein Breitsaal vorgelagert war, den Nebenräume unbekannter Bestimmung flankierten. Dieser einst ragende

Komplex – heute nur noch in ein paar Blocklagen erhalten – wird als Praetorium, das heißt Residenz des Befehlshabers, und als ›Fahnenheiligtum‹ gedeutet. Die römisch-axiale Anlage hatte schon palmyrenische Vorgänger. Fast möchte man annehmen, die Bautätigkeit zwischen 293 und 303 unter dem Kommandanten Sosianus Hierocles habe sich auf Erneuerungs- und Veränderungsbauten beschränkt und im Grunde seien die Reste des Praetoriums und Lagerheiligtums nur die eines etwas schnellfertig errichteten Bauwerks über viel älteren Grundmauern, denen nämlich eines altorientalischen Palastes, vielleicht gar der Residenz des ›Königs der Könige‹ Odeinathos und der Kaiserin Zenobia. Die polnischen Archäologen, die in dem Bereich fündig wurden, haben im Nordquadrat unter der diokletianischen Überbauung ein *Heiligtum der Allat* nachgewiesen, der auch im Koran erwähnten altarabischen Göttin der Fruchtbarkeit, zugleich einer Kriegerin, die in der interpretatio graeca mit Athena identifiziert wurde. In hadrianischer Zeit ward der Gottheit als Minerva eine pilastergegliederte Cella mit sechssäuliger Vorhalle als Haus errichtet. Nichts ist bezeichnender für die Spannungsweite palmyrenischer Skulptur als das heute im

Palmyra, Grabrelief im Museum

Museum wieder benachbarte Mit- und Gegeneinander des riesigen, frontal starrenden Löwen, der eine wappenartig stilisierte Gazelle nicht reißt, sondern eher zu liebkosen scheint, und der menschlich-überzeugendsten marmornen Nachbildung des Goldelfenbeinbildes der Athena Parthenos, das der große Phidias für den Tempel der jungfräulichen Göttin auf der Athener Akropolis schuf. Das Bildwerk wurde hier im Allat-Tempel gefunden.

Zwischen den Gratketten der westlichen Berge – ihre Schatten färben sich, je tiefer die Sonne sich neigt, mit einem immer mehr ins Violette spielenden Blau – stehen dem Wanderer durch das Ruinengelände die Grabtürme der **Südwestnekropole,** das ›Tal der Gräber‹, vor Augen. Die meisten Angehörigen des Mittelstandes fanden in Einzelgräbern ihre ›ewige Wohnung‹, die reichen und angesehenen Familien jedoch errichteten sich Mausoleen, die über mehrere Generationen hindurch belegt wurden. Ihre Grundform ist die gangartige Kammer, in deren Wänden ringsum regalartige Schiebefächer die Toten aufnahmen – als unterirdische Anlagen (Hypogäen) wie das Yarhai-Grab im Museum von Damaskus, als hausartige Mausoleen oder als Kombination von beiden Typen wie der Grabtempel 84 und schließlich als Grabtürme. Diese stellen offenbar den ältesten Typus des Gemeinschaftsmausoleums dar. Das früheste erhaltene Beispiel ist aufs Jahr 9 v. Chr. datiert, das jüngste stammt von 252 n. Chr. Etwa 150 von ihnen sind erhalten, größtenteils leider in sehr ruinösem Zustand und seit mehr als einem Jahrhundert barbarisch ihres plastischen Schmuckes beraubt. Die herausgerissenen Skulpturen – Porträtbüsten vor allem – sind in den großen Museen Europas und Amerikas zu sehen, von Istanbul bis Leningrad und Boston. Niemand wird sich einfallen lassen, Dutzende dieser Grabtürme zu besehen, zumal die meisten gesperrt sind. Eine sparsame Auswahl tut es auch.

Der *Grabturm des Elahbel*, erbaut im Jahre 103 n. Chr. und benannt nach einem seiner vier Bauherren, dem Elahbel, Sohn des Wahballat, Sohnes des Ma'an, Sohnes des Elahbel, dessen Familie, wie man seit den Ausgrabungen des Nabu-Tempels weiß, eine Mäzenatenrolle beim Ausbau der Stadt

Palmyra, Grabturm des Elahbel

spielte, gehört als eindrucksvoll besterhaltenes Beispiel zum unbedingten Muß einer Umschau in Palmyra, zumal allein schon der Blick von seiner Dachterrasse die Wanderung lohnt. Er umfaßt den Gleichschritt der Säulen bis hin zum Baal-Tempel, zeigt die benachbarten Grabtürme aus einer hohen Perspektive: gleich nebenan einen der ältesten, weiter östlich u. a. den Turm des Yambliko (erbaut 83 n. Chr.), von dessen fünf Stockwerken nur vier erhalten blieben, und den Grabturm des Kitut (44 n. Chr.). Über der Tür des Elahbel-

Turmes die Gründungsinschrift, darüber in einer fensterartigen Öffnung das, was von der Darstellung des Grabherren auf einer sarkophagähnlichen Kline, dem Totenbett, erhalten blieb. In der Grabkammer des ersten Geschosses bewundern wir die schön kannelierten Pilaster mit korinthischen Kapitellen zwischen den übereinandergeschichteten Loculi, die nun ihrer Bildverschlüsse beraubt sind (nur an der Ostwand noch einige Reste), und die prächtige, noch Spuren der einstigen Farbigkeit zeigende Kassettendecke. Die höheren Geschosse, die man über eine in die Mauerstärke eingelassene, in den 70er Jahren restaurierte Treppe erreicht, sind merklich bescheidener ausgestattet. Manche Grabnischen dort oben wurden auch an Fremde, das heißt nicht Familienangehörige, verkauft. Es wäre verlockend, sich vorzustellen, diese Hochhäuser für die Toten wären dadurch entstanden, daß einem ebenerdigen Grabhaus über einem Hypogäum einfach weitere Geschosse aufgesetzt wurden. Aber der Typus der Hausgräber ist jünger, nur zwischen 104 und 253 bezeugt.

Turm- wie Hausgrabanlagen sind oft mit unterirdischen Hypogäen verbunden. In ihnen darf man die aus der Tiefe sich entfaltenden Keimzellen der oberirdischen Grabanlagen erblicken. Schon seit dem 1. Jahrhundert v. Chr. bezeugt und in einigen Fällen der Aufmerksamkeit von Schatzsuchern und Antiquitätenräubern entgangen, stellen sie die am reichsten ausgestatteten Grabensembles. Die Erinnerung an das unterirdische Yarhai-Grab (Damaskus, Museum), das wir so stumm-beklommen betraten, steht uns noch im Gedächtnis, als der befugte Führer uns das Tor zum unterirdischen *Grab der drei Brüder* aufschließt. Die Inschriften auf dem Türsturz wollen uns sagen, daß es die Brüder Na'amaī, Malē und Sa'adai um 140 n. Chr. anlegen ließen und später Teile (quasi als Eigentumswohnungen für die Ewigkeit) verkauft wurden. Der Grundriß ist der eines umgedrehten T. In den Seiten der breiten tonnengewölbten Gänge sind in sechs Lagen übereinander etwa 860 Schiebegräber eingelassen, deren Frontplatten mit Reliefbüsten Kunsträubern zum Opfer fielen. Immerhin können wir noch einige Klinensarkophage betrachten, bei denen die Deckplatte die Form einer Lagerstatt einnimmt, auf welcher der Tote, umgeben von seinen

Familienangehörigen, bei der ewigen Mahlzeit liegt. Der dem Eingang gegenüberliegende Hauptgang ist durch ein Pilasterpaar und einen Gurtbogen in zwei Abschnitte geteilt, deren zweiter uns durch seine wohlerhaltene Malerei fesselt, sind das doch – wenn wir von den Bildern in den Museen absehen – beinahe die einzigen Zeugnisse für die Malerei Palmyras, die wir sehen können. Zwar hat man noch drei weitere Hypogäen mit Freskomalerei entdeckt, aber sie sind der touristischen Neugier nicht zugänglich. Wie weit dieses Ensemble repräsentativ ist für den Stil der palmyrenischen Malerei, läßt sich schwer entscheiden. Jedenfalls darin ist es charakteristisch, daß es griechische Mythen in einem orientalischen Sinne umdeutet. Die frontalen Gestalten, graphisch-linear wiedergegeben, präludieren der frühchristlich-byzantinischen Kunst. Das Hauptbild zeigt Achill, den die Sorge der Mutter verkleidet unter die Töchter des Lykomedes gesteckt hatte, wie er der List des Odysseus erliegt, indem er auf ein kriegerisches Signal hin das Weibergewand abwirft und zu den Waffen greift. Solchermaßen entdeckt, mußte er mit vor Troja ziehen, um dort den Tod zu finden. Seltsames Thema in einem Mausoleum. Neuplatonisch verschlüsselt will es wohl sagen, daß die Seele sich vom trügerischen Gewand des Leibes freimachen muß, um im Tode die Unsterblichkeit zu gewinnen, wie Ganymed, den im Deckenscheitel der Adler des Zeus ins Jenseits entführt.

Die auf pilasterartige Wandabschnitte gemalten geflügelten Gestalten, die auf von Akanthusranken begleiteten Globen stehen und einen Clipeus, ein Schildrund mit der Büste des Verewigten, tragen, sie deuten voraus auf die frühbyzantinischen Engelsgestalten, welche in der Erzbischöflichen Kapelle von Ravenna – und später in der Zenokapelle von S. Prassede in Rom – den Clipeus mit der Christusbüste emporhalten. Thematisch wie stilistisch offenbart sich die Kunst Palmyras als ein Fokus, der vielerlei Strahlen sammelt und ebensoviele wieder aussendet.

Den Abend eines reichen Tages wollen wir zu einem Bad in der *Efla-Quelle* nutzen, von der die Oase Palmyra lebt (Schlüssel an der Rezeption des Hotels Méridien). Romantische Touristenführer nennen sie das ›Bad der Zenobia‹.

Unseren zweiten Tag widmen wir einer langen Wanderung, welche im weiten Bogen an der diokletianischen Mauer und am Wadi entlangführt. In ihrem Verlauf gönnen wir uns einen Abstecher quer durchs einstige Wohnviertel zu den Resten christlicher Basiliken, finden die beängstigend wachsende Neustadt – vor 15 Jahren noch ein mieses Dorf – wenig berauschend, erquicken uns im Palmen- und Granatbaumschatten der Oase und gelangen zur Südostnekropole und dort zum *Hypogäum des Artaban*, das zusammen mit etwa zwanzig ähnlichen Gräbern 1957 bei der Anlage der Pipeline entdeckt und in dreijähriger Arbeit wiederhergestellt wurde. Leider finden wir die Tür, durch die man hindurch muß, um die Erdöl führende Röhre zu unterqueren, verschlossen – ebenso auch die benachbarten Hypogäen des Bālhā ibn Nabūschiūri (88 n. Chr.) und Barīkī ibn Zabīdā (Anfang 2. Jahrhundert n. Chr.).

Die Wanderung war lang, schenkte uns immer neue Eindrücke der Landschaft, aber wer mit seiner Zeit haushalten muß, wird auf sie verzichten. Nicht verzichten sollte auch der eilige Reisende auf den Besuch des schon mehrfach erwähnten **Museums,** das den der Ruinen aufs schätzbarste ergänzt. Im Erdgeschoß bietet ein Saal Informationen zu Schrift und Sprache der Palmyrener, die sich zuerst des Reichsaramäischen, einer ostsemitischen Sprache bedienten, welche mit 22 Zeichen geschrieben wurde. Daneben war der Gebrauch des Griechischen verbreitet, und man scheint diese beiden Sprachen bewußt gepflegt zu haben als Ausdruck der palmyrenischen Eigenständigkeit gegenüber dem lateinischen Anspruch der Römer, wie ja auch die Tracht – persische Hosen und Stiefel – sich deutlich nach Osten orientierte. Das zeigen uns die Reliefs, die wir auf unserem Rundgang zu sehen bekamen. Ein Saal beherbergt ein großes Modell des Baal-Tempels in dem Zustand, den er aufwies, bevor er Ruine wurde. Steinreliefs mit Kamelen und – mitten in der Wüste – die Darstellung eines Segelschiffes reden vom Handel der Palmyrener als Vermittler von Luxuswaren zwischen Ost und West, zwischen dem Mittelmeer und dem Zweistromland beziehungsweise dem Persischen Golf – und damit weiter nach Indien und dem Fernen Osten.

Wir lernen die Götter Palmyras im Bilde kennen: die von Löwen begleitete oder selbst löwengestaltige Allat, Baal, den Herren des Himmels und der Erde mit seinen Begleitern, den personifizierten Erscheinungsformen von Sonne und Mond, sehen wie jene Trinität im vom Adler begleiteten, mit Sichel- und Strahlennimbus gekrönten ›Herren‹ wieder als Einheit Bild wird. Stuckköpfchen und Statuetten zeigen, wie der ›klassische‹ Stil des Westens hier im östlichen Sinne umgeformt wurde. Byzantinische Gläser, islamische Keramik vom 10.–14. Jahrhundert, Bronzegeräte reden vom Alltag der gehobenen Schichten. In einer Handelsstadt fehlte das Geld nie, und so finden wir auch eine Kollektion von palmyrenischen, römischen, byzantinischen Münzen, darunter jene Prägung, auf der Zenobia das Bildnis ihres Sohnes Wahballat dem des römischen Kaisers entgegenstellte.

Am Ende dieser Galerie steht das Marmorbild der Allat-Athena, die römische Kopie nach des Pheidias Bild der Göttin auf der Athener Akropolis, 1975 von der polnischen Mission gefunden und restauriert: ein ›klassisches‹ Werk, fast befremdlich so weit im Osten. Denn nicht dieser Kunst gehörte die Zukunft, sondern jener, die sich im parthischen Osten herausgebildet hatte und die in ihrer hieratischen Frontalität die Reliefs der Palmyrener prägte, wie wir in den weiteren Sälen des Erdgeschosses sehen können. Der Oberstock hat ethnographisch-folkloristischen Charakter, zeigt in Nachbildungen mit lebensgroßen Figuren die Behausung einer seßhaften Bauernfamilie mit Küche, Wohn- und Schlafraum und ein Beduinenzelt, in dem gleichfalls Empfangs- und Frauenraum streng getrennt sind, zeigt geschnitzte und eingelegte Truhen, Teppiche, Matten, Körbe, Schmuck und Waffen, dazu geologische Karten, Gesteine und Mineralien und in arg zerzausten Exemplaren ausgestopfte Tiere der syrischen Wüste. Ein Saal ist – der Bedeutung dieses Tieres für die Beduinen entsprechend – ausschließlich dem Kamel vorbehalten, auf dessen Rücken die Güter transportiert wurden, die Palmyra reich machten. Ein Raum zeigt Reste von Brüstungsplatten, Fenstergittern, Kapitellen, Stuck und Malerei aus Qasr al-Hair asch-Scharqi, dem Omayyadenschloß am östlichen Wildgehege.

Durch die Wüste zurück nach Damaskus

Palmyra ist zweifellos der Höhepunkt jeder Fahrt durch Syrien und bildet in der Erinnerung den krönenden Abschluß einer Reise durch dieses facettenreiche Land. Die Erinnerung an die tote Königin der Wüste würde man am liebsten ganz frisch nach Hause mitnehmen. Nur: wir sind keine von Feen gehüteten Märchenprinzen, die nur an einem Ring zu drehen brauchen, um sich gesättigten Auges zurückversetzen zu lassen ins Heimatliche. Wir müssen, bevor uns ein Wundervogel hinwegführen kann, den Rückweg nach Damaskus antreten, einen Weg durch die Wüste, die nicht ohne Spuren historischer Zeugnisse ist.

Eine dieser Stätten ist nur auf einem Tagesausflug von Palmyra aus zu erreichen: **Qasr al-Hair asch-Scharqi,** das omayyadische ›Schloß am östlichen Wildgehege‹. In einem Oberstock-Saal des Museums von Palmyra fanden wir Brüstungsplatten, Fenstergitter, Kapitelle und Malereireste ausgestellt, die man dort geborgen hat. Das Schloß liegt zwar nur 18 Kilometer Luftlinie nördlich der Teerstraße von Deir ez-Zor nach Palmyra, aber wer – bei der Siedlung as-Souknah (es-Soukhne) auf eine schon seit Römertagen benutzte Piste abzweigend – es besuchen möchte, der sollte sich in der Wüste auskennen und einen Führer dabei haben. Vor allem aber braucht er einen geländegängigen Wagen, um, von at-Tayib (at-Tayba) auf harten 15 Kilometern genau nach Osten haltend, die Ruinen zu erreichen, die man schon von ferne sieht. Man trifft auf die Überbleibsel einer langen Mauer, ihre südöstliche Ecke ist am besten erhalten, die einst wohl eher ein Landgut als einen Wildpark umschloß. Es finden sich hier die Reste eines befestigten Palastes, den der Kalif Hischam 729 errichten ließ, und ein turmbewehrtes Mauerviereck, das – ähnlich angelegt – einst wohl ein Dorf zum Schutz vor Nomadenangriffen umschloß. Zwischen diesen beiden Komplexen stehen die Reste eines Vierkantminars.

Leichter läßt sich ein Besuch des ›Schlosses am westlichen Wildgehege‹, **Qasr al-Hair al-Gharbi,** unternehmen. Um es zu erreichen, muß man von Palmyra aus die Straße nach Homs einschlagen und folgt dann nach zwanzig Kilometern dem Wegweiser nach Damaskus. Nach etwa vierzig Kilometern auf dieser Straße zeichnen sich die Ruinen linker Hand in der Wüste ab. Aber auch dort ist nicht mehr allzuviel zu sehen, was von jener Verschmelzung byzantinischer mit nahöstlichen Kulturtraditionen sprechen könnte, die sich in frühislamischer Zeit vollzog. Außer dem Dagewesensein gewinnt man nicht viel, und man nützt seine Zeit besser mit einer nochmaligen Beschau der künstlerisch interessanten Funde, die hier gemacht wurden, im Museum von Damaskus.

Wir wählen die kürzeste Strecke zurück in die Hauptstadt, eine Straße ohne irgendwelche landschaftlichen Sensationen. Die syrische gehört weder zu den großen oder den gefährlichen Wüsten der Welt und schon gar nicht zu den Bilderbuchwüsten mit Sanddünen, über die lange Kamelkarawanen ziehen. Hier ist es einfach nur dürr, unfruchtbar und kahl-eben. Linker Hand entdeckt das Auge die fernen Konturen graublauer Berge. Der Boden ist gelbfahl bis braungrau. Nur ab und zu scheint ein Teil des Geländes im Frühling wie mit einem graugrünen Schleier überzogen, sprießen Büschel harten Steppengrases, und dann schlagen Nomaden hier ihre Zelte auf. Da wir durch Gesten unsere friedliche Absicht dartun, verwehrt man uns nicht, eines, das nahe der Straße liegt, zu besehen. Ein mit starken Stricken gespanntes Zelt aus Bahnen der schwer zu verspinnenden und zu verwebenden Ziegenhaare, die, falls es einmal regnet, sich ausdehnen und das ›Dach‹ völlig abdichten. Es schaut ziemlich genauso aus wie das Zelt, das wir im Museum gesehen haben, nur ist das hier kein totes Präparat, sondern Zeugnis lebendigen Lebens in seiner ganzen Härte und Dürftigkeit, schwer für alle, die es führen, vor allem aber für die Frauen, denen die meiste Arbeit obliegt: das Sammeln des Brennstoffes, das Mahlen und Backen und Kochen auf mühsam unterhaltenem Feuer, das Spinnen und Weben und auch ein Teil der Sorge für die Herden. Kein Wunder, wenn diese Wesen mit Tätowierungen an Kinn und Wangen früh verbraucht sind.

Die biblisch-nomadische Lebensweise gehört auch in unseren Tagen noch nicht gänzlich der Vergangenheit an, doch uns modernen Landfahrern ist sie fremder und ferner als die Tage der alttestamentarischen Patriarchen. Flüchtig-fremd begegnen sich in den paar Minuten unseres Besuches verschiedene Völker und Lebensformen. Dann schlägt die Ödnis uns wieder in ihren Bann, schier endlos, nur im Westen von felsig gebänderten Hügelketten begrenzt. Endlich kommt fern als bläulicher Schemen der Antilibanon in den Blick.

Ein Kaum-Umweg würde zu dem als ›Ausflugsziel‹ von Damaskus aus von manchen Guiden empfohlenen Tempel von *Dmeir* (Dumayr) führen, aber wir haben alte Reste genug gesehen, und diese hier liegen in der zu meidenden

Oasr al-Hair al-Gharbi, Osteingang des Jagdschlosses. Damaskus Nationalmuseum

Nähe eines militärischen Übungsgeländes. Eine Viertelstunde später, wenn man schon ungeduldig wird, machen Stromleitungen, erstes schütteres Grün, dann auch Industrieanlagen Hoffnung, daß es bis Damaskus nicht mehr weit sein kann. Noch gibt es trotz Abfallhalden und recht trostloser Neubauten Reste des einstigen Oasengürtels, aber ein Paradies ist Damaskus schon lange nicht mehr, sondern – wenn wir den Weg hinauf auf den *Djebel Qasiun* finden und von dort auf die Stadt hinabschauen – ein über seine natürlichen Grenzen ausgeufertes Siedlungsgebilde, in dem das Leben keineswegs angenehm ist, selbst nicht für die happy few, die hier am Berghang, wo einstmals die Flüchtlinge aus Palästina untergebracht waren, eine dem Gestank der Niederung enthobene Villa besitzen. Natürlich hat der Präsident dort oben eine Residenz, der Mann, dessen Gesicht auf Metern von Stoff- und Papierbahnen, mit Hilfe von Schablonen auf Wände gepinselt, uns unterwegs stets begleitet hat.

Wir nützen den uns verbleibenden Reservetag in Damaskus, um noch einmal Umschau zu halten im Nationalmuseum mit seinen kostbaren Hinterlassenschaften früher Kulturen, um noch einmal uns in den schattigen Gassen der Bazare zu verirren, ohne daß es uns gelänge, etwas aufzutreiben, das einem daheim noch Freude machen könnte. Was soll's auch? Wir brauchen keinen Gegenstand, der uns die Erinnerung zurückrufen müßte an das dämmerige Geschiebe der Souks, an rötlich-gelbe Ruinen vor ›heißem‹ Himmel, an den hellen Karst des Nordens mit seinen toten Städten und an die dunkleren Töne des Südens. Das alles wird uns noch gegenwärtig sein, wenn wir schon längst wieder daheim sind. Begegnungen mit den so freundlichen Syrern von heute, mit historischen Stätten, mit Kunstwerken aus frühen Tagen der Menschheit, das alles hat uns bereichert, verwandelt vielleicht auch. Hat uns gelehrt – wenn wir bereit waren, zu hören –, daß wir als einzelne nur Wanderer sind, die kaum sichtbare Spuren ziehen. Wie vieler Völker Fährten haben sich nicht auf diesem Forum Syrien gekreuzt, was nicht alles verdanken wir diesem Land, das uns vor ein paar Tagen noch so fremd war und von dem wir nun nicht ohne ein leises Ziehen des Schmerzes in der Brust scheiden.

Silberstatuette aus
Ras Schamra (Ugarit).
15.-13. Jahrhundert v. Chr.
Aleppo, Nationalmuseum

Zeittafel

100 000–10 000 v. Chr.	Paläolithikum
um 8500	Erste neolithische Siedlungen
um 3000	Beginn der frühdynastischen Periode
um 2500	Syrien unter mesopotamischem Einfluß, schließlich Eroberung durch Sargon von Akkade
2000–1500	*Altsyrische Zeit* Schamsi-Adad erobert Mari
um 1800	Palast des Zimri-Lim von Mari
seit 1750	Vordringen der Hethiter
um 1530	Königreich der Mitanni in Nordsyrien
1500–1200	*Mittelsyrische Zeit*
um 1500	Ägypter erobern Syrien
um 1350	Das Hethitische Großreich gewinnt Einfluß in Syrien
1285	Schlacht von Kadesch
um 1200	Einfall der ›Seevölker‹
Seit etwa 1000	*Neusyrische Zeit*
9. u. 8. Jh.	Erfolgreiche Versuche der Assyrer, sich syrischer Gebiete zu bemächtigen
601	Syrien wird Provinz des Neubabylonischen Reiches
539	Kyros d. Gr. von Persien erobert Babylon
333	Alexander siegt bei Issos, erobert Syrien (stirbt 323)
313	Schlacht von Ipsos entscheidet über die Teilung des Alexanderreiches. Syrien fällt an Seleukos
64	Pompejus erobert den Osten
53 v. Chr.	Niederlage des Crassus gegen die Parther bei Carrhae. Kleinreiche im syrischen Raum
106 n. Chr.	Trajan schlägt das Nabatäerreich zum Imperium Romanum, erreicht die Euphratgrenze

193-235 Severische Dynastie, hervorgegangen aus der Ehe des Afrikaners Septimius Severus mit der Tochter des Sonnenpriesters von Emesa

224 In Persien kommen die Sassaniden an die Macht. Beginn eines nur von kurzen Friedenszeiten unterbrochenen Krieges zwischen Rom und Persien

273 Aurelian nimmt Palmyra zum zweiten Mal ein und gibt es zur Plünderung frei

391 Christentum wird Staatsreligion in Rom

395 Reichsteilung des Theodosius. Syrien gehört zum Oströmischen Reich

527-65 Justinian läßt die Grenzbefestigungen ausbauen

bis 630 Stetige Kriege zwischen Ostrom und dem Sassanidenreich

610 Chosroes nimmt Antiochia ein

630 Sieg der Araber am Yarmuk. Syrien wird moslemisch

657 Der Omayyade Moawiya setzt sich gegen den Kalifen Ali durch

706 Baubeginn der Omayyadenmoschee von Damaskus

750 Sturz der Omayyaden. Unter den Abbasiden (Sitz Bagdad) wird Syrien Nebenland, gehört zeitweilig den Tuluniden von Ägypten und später den aus Tunesien kommenden Fatimiden, die in Kairo residieren

10. Jh. Vordringen der Seldschuken

1098 Erster Kreuzzug; die Ritter erobern Antiochia

1099 Eroberung Jerusalems durch die Kreuzritter

1147-49 Zweiter Kreuzzug

1187 Saladin schlägt die Kreuzritter bei den Hörnern von Hittin, erobert Jerusalem

1189-92 Dritter Kreuzzug

1204 Der vierte Kreuzzug führt zur Eroberung Konstantinopels durch die Lateiner

1271 Baibars erobert den Crac des Chevaliers

1278 Eroberung Antiochias durch die Moslems

1303 Das letzte Widerstandsnest der Kreuzritter fällt

1401 Timur Lenk sucht Syrien heim

Seit 1517 Syrien eine Provinz des Osmanischen Reiches

1799 Bonaparte in Syrien

1840 Ibrahim Pascha muß Syrien räumen

1908 Jungtürken an der Macht

1916 ›Aufstand in der Wüste‹

1920-41 Französisches Mandat

1946 Syrien unabhängige Republik

1950 Syrien erhält eine Verfassung

1958-61 Vereinigung mit Ägypten

1964 Eine provisorische Verfassung erklärt Syrien zur demokratischen und sozialistischen Republik

Abbildungsnachweis: *Farbtafeln:* Bavaria-Verlag, Gauting vor München: 14 (Giaretti), 16 (Scholz), 18 (WPS), 19 (Teuffen), 25 (Andres); Margot Granitsas, New York: 2, 6, 8, 10-13, 22, 24; Horst von Irmer, München: Schutzumschlag, 3-5; Hans Patzelt, München: 15, 23; Manfred Uebelacker, München: 7. – *Abbildungen im Text:* Bavaria-Verlag: Seite 87, 100/1, 136/7, 253, 256/7 (Teuffen), 93 (Baumann), 145, 146 (Mariani), 191, 264, 265, 289 (Dr. Hell), 223 (Lang); Margot Granitsas: 269; Hirmer Bildarchiv: 14, 51, 53, 167, 228, 299, 30; Horst von Irmer: 88/9, 261, 283; Hans Patzelt: 281. Nach R. Amy, Temples à escaliers, in: Syria 27 (1950): 271; E. Hertzfeld: 36 (Damaskus), 143, 151, 156 (Matériaux...); G. Tchalenko: 190. – Die Vorlagen für die Farbtafeln 1, 9, 17, 20, 21 und für die Abbildungen auf den Seiten 22, 44, 75, 127, 158, 192, 193 fertigte der Autor, von dessen Hand auch die Zeichnungen im Text stammen. – Kartographie: Astrid Fischer, München

Bibliographischer Hinweis

Keine auch nur im entferntesten vollständige Bibliographie, sondern nur eine Auswahl von Titeln, auf die im Text Bezug genommen wurde und (oder) die weitere Literaturangaben enthalten:

Creswell, K. A. C.: A Short Account of Early Muslim Architecture. Harmandsworth 1958

Egli, Ernst: Sinan, der Baumeister osmanischer Glanzzeit. Erlebach–Zürich–Stuttgart 1976

Guide Bleu: Moyen-Orient. Paris 1965

Hertzfeld, E.: Matériaux pour un Corpus Inscriptionum Arabicarum. Kairo 1955

ders.: Damaskus, Studies in Architecture, in: Ars Islamica 1942/43/46/48

Klengel, H.: Syrien zwischen Alexander und Mohammed, Denkmale aus Antike und frühem Christentum. Leipzig 1986 (Darmstadt 1987)

Krautheimer, Richard: Early Christian and Byzantine Architecture. Harmondsworth 1965

Land des Baal, Syrien – Forum der Völker und Kulturen, Ausstellungskatalog, Redaktion Kay Kohlmeyer/Eva Strommenger. Mainz 1982

Lawrence, T. E.: Die sieben Säulen der Weisheit. Leipzig 1936 (1965)

Odenthal, Johannes: Syrien. Hochkulturen zwischen Mittelmeer und Arabischer Wüste – 5000 Jahre Geschichte im Spannungsfeld von Orient und Okzident. Köln 1982

Oppenheim, F. Frhr. v.: Der Tell Halaf. Leipzig 1931

Richier, Xavier und Antoine Guine: Syrie. Boulogne

Rondot, Philippe: La Syrie. Paris 1978

Runciman, Steven: Geschichte der Kreuzzüge. München 1968

Tchalenko, G.: Villages antiques de la Syrie du Nord, 3 Bde. Paris 1953-58

Register

Kursiv gestellte Seitenzahlen verweisen auf Schwarzweißabbildungen im Text, **halbfette** auf Farbtafeln

Laufender Steinbock, Wandmalerei aus Til Barsib, 744-727 v. Chr.
Aleppo, Nationalmuseum

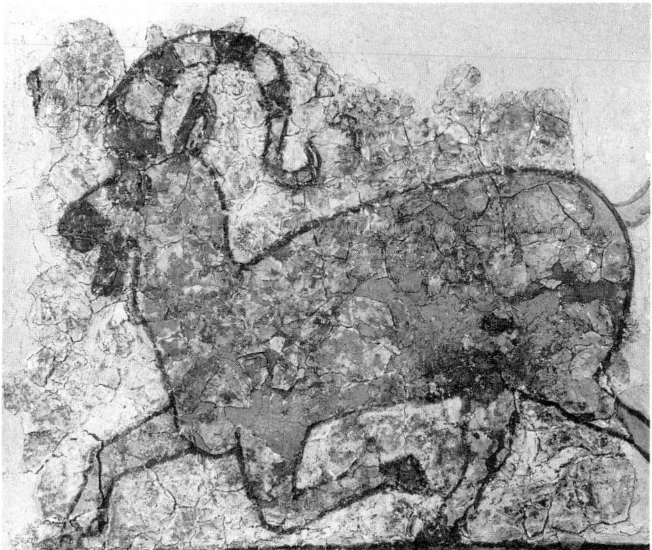

Umschlagmotive

vorne: Wasserträgerinnen
hinten: Palmyra, Blick auf die Araberburg